I BAMBINI
DI CENERE

ANDREW BODEN

I BAMBINI
DI CENERE

Traduzione di
Elisabetta Giamporcaro

PIEMME

Questo romanzo è un'opera di fantasia. I fatti storici narrati sono liberamente interpretati dall'autore.

Pubblicato per

PIEMME

da Mondadori Libri S.p.A.
© 2025 Mondadori Libri S.p.A., Milano
When We Were Ashes
Copyright © 2024 by Andrew Boden
Published by arrangement with The Italian Literary Agency
and Westwood Creative Artists Ltd.

ISBN 978-88-566-9825-1

I Edizione marzo 2025

Anno 2025-2026-2027 - Edizione 1 2 3 4 5 6 7 8 9 10

Per Lysiane

Domandai a un bambino,
che camminava reggendo una candela:
«Da dove viene quella luce?»
Istantaneamente soffiò e la spense.
«Dimmi dov'è andata
e poi io ti dirò da dove è venuta.»

HASAN DI BASRA

Diari di Berger
19 gennaio 1940
Stoccarda, Germania

La notte scorsa, Bonse ha descritto il rituale eseguito dalle infermiere prima di accompagnare i bambini al mio autobus. Si precipitano nella lavanderia dell'ospedale, bevono due dita di liquore alle prugne e mormorano i nomi di tutti i santi che pensano possano perdonare la loro scarsa costanza: Nicola, Pietro, Francesco, Raffaele, Giulia e altri. Bonse non ha specificato riguardo a cosa fossero incostanti, se si riferissero alla propria lealtà vacillante nei confronti del Führer o alla fiducia nell'umanità o a entrambe.

Rainor
6 febbraio 1940
Stoccarda, Germania

Louis chiamava il nostro reparto dell'ospedale «l'ospizio» e a volte «la fattoria». Scherzava con l'infermiera Hilde dicendo che faceva le pulizie nelle stalle alla fattoria.

Le sfregava con dedizione, per il bene di quelle bestie mitologiche che sentiva sue: i suoi centauri, i suoi satiri, i suoi ciclopi. Voleva bene a noi tutti e venticinque, con i nostri occhi ciechi, le lingue mute e gli arti ritorti, con le nostre crisi frequenti mandate da un Dio offeso. Ogni martedì mattina, Louis – o Opa* Louis, come lo chiamavamo sempre – faceva suonare le *Gymnopédies* sul suo grammofono, gettava cioccolatini svizzeri sul pavimento e, mentre ci lanciavamo a raccoglierli, toglieva le nostre lenzuola sporche dalle brande. Noi immaginavamo la pioggia cadere su una Parigi al chiaro di luna, finché il disco non era finito per la terza volta e Opa Louis non aveva rimboccato le coperte all'ultimo letto.

Il martedì in cui la direttrice lo chiamò nel suo ufficio, Opa Louis fece suonare per noi le *Gymnopédies* per l'ultima volta. La direttrice chiuse la porta per tenere all'oscuro quelli di noi che avevano ancora occhi e orecchie e pensieri curiosi. Il disco suonò fino allo stridio a metà del primo lato, e soltanto allora Opa Louis scivolò via dall'ufficio. Gli tremavano le mani come se fosse stato colpito da una scarica elettrica. Chiuse il grammofono nella sua scatola in legno di pino e ci chiese di radunarci vicino a lui, perché potesse scattarci una fotografia immaginaria. Una volta, la direttrice aveva detto all'infermiera Hilde che sembravo un troll mongolo e che i miei piccoli denti erano distanti come le sbarre di un parapetto. In quel momento, il mio aspetto non m'interessava: mi abbassai la sciarpa di lana che portavo su naso e bocca ovunque andassi e sorrisi per la fotografia.

«*Puf*!» esclamò, come se una lampadina fosse esplosa

* Nonno in tedesco.

per davvero. Si diede un colpetto sulla tempia. «Ecco dove terrò il ricordo di tutti voi. È così che andiamo avanti. Avanti.» Pensai che quell'ultimo *avanti* fosse un ordine per noi, ma Emmi disse che non ce l'aveva urlato contro come facevano tutti gli altri, quindi perché avremmo dovuto obbedire? Quelli di noi che disobbedirono all'ordine di Opa Louis di andare avanti erano quelli che successivamente avrei sognato di più.

«Rainor, saluta con la mano» disse l'infermiera Hilde. «Bambini, canticchiate il motivo.»

Quando Opa Louis si girò per andarsene, fui io a scattare una fotografia di lui con il berretto nero di pecora sui capelli scuri e il viso rivolto verso il primo raggio rossastro del sole mattutino. La luce gli tinse gli occhi lucidi di arancione. L'inverno si insinuò attraverso la finestra sottile dell'ospedale e gli fece scorrere lacrime simili a fiocchi di neve. Il nostro canticchiare le *Gymnopédies* riuscì a scioglierle, ancora una volta.

«È un suo modo di scherzare.» Dieter, un ragazzo più grande, si sforzò di ridere. «Tornerà, Rainor. Questa è la sua fattoria.»

L'autobus grigio venne a prenderci all'alba il martedì successivo.

Opa Louis non si era mai perso un giorno con noi prima: ogni martedì mattina ci svegliavamo con i suoi secchi e le sue scope e le sue copie umide del *Frankfurter Zeitung*, l'unico giornale che gli avessi mai visto leggere. L'infermiera Hilde disse che aveva un'ulcera vendicativa come Herr Stalin, ma io sapevo che era una bugia. Opa Louis non si era mai nemmeno ammalato: aveva lo stomaco foderato da più acciaio di quello che Herr Stalin aveva in tutti i suoi carri armati. Quella mattina, gli altri bambini si accalcarono in-

11

torno all'infermiera Hilde per la loro razione di cioccolata. Io rimasi sulla mia branda e desiderai di ascoltare la pioggia delle *Gymnopédies* cadere un'ultima volta. Persino allora, a tredici anni, sapevo riconoscere le ultime volte, perché il mio orologio da taschino si fermava sempre in quei momenti. Quando Vati mi aveva portato lì nella sua Daimler nera, il mio orologio si era fermato con la lancetta piccola sul IX e quella grande che puntava al VII. Era stato il nostro ultimo minuto insieme, due inverni prima. Il mio orologio non aveva ripreso a ticchettare per nove settimane.

«Non sono riuscita a prenderti neanche un pezzo di cioccolato, Rainor» disse Emmi mentre mi si sedeva accanto. «Dieter si è fregato gli ultimi due.»

Mentre la direttrice conduceva gli altri bambini di sotto, in strada, il nostro reparto un tempo chiassoso si fece più calmo che mai. Più calmo persino di quando mi svegliavo la notte, mentre tutti dormivano; più calmo delle ore che passavo vigile, al buio.

«Non mi piace» disse Emmi. «Stanno andando via tutti. Mi fa venire voglia di urlare. Io non me ne vado. Questo è l'unico posto in cui tu sai chi potrebbe trovarmi.»

L'infermiera Hilde si affrettò verso di noi. «Rainor, Emmi, l'autobus è davanti alla porta sul retro. Presto, venite, ordini della direttrice.»

Dove andava Emmi andavo io, e se lei non voleva andarsene non me ne sarei andato neanch'io. Non ero in grado di dirlo ad alta voce e neppure di scriverlo su una lavagnetta, non a quel tempo. Il dottor Kindler e i miei insegnanti avevano detto che non sarei mai stato proprio a posto. Le parole non sarebbero mai venute fuori per bene dalla mia bocca, figuriamoci dalla penna stilografica che Vati, che faceva l'avvocato ed era famoso, mi aveva regalato per il mio ottavo compleanno. Secondo il mio parere, il senso di solitudine per l'assenza di papà era il sintomo principale della mia malattia.

Io ed Emmi ci tenemmo per mano sotto una delle coperte di lana che accompagnavano ciascuna branda dell'ospedale. Emmi sentiva il freddo di febbraio penetrarle nelle ossa. Le crepe intorno alle finestre del reparto lasciavano entrare l'aria gelida e il fumo del gasolio proveniente dall'autobus in folle. La guerra con la Gran Bretagna aveva spesso l'odore di gasolio bruciato.

«Come farà l'uomo con il cappello a cilindro a trovarmi?» chiese Emmi all'infermiera Hilde.

Lei si inginocchiò davanti a noi. «È un uomo molto intelligente, e gli diremo dove trovarti.» Il suo alito non aveva mai avuto altro odore che quello di camomilla; quella mattina, però, come alle altre infermiere del nostro reparto, l'alito le puzzava di liquore alle prugne. Nel nostro ultimo San Silvestro insieme, Vati aveva bevuto liquore per tutto il giorno e non aveva detto una parola nemmeno quando avevo canticchiato *Astro del ciel* senza neppure una pausa per prendere fiato.

«Quando le mie parti interne saranno complete, allora potrò andarmene. Allora sarò utile.»

L'infermiera Hilde disse che dovevamo andare in un posto più sicuro nel caso gli Alleati avessero bombardato Stoccarda e il nostro ospedale. Il Führer voleva proteggerci: il posto in cui saremmo andati era a sud della città, un ospedale di campagna chiamato Trutzburg. Nella struttura ci sarebbero state torte, attività, giocattoli e un gatto di nome Leopold. Le lacrime annebbiavano le pupille dell'infermiera Hilde. Anch'io avevo le lacrime agli occhi, e non sapevo il perché. Cercai di mostrare a Emmi che il mio

13

orologio da taschino si era fermato di nuovo con la lancetta piccola sul VI e la grande sul IV, ma non lo guardò.

«Altri tre pezzi e sarò completa» insistette lei, imperterrita.

«Hai quindici anni» disse l'infermiera Hilde. «Perdi sangue come una giovane donna. La direttrice dice che sei già completa. È ora...»

«La direttrice non sa nulla delle nostre ore.»

Non sapevo che cosa significassero le parole di Emmi. Quando sentii *le nostre ore*, immaginai tutti gli orologi del mondo in mostra in un museo di Berlino dove chiunque potesse ammirarli. Un milione di orologi con un milione di sveglie! Come avrebbe potuto anche un solo tedesco dormire? Eppure, sapevo che dietro agli eventi c'erano delle ragioni, e il motivo che ci avevano dato perché lasciassimo indietro i nostri bagagli non mi convinceva affatto. «L'autobus è piccolo, non c'è spazio per tutte le vostre cose» aveva detto il pomeriggio precedente l'infermiera Hilde. «Arriveranno venerdì.»

E sapevo da mesi che Emmi aveva un visitatore che veniva in reparto soltanto a notte fonda. Emmi non sapeva, però, che sentivo ancora la voce di Vati nella mia testa, che non faceva che ammonirmi,

Rainor Schacht, sei la vergogna del tuo Vati! Non hai mai visto con i tuoi occhi il visitatore della tua amica. Lo conosci soltanto grazie a quello che ti ha detto lei, che non si può certo definire una testimone credibile. Una schizofrenica!

Emmi mi aveva descritto il suo visitatore nelle settimane successive al mio arrivo all'ospedale. Un uomo con un cappotto grigio e un cappello a cilindro come uno spazzacamino. Si avvicinava alla branda di Emmi e, con l'unghia lunga del suo dito indice, trovava una cucitura sul suo fianco sinistro, che la percorreva dall'ascella all'anca. Era una porta, una porta segreta che soltanto lo spazzacamino poteva aprire nelle notti senza luna. Una porta per il torso di Emmi, che gli permetteva di sostituire rotelle e ingranaggi che componevano i suoi organi. La stava ricostruendo, le sussurrava, la stava ricostruendo per trasformarla in una brava ragazza tedesca, il genere di ragazza che Emmi aveva sempre voluto essere. A cui sarebbe stato permesso di far parte della Lega delle ragazze tedesche. A cui sarebbe stato permesso di essere ritratta nelle pagine di *Das Deutsche Mädel*. A cui sarebbe stato permesso di sposare un uomo delle ss.

Una volta, avevo informato Emmi che si sbagliava sulle sue parti interne. C'era una tavola anatomica in ospedale, nell'ufficio del dottor Kindler, che mostrava cuore e polmoni e vasi sanguigni. Emmi mi aveva sgridato: le sue parti interne erano un meccanismo, una macchina che ronzava e vibrava. Si era sfilata il camice dell'ospedale e aveva appoggiato il mio orecchio al suo sterno. Il suo cuore batteva rapidamente: *tum tum, tum tum*. «Ingranaggi» aveva detto «meccanismi e leve. Inutili perché incompleti.» Avevo baciato il punto sfiorato dal mio orecchio, come se fosse la sacra ostia. «Senti il sapore dell'olio motore sulle labbra, Rainor, è così?»

L'infermiera Hilde ci sfilò la coperta dalle gambe. «Cappotti e cappelli!»

Ci mise in piedi tirandoci per le braccia. Emmi oppose resistenza, perciò anch'io opposi resistenza. Emmi si lasciò cadere sul pavimento, perciò anch'io mi lasciai cadere sul pavimento. Emmi le sputò su una gamba, e io le sputai appena più in là, perché l'infermiera Hilde era sempre stata buona con me fino a quel momento.

15

«Devo essere completa per poter essere utile!» gridò Emmi. «Non è questo che vuole il Führer più di ogni altra cosa? Che ogni tedesco sia utile?»

Io, Rainor Schacht, ero utile. Ero capace di leggere i numeri romani. Ero capace di far succedere cose strane quando ero innamorato. Avevo imparato cos'erano i testimoni e il sentito dire e le prove da mio padre. Sapevo riconoscere un bombardiere Ju 88 dal ronzio dei suoi due motori. Per quanto fossi utile, Emmi voleva comunque sposare un uomo delle ss.

Un soldato entrò di corsa nel reparto. Non avevo mai visto un soldato così da vicino. Era un lungo cappotto grigio...

No, è il verbo sbagliato, Rainor!

Giusto, papà. *Aveva* un lungo cappotto grigio, un elmetto in acciaio e alti stivali neri che luccicavano come la Via Lattea. La neve si sciolse in una pozza d'acqua ai suoi piedi. Se aveva un volto, non ne ricordo alcun dettaglio. Aveva una voce acuta e guanti neri. Ci gridò di alzarci, perché quel cazzo di autobus stava perdendo tempo ad aspettare dei lenti di merda. Volevamo forse essere bombardati da Winston Churchill? Ci trascinò giù per le scale con l'infermiera Hilde che gridava quanto le sarebbe mancato sentirci cantare, anche se nessuno di noi due aveva mai cantato. Opa Louis cantava al ritmo delle *Gymnopédies*, ma ogni volta con parole diverse. Cantava di una donna che amava e di una donna che non amava lui. Cantava di non avere più dove mettere il suo coso la notte, da quando quella donna l'aveva lasciato. Beveva per dimenticare di ricordare. Beveva per scrivere sonetti inglesi in francese.

Non riuscimmo a resistere alla forza del soldato, perché

aveva la stessa muscolatura inscalfibile di Vati; snello e sottile, ma possente, se provocato. Ci precipitammo fuori dalla porta sul retro nel vicolo dietro all'ospedale, dove l'autobus ci aspettava a motore acceso. Sembrava invisibile sullo sfondo dei mattoni anneriti del grosso camino dell'ospedale. Avevano dipinto l'autobus del colore dell'ardesia consunta, e lo stesso i finestrini, così che non potessimo vedere né dentro né fuori.

Il soldato ci scagliò sulla neve sudicia e ci chiamò maiali. Emmi si rialzò di scatto e gli gridò: «Chi sei tu per dare ordini ai bambini? Non meriti di indossare l'uniforme della Wehrmacht! Se valessi qualcosa, saresti al fronte in Polonia a spingere i russi all'attacco! Aspetta che il Führer scopra quello che hai fatto!»

Dal canto mio, ero stato scagliato a terra troppe volte nella mia breve vita per rialzarmi. Da papà, da Frau Henny, la nostra governante, da un gruppo di insegnanti, da innumerevoli bulli e amici tramutati in bulli, da sconosciuti per la strada che mi dicevano quant'ero brutto con le mie orecchie piccole, la mia bocca aperta e i miei minuscoli occhi vuoti.

Rainor Schacht, digli che cosa hai visto mentre strisciavi per terra!

Conoscevo la forma delle parole, ma non cosa dicessero. Qualcuno aveva inciso *Hausmann '39* sul parafango posteriore dell'autobus, e un po' più in basso un cuore con all'interno le iniziali *L.F.* e la scritta *Ti amo.* La voce del soldato gli uscì di bocca come un grugnito giallo-marrone. Gli circondò la testa come una nuvola, simile all'aureola di san Bonifacio, e poi cadde sul pavimento. «Rimetti in piedi il tuo fidanzato prima che si pisci addosso.»

E poi?

L'infermiera Hilde ci fece un'ultima volta i complimenti per la nostra bravura nel canto e svanì attraverso la spessa porta sul retro dell'ospedale che non avrei mai più rivisto. I cardini si incrinarono al freddo come ginocchia consumate.

E poi?

Emmi mi aiutò a rimettermi in piedi. Non avevo addosso gli stivali e il freddo mi penetrò fino alle ossa dalle calze bagnate.

«Rainor ha bisogno dei suoi stivali» disse Emmi.

Il soldato scoppiò a ridere. «Lo sanno tutti che a Trutzburg si balla il valzer a piedi nudi.»

Zoppicai verso l'autobus. Sali, scendi, vai di qua, vai di là: era stata questa la mia vita per tredici anni.

Ma non la vita di Emmi.

Da qualche parte, nel suo nido interiore di rotelle e ingranaggi, c'era una leva che innescava la lotta. Così, Emmi si scagliò contro il soldato mentre lui la trascinava nell'autobus spingendola nell'ultimo posto libero accanto a me, per poi dirle di restare lì se non voleva essere picchiata. Le strinsi la mano per farla smettere di ribellarsi. C'erano tutti i bambini del reparto sei. Con le nostre infermità e le nostre parti guaste. Le nostre inferiorità. Le nostre carenze. Restammo zitti e attoniti mentre il soldato alzava la mano contro Emmi, che mi strinse il palmo e gli gridò: «Un fottuto frammento di granata francese ti farà un buco in gola e morirai soffocato!» Ma lui ci aveva già voltato le spalle. Aveva già iniziato a non esistere. «Essere morti nel futuro è morire già adesso» mi aveva detto Vati al mio ultimo compleanno insieme a lui.

Non c'era traccia dei nostri genitori quel martedì mattina, ammesso che avessimo ancora dei genitori e che ai nostri genitori importasse qualcosa di vederci, dato lo scarso numero di visite che ricevevamo. Mi rassicurai pensando che il Führer ci voleva bene, che quel soldato fosse un'anomalia. Il Führer voleva che ci si prendesse cura di noi. Eravamo tedeschi quanto qualunque bambino normale, perciò, sei mesi prima che venti bombardieri britannici attaccassero la nostra città per la prima volta, ci aveva trasferiti al sicuro nell'ospedale Trutzburg, a qualche ora a sud di Stoccarda. Non ci venne in mente di chiedere degli altri bambini nell'ospedale che non ci avevano raggiunto sull'autobus. Quelli che erano riparabili. Ingessature e bende. Punti e febbri. Piccoli interventi. Il serraglio di Opa Louis: per la prima volta nelle nostre vite, eravamo noi la priorità.

Il soldato se ne andò, e un inserviente che non avevo mai visto prima salì sull'autobus. Controllò i nostri nomi su un foglio che teneva appoggiato a un'asse di pino. Era alto e magro come lo era il soldato, ma aveva un viso che veniva voglia di ricordare. Bello come Gustav von Wangenheim, finché non si chinò su di me con la sua pelle pallida e butterata. Se tutti i crateri sulle sue guance fossero stati pieni di cioccolato, la sua faccia sarebbe stata come quella di un dalmata.

Mi chiese il mio nome con voce cantilenante, e io mi indicai la bocca.

«Si chiama Rainor Schacht» disse Emmi. «Non parla. È suo padre a parlare per lui.»

«Un buon ascoltatore, allora» disse Herr Bonse, l'inserviente.

«No, ha le orecchie piccole. E anche gli occhi, ma è molto intelligente. Credo che pensi per immagini, più che altro. E le immagini gli arrivano da qualche parte che noi non conosciamo.»

«E tu sei l'ultima, Fräulein. Emmi Kleist. La combattente» fece lui.

«Una macchina coperta d'argilla. Sono carica e aguzza.»

Fino a quel momento, non avevo notato l'autista dell'autobus. Potevo vederlo nel grande specchietto retrovisore. Aveva il viso nascosto dagli occhiali da sole e da un berretto di lana abbassato sulla fronte. Espirava nuvole di colore bianco-grigio. Non nel senso che riuscivo a vedere il suo respiro nell'aria fredda; l'autobus era caldo come una stufa a legna. Ma, a differenza del soldato, l'aria che emetteva era di colore bianco. Si sollevava intorno a lui e fluttuava nell'autobus. Lo immaginai accanto a una cascata, con i pennacchi di nebbiolina e i suoi afflati bianco-grigi che si mescolavano in un unico vapore. Sì, dentro di lui c'era una cascata, e questa precipitava in un buco nero. Vati diceva che pensavo sciocchezze; i miei disegni delle persone erano irrazionali. Avrei anche potuto essere un discepolo di Jung. Lui odiava Jung, anche se all'epoca non avevo idea di chi Jung fosse né cosa potesse c'entrare con i miei schizzi. Disegnavo le persone per come le vedevo e adesso, se avessi avuto della carta per il carboncino che tenevo in tasca, avrei disegnato il buco nell'autista dell'autobus e l'acqua che ci si riversava dentro e la nebbiolina argentea che gli si librava fuori da bocca e narici.

«Ci sono tutti, Berger» disse l'inserviente all'autista. «Ventiquattro bambini e mezzo. Sto scherzando. Ce n'è uno con le gambe di legno. Pinocchio von qualcosa. Conosci Pinocchio, Berger?»

L'autista non disse nulla. Inserì la marcia dell'autobus e con estrema, estrema lentezza, come se nessuno dovesse sentirci, percorremmo il viale dietro l'ospedale.

«Miei cari pasticcini» ci disse l'inserviente «la strada per arrivare alla vostra nuova casa durerà due ore. Per quel che ne so, anticamente era un castello. Quindi vivrete come cavalieri e dame in una fortezza tutta vostra.»

Mi si chiusero gli occhi. Tutta la vita che ero in grado di gestire in un giorno si era svolta nella prima ora di quella mattina. Emmi mi strinse la mano, eppure non mi sentii confortato. Le mie calze di lana erano bagnate. Mi faceva male il ginocchio nel punto in cui aveva sbattuto quando il soldato mi aveva scagliato per terra. Mi fischiava l'orecchio sinistro e il dolore mi arrivava fino in gola.

Rainor Schacht, digli della neve fuori!

Prima che salissi sull'autobus, i fiocchi di neve vorticavano intorno ai finestrini, ma nessuno sembrava posarsi sul metallo o sul vetro, come se l'autobus non esistesse nel nostro universo. Viaggiare su quel mezzo era come viaggiare in una sagoma. L'ombra dell'autobus era l'autobus stesso.

Rainor
25 settembre 1953
Stoccarda, Germania Ovest

Vati avrebbe deriso il giornale che l'aveva definita una vendita patrimoniale. Appena due tavolini da gioco con sopra gli oggetti di Suzanne Berger erano esposti sotto un albero di tiglio vicino al marciapiede, qualche ricordo che le era stato possibile avvolgere in una tovaglia e portare via con sé in un rifugio antiaereo durante la guerra. A quanto pareva, quella lezione le era rimasta impressa per il resto della sua vita e non aveva tenuto quasi nulla di più.

Principalmente i libri del marito. Una guida turistica di Costanza. Una brochure del Münster. Romanzi di Thomas Mann, Dos Passos, Ernest Hemingway ed Hermann Broch, le rilegature quasi staccate come se fossero stati letti una decina di volte. In tempo di guerra, la gente leggeva tutto quel che trovava, se lo trovava, se era in grado di leggere. Ogni romanzo riportava il nome del marito in seconda di copertina, con un minuscolo tratto di inchiostro blu. P. Berger. Peter Berger. L'autista dell'autobus, l'uomo robusto con il berretto di lana verde scuro e gli occhiali da sole da montagna. Quello il cui spirito non era diventato del colore dell'autobus. Quello con il respiro bianco.

Ero andato a quella vendita per incontrare la sorella minore di Suzanne Berger, Gisela. Suzanne aveva vissuto con lei dopo il problema cardiaco che aveva causato la morte di Peter Berger, un anno prima; lui non si era mai ripreso dalle sferzate del regime in declino, uno dei pochi dettagli che Gisela mi aveva raccontato quel giorno sui suoi parenti. Avevo letto per la prima volta il nome di Gisela sul necrologio di Suzanne, un annuncio che mi aveva fatto sperare, dopo anni in cui non avevo trovato neanche il minimo indizio, che forse tra le cose della moglie di Peter avrei potuto trovare qualcosa su Emmi. Qualcosa del periodo dopo Trutzburg, insomma. Dopo la morte. Poteva esserci ancora qualcosa, dopo la morte. Si poteva riattraversare lo Stige e tornare indietro. Ed eccomi, Vati: il tuo Rainor, post mortem. Un tempo freddo, ora di nuovo caldo.

Dopo la guerra, un pastore luterano mi aveva aiutato. Aveva presentato richiesta per rintracciare una persona scomparsa – Emmi – alla Croce Rossa tedesca, ma non avevamo mai ricevuto risposta. Quando avevo del denaro e trovavo qualcuno che scrivesse al posto mio, pubblicavo annunci sullo *Stuttgarter Zeitung* e sul *Süddeutsche Zeitung*, pregando di ricevere sue notizie. Avevo cercato di pubblicare un annuncio sul *Neues Deutschland* in Germania Est, ma la lettera scritta per conto mio mi era stata rispedita senza il mio denaro. Mio padre si faceva strada in continuazione fra i miei pensieri e mi diceva quanto fosse inutile la mia ricerca. Ero caduto in preda alla disperazione. Ero stato tormentato per anni da una malattia dopo l'altra. Per diciotto mesi, un'infezione all'orecchio interno mi aveva impedito di camminare senza perdere l'equilibrio. Una volta passata, era arrivato un dolore alle articolazioni che era durato per i successivi due anni. Per molti giorni, uscivo a malapena dalla mia stanza e a volte nemmeno dal letto.

Avevo scoperto soltanto da poco che Peter Berger era morto e in che modo. Non avevamo passato insieme molto tempo, e poi ci eravamo ritrovati quando ero un ragazzino malnutrito e morto di freddo. Nelle nostre ultime ore insieme, aveva detto che sua moglie si chiamava Suzanne; un nome a cui dovevo essermi aggrappato durante gli anni del dopoguerra mentre ero malato e costretto a letto. Quasi per caso, avevo notato il necrologio di Suzanne Berger nel gazzettino che circolava nella nostra casa alloggio. A quel tempo, abitavo in una casa per inabili al lavoro e derelitti. Principalmente veterani traumatizzati. Quelli che non riuscivano a dormire e quelli che non riuscivano a restare svegli. Un anno prima, avevo imparato a leggere libri per adulti con l'aiuto di un ingegnere della Luftwaffe che aveva fatto parte della squadra che aveva costruito l'accessorio Uhr per la macchina Enigma. E così ero riuscito a decodificare il necrologio della grandezza di un francobollo con l'aiuto della mia lente d'ingrandimento: *Suzanne Berger nata Foch, preceduta nella morte dal marito Peter e da due dei suoi figli, Thomas e Sonja; Suzanne lascia la figlia, Anni, e la sorella minore, Gisela.* Avevo letto quel necrologio sei volte e mi ero costretto ad alzarmi dal letto.

Emmi non c'era sulla mia barca quando avevo attraversato di nuovo lo Stige. Era troppo sperare che fosse sopravvissuta, e che lì, fra gli oggetti di una donna morta, potesse esserci un indizio? Sognavo quasi tutte le notti di stringerle con delicatezza la mano sotto la nostra coperta nell'ospedale di Stoccarda. Prima che il soldato venisse a cercarci. Prima dell'autobus grigio.

Per la prima volta in un mese, avevo messo il naso fuori dal mio alloggio e in quell'autunno soleggiato. L'idea di viaggiare di giorno mi metteva in agitazione. Negli ultimi anni, quelle rare volte in cui ero stato in buona salute, non ero andato praticamente da nessuna parte alla luce del sole, così che nessuno fosse costretto a vedermi, e così che io non fossi costretto a notare lo sguardo di nessuno su di me. Con indosso un lungo cappotto invernale e la sciarpa a coprirmi il naso, avevo percorso furtivamente le strade secondarie. Avevo avvicinato all'occhio il mio piccolo cannocchiale per leggere l'indirizzo in cui trovai finalmente Gisela Foch: Kernstrasse 17. L'albero di tiglio. La luce del sole che illuminava a chiazze i due tavolini da gioco. La donna fra il giovane e il vecchio seduta su una sedia pieghevole con il suo schnauzer decrepito, anche lui traumatizzato, come era stato per la maggior parte dei cani durante la guerra. Mi ci erano voluti trenta minuti per avvicinare Gisela. Avevo indicato i romanzi. C'era scritto il nome di Peter Berger in una grafia bellissima ed elegante. Lo schnauzer aveva poggiato la zampa sullo stivale a suola spessa che indossavo alla gamba guasta. Ero troppo terrorizzato per parlare, per chiedere a Gisela se c'era qualcosa di più. Le poche volte che riuscivo a parlare, Vati mi sgridava ancora, nei miei pensieri, persino allora che avevo ventisei anni e qualche volta riuscivo anche a non balbettare.

«Ha combattuto» mi aveva detto Gisela. Intorno alla sua bocca c'erano le rughe profonde di una donna molto più anziana. «Dev'essere stato giovane allora. Volkssturm? Temprato come acciaio Krupp.»

Avevo annuito. Era più facile fingere di aver combattuto nella morsa del regime. Che cosa avrei potuto dire di Trutzburg? Forse all'epoca la sorella di Suzanne Berger aveva convenuto sul fatto che il popolo tedesco sarebbe stato meglio senza quelli come me e il resto del reparto sei.

«Ho visto un tenente delle SS puntare la sua Mauser contro un ragazzino di quattordici anni per aver pianto mentre presidiava la sua posizione. Era lei? Mi sono chiesta che cosa ne fosse stato di quel ragazzino.»

Avrei dato qualunque cosa per essere stato quel ragazzino che presidiava una barricata con un fucile Gewehr e una manciata di proiettili, mentre i soldati americani prendevano la città. Avrei ucciso per il Führer. Emmi aveva parlato spesso di sposare un ufficiale delle SS, e la gelosia mi dilaniava. Nessuno mi aveva voluto, specialmente l'esercito tedesco.

Avevo abbassato lo sguardo sul romanzo che tenevo in mano, pagina 47 dei *Sonnambuli* di Broch, una fotografia datata 6 giugno 1942, in qualche modo ancora attaccata al foglio. C'era Peter Berger con il suo berretto e i suoi occhiali da sole accanto a un aeroplano leggero, un Fi 156 Storch, insieme al suo pilota e a una piccola cassetta. Il pilota era alto e snello rispetto all'autista dell'autobus, che era più basso e tarchiato. Il pilota sorrideva raggiante e rivolgeva un gesto di saluto al fotografo come se stessero per partire per il viaggio della sua vita. Il viso impassibile di Berger era voltato di due o tre centimetri rispetto al pilota, con il palmo a coprirgli l'orecchio destro, il più vicino all'uomo, come se qualcosa che aveva appena detto gli avesse causato dolore. Dietro l'aeroplano c'era un autocarro Opel Blitz grigio e macabro proprio come l'autobus che Peter Berger doveva guidare fino a Trutzburg.

Avevo scritto una domanda per la sorella di Suzanne Berger e le avevo passato il biglietto, indicandomi sotto la sciarpa in corrispondenza della bocca. Aveva risposto al mio gesto annuendo: c'erano talmente tanti relitti umani della Wehrmacht ancora in giro per le nostre strade che il mio mutismo non era fuori dal comune.

Aveva sollevato il mio biglietto all'altezza di un piccolo ovale di luce che filtrava dalle foglie di tiglio.

«Se ho nient'altro che apparteneva a Peter Berger? È venuto per cercare una persona, non è così?» mi aveva chiesto, per poi distogliere lo sguardo dallo scempio seminascosto del mio volto e scuotere la testa. Aveva i diari di Peter Berger in salotto, ma chi avrebbe voluto comprarli? La carta si sbriciolava ed era piena di macchie d'umidità; c'erano pagine cancellate, pagine mancanti. Erano scritti in modo incomprensibile. Aveva visto in televisione un programma sull'uomo inglese che aveva violato i nostri codici durante la guerra. Era un genio dei messaggi cifrati. Aveva rapporti con gli uomini. Peter invece aveva rapporti con il diavolo. Altrimenti perché avrebbe fatto quello che aveva fatto per i nazisti?

26

Avevo scritto un'altra domanda sul mio taccuino per lei. «Posso vedere i diari?»

Il grande Friedrich Reck aveva nascosto i suoi diari nella foresta dietro la sua villa, e ogni volta che scriveva qualcosa li nascondeva di nuovo. In posti diversi. In alberi diversi o dentro ceppi marci. In cumuli di fieno chiusi dentro un sacco di tela foderato in gomma. Perché Peter Berger non avrebbe dovuto cifrare i suoi diari?

«Sono righe di numeri. Pagine e pagine di numeri. Se li vuole, venti marchi.»

Rainor Schacht! Sei così sciocco da credere che troverai l'amore perduto in quei diari? Lei non c'è più.

Più tardi, nel nostro alloggio, l'ingegnere dell'Uhr mi spiegò la scrittura cifrata di Berger: un semplice codice a sostituzione numerica. «Ha visto cose, sentito cose che nessuno di noi dovrebbe conoscere.»

Scrissi sul mio taccuino: «Traumatizzato? Aveva combattuto durante la Grande Guerra».

La sera stava scendendo su di noi sotto forma di fresche sfumature di luce rossastra. L'ingegnere alzò lo sguardo verso il soffitto via via più scuro della sua camera, per trovare la parola giusta in quello spazio vuoto fra il mondo della luce e dell'ombra. «Luminoso. C'era ancora un po' di luce in quell'uomo. Dopo tutto quello che aveva fatto.»

I miei occhi scorsero in fretta il testo che l'ingegnere dell'Uhr aveva appena tradotto dal diario di Berger, parte di un articolo del giornale clandestino *Der Widerstand*, secondo la nota a margine di Berger:

Sono coloro che affrontano la follia fascista con devozione pronunciata che disprezzo. Quelli che attraversano le no-

stre vite come se fossero ritagli di un cinegiornale arrivati qui per marciare in mezzo a noi, per sposarci, per generare altri come loro. Sono i simulacri che ho visto in un dipinto di George Grosz prima che la Camera delle Belle Arti del Reich bandisse tutto ciò che, come uno specchio, ne riproduceva l'immagine.

Peter Berger scriveva di essere in grado di distinguere quel genere di persone dai tedeschi comuni, non con lo sguardo, ma dal suono della loro voce: uno stridore impalpabile nell'orchestra del loro eloquio. Una nota stonata che nessun altro che conoscesse era capace di sentire, persino quando aveva cercato di spiegargliela. Berger lo chiamava il Mastino.

«Non senti il Mastino guaire, mamma?» avevo chiesto, da ragazzino, a mia madre, parlando del giovane macellaio, Keitel. «Taglia e trita e incarta. Ma non esiste. Non dovremmo parlargli.» Negli anni successivi all'ascesa al potere di Hitler, Keitel aveva tradito i propri concorrenti ebrei consegnandoli alla Gestapo. È così che opera il Mastino.

Diari di Berger
1940, data sconosciuta

Avevo smesso di sentire l'odore. Quell'odore, che cos'era esattamente? Mio padre, che aveva coltivato uva riesling su un terreno assolato della Valle Sveva, avrebbe fatto un respiro profondo e lo avrebbe scomposto per me, nei suoi elementi X, Y e Z. Fumo e cenere e forse benzina. Note di...

Rainor
6 febbraio 1940
Stoccarda, Germania

Tre di noi stipati insieme su un freddo sedile in pelle vicino alla parte anteriore dell'autobus. Io in mezzo, Emmi lato corridoio e, rannicchiata contro il finestrino, Marie, una ragazzina cieca del nostro reparto. Non potevamo vedere fuori dai finestrini perché erano stati dipinti di grigio, e l'unica luce proveniva da graffi nella vernice e dal parabrezza. Non avevo dato importanza ai finestrini oscurati; mi dava la sensazione di viaggiare su una delle autoblindo che avevo osservato dalle finestre dell'ospedale. Una sensazione di forza, sicurezza e anonimato. Nessuno rideva dei soldati in un'autoblindata. La gente per strada alzava lo sguardo con orgoglio e agitava la mano. I loro figli facevano il saluto militare. Si poteva essere sé stessi in un mezzo del genere. Si poteva essere come me.

Il nostro autobus strisciava attraverso la città dormiente, lungo strade secondarie e viali in disuso. Herr Berger ed Herr Bonse non volevano svegliare nessuno. Erano bravi tedeschi: pensavano a tutti coloro che erano già stanchi per la guerra con la Gran Bretagna. I due uomini non dissero nulla. Anche noi bambini, persino quelli che di solito ciarlavano per tutto il giorno, capimmo di dover fare silenzio. Vicino alla periferia della città, Herr Berger si fermò per lasciar passare un treno merci, una locomotiva nera che trainava una fila di vagoni usurati, con gli sportelli esposti al mattino, gli interni spazzati e vuoti, di ritorno per ancora un altro carico. Il treno rallentò fino quasi a fermarsi e poi, qualche secondo dopo, i vagoni rombarono e si misero a vibrare.

Un uomo basso con indosso una divisa da ferroviere macchiata bussò sul cofano dell'autobus.

«Smistamento» disse, mentre Berger apriva la portiera per farlo salire. «Potrebbe volerci ancora mezz'ora.» Ci scrutò attraverso gli occhiali bagnati, come se non riuscisse a capire perché un autobus pieno di bambini stesse andando a scuola così presto. O dove potesse essere quella scuola.

«Evacuazione» disse Herr Berger «a sud.»

«Evacuate? Stiamo vincendo. L'anno prossimo, a quest'ora, berremo moscato a Parigi.»

«L'ospedale.»

Il ferroviere mi guardò beffardo, voltandosi per andarsene. «Liberate dei letti, forse.» Puntò il pollice verso il treno. «Dovrebbe fare un pensierino a guidare uno di questi bestioni. Sempre più incarichi ogni settimana. Un bel periodo.»

L'odore di fumo di carbone cominciò a riempire l'autobus, ed Herr Berger richiuse la portiera. Nel giro di qualche minuto, il treno fece retromarcia per lasciarci scivolare sul passaggio a livello. Non riuscivamo a vedere niente accanto o dietro l'autobus, eppure salutammo con la mano in direzione del treno. Dieter gridò «Arrivederci!» e disse che avrebbe desiderato guidare una locomotiva a vapore. Aveva due treni Lego nella sua casa a Königsberg con cannoni giocattolo sopra. «È così che si trasportano i carri armati al fronte» disse. «Sui treni. Vinciamo con i treni.»

«Arrivederci, treno» disse Herr Bonse. «Sì, arrivederci. Siamo a buon punto.» Si chinò in avanti dal suo posto dietro Herr Berger e gli diede un colpetto sulla spalla. «Perché non passi ai treni? Passeggeri o merci, quel che preferisci. A te piace stare in mezzo alla gente, Berger.

Quanto a me? Io non me lo sognerei mai. I treni mi fanno addormentare. *Clic, clac, clic, clac.*»

Marie sussurrò che tutto questo non le piaceva. Le mancava il suono di Opa Louis che agitava lo straccio ascoltando le *Gymnopédies*. Non avevo mai notato il suono del suo straccio, soltanto il movimento fluido, avanti e indietro, delle sue braccia possenti mentre lucidava il pavimento. Chiusi gli occhi, li coprii con le mani e provai a essere come Marie: incapace di vedere i treni o qualunque altra cosa. I suoi occhi non si posavano su nulla e nulla si posava su di loro. L'autobus grigio era la cecità.

Rainor Schacht, dai troppe cose per scontate. Scusati con quella ragazza e con tutti noi! Che cosa ne sai tu della cecità?

Perché, non era sufficiente essere ciechi per un po' di tempo per saperne qualcosa dell'oscurità di Marie? Non bastava chiudere gli occhi e vedere soltanto una nebbia nera-marrone muoversi dietro le palpebre, immaginando che le strade invernali stessero svanendo alle nostre spalle?

Nel giro di un paio d'ore, i negozi avrebbero aperto per la giornata e, con gli occhi serrati, mi sembrava di sentire il profumo di un panificio. Immaginai di tagliare spessi quadratini di burro su una fetta di pane di segale caldo e ricoprirla di marmellata di uva spina. Avrei chiesto una tazza di latte talmente freddo che la panna in cima avrebbe avuto una pellicola ghiacciata sopra.

«Sento odore di brezel» sussurrò Marie.

Li immaginai. Gli anelli di impasto di brezel venivano immersi in un composto a base di lisciva. Il panettiere li tirava fuori da lì con una spatola, ne cospargeva la superficie pallida con del sale e li infilava in un forno a legna bollente. Mi avrebbero bruciato la bocca e non m'importava. Avevo il latte per spegnere il fuoco sulla mia lingua.

«Qualcos'altro» disse Marie. «Un altro odore.»

Dieter annuì. «Lo sento anch'io. Rainor, tu no?»

Gasolio, magari, perché quella puzza aveva riempito l'autobus quando ci eravamo fermati e avevamo accelerato di nuovo. O l'odore della sofferenza. Non so perché pensai a quello. Se Dieter e Marie erano capaci di sentire gli odori così intensamente, perché non il dolore? Dietro di noi, la piccola Eva disse di volere pane e marmellata; il suo stomaco era come un vuoto ricorrente. Anche la fame doveva avere un odore, quello di una fossa buia ricoperta di acido. Non mangiavamo dalla zuppa di cavolo e gnocchi della sera prima. I bombardieri britannici sarebbero potuti arrivare da un momento all'altro, aveva detto l'infermiera Hilde, e quindi avremmo dovuto saltare la nostra colazione con avena e uvetta. Prima di dormire, ero sgattaiolato vicino all'infermeria per ascoltare la radio, il ronzio martellante dei Messerschmitt che scivolavano dalle nuvole sopra Berlino. L'annunciatore alla radio aveva detto che i cieli sopra l'Europa appartenevano alla Germania. Perciò, come aveva domandato il ferroviere, perché mandarci via?

«Apri gli occhi. Smettila di fare pensieri del genere. Sono così desolanti, Rainor» disse Emmi. Aveva l'abitudine di rispondere alle preoccupazioni nella mia testa, come se i miei pensieri trapelassero dal mio palmo al suo. «Ci trattano da re, con un'autovettura e un autista tutti nostri. Dobbiamo essere utili per il Reich.»

Cercai di sorridere per Emmi. Aveva già dimenticato il modo in cui quel soldato ci aveva trascinati sull'autobus? Il modo in cui ci aveva scagliati sulla neve? Che lo spazzacamino che le faceva visita di notte avrebbe potuto non essere in grado di trovarla? L'autista cambiò le marce portando infine l'autobus sobbalzante su quella che sembrava una strada di ciottoli e fece una brusca curva a destra.

«Ci siamo quasi» disse Herr Bonse. «Presto avrete tutti i dolci che volete.»

Herr Berger disse qualcosa, troppo a bassa voce per poterlo sentire.

«Ma il dottor Lutz ci ha ordinato di non dar loro da mangiare» protestò Herr Bonse.

Herr Berger mise qualcosa in mano all'inserviente, che accese una torcia e ci portò un pacchetto. Le sue mani tremavano mentre scioglieva lo spago sull'involto marrone e rivelava una pila di biscotti morbidi alle noci. Ciascuno di noi ne mangiò uno, e per un po' nell'autobus regnò il silenzio.

«Hai visto?» disse Emmi. «Da re.»

Herr Bonse si infilò la carta kraft in fondo alla tasca del cappotto e, quando notò un'unica noce per terra vicino al mio piede, la afferrò al volo e si guardò intorno per trovare un posto dove nasconderla, per poi scegliere di nuovo la propria tasca.

«Devo fare pipì» disse Eva, finito il suo biscotto.

«Ci siamo quasi, miei cari. Dovete trattenerla» rispose Herr Bonse.

Uwe, un ragazzino con una brutta asma, cominciò a piangere. Qualcuno gridò di dover fare pipì come Eva. L'intero autobus scoppiò in lacrime.

Rallentammo.

«Non possiamo» disse Herr Bonse a Herr Berger. «Ordini di Lutz...»

La portiera dell'autobus si aprì in un cigolio. Una folata d'aria gelida si abbatté su di noi come un animale feroce sulla sua preda. Quelli di noi che riuscivano a camminare scesero in fila dall'autobus e quelli che non ci riuscivano furono portati giù e aiutati a fare pipì da Herr Berger. Non sapevo dove fossimo; avevo viaggiato così poco fuori da Stoccarda. Conoscevo casa di Vati. Conoscevo la mia scuola. Conoscevo la proprietà di mia nonna a Heidelberg. Eravamo accalcati su una strada stretta vicino a un campo di viti, tutto innevato, forse uno dei famosi vigneti della Valle Sveva. Il serraglio di Opa Louis era in fila a fare pipì sulla neve, sforzandosi di non congelare a morte.

Un fucile crepitò in un punto imprecisato alla nostra destra, e poi, qualche istante più tardi, arrivò il colpo mortale. Un cacciatore e un cervo. O un allevatore che sparava a un lupo. Quando sparava Vati, le anatre cadevano giù dal cielo e Gertrude, il nostro cane da caccia, attraversava di corsa il campo per riportare i loro corpi umidi e fumanti. Una volta, mio padre aveva detto che ero caduto dal cielo, bandito da Dio, e che Gertrude mi aveva trascinato mezzo morto fino all'ingresso di casa nostra. Credevo alla sua storia, altrimenti come avrei potuto spiegare la mia faccia? Non avevo mai conosciuto mia madre, perché era morta di parto, e mio padre parlava davvero poco di lei. Dio mi aveva portato da Vati, e lui mi aveva portato all'ospedale.

Herr Bonse alzò la voce. «Berger. Tieni d'occhio l'ora. Conosci il dottor Lutz.»

La voce di Herr Berger rombò come il motore dell'autobus. «Lunedì rigetta la mia richiesta di trasferimento e poi mi ricorda che, se proprio ci tengo, la Gestapo ha diversi posti vacanti a Poznań. Anzi, c'è posto per tutta la mia famiglia, nella soleggiata Poznań. Bonse, credimi, lo conosco Lutz.»

Viaggiammo lungo una strada stretta e sdrucciolevole attraverso una foresta sepolta dalla neve. L'autobus andò avanti così, e io mi sentii male, come se avessimo lasciato qualcuno indietro. Ma i bambini c'erano tutti: Emmi, Eva, Dieter, Uwe, Marie e il resto del reparto sei. Herr Bonse ed Herr Berger c'erano. Allora chi era stato lasciato indietro? Qualcuno; il pensiero era un tarlo nella mia mente. Qualcuno era stato lasciato indietro e io avrei dovuto gridare di fermare l'autobus. Ma io non sapevo parlare. Aprii la bocca e non venne fuori nient'altro che un breve filo di saliva. Gorgogliai, mentre la mascella mi si serrava e diventavo sempre più rosso in volto. Avevo ancora la bocca aperta.

«Che cos'è quest'odore?» chiese Marie in un sussurro acuto.

Annusai l'aria, con la stessa intensità con cui l'avevo visto fare a Vati con i tappi di vino prima di bere.

«Non lo senti, Rainor? Quest'odore tremendo?» Posò i suoi occhi ciechi su di me. «È vicinissimo. Digli di riportarci indietro.»

Anche alcuni altri bambini si accorsero dell'odore e cominciarono a farsi domande mormorando.

«Io l'ho sentito fin dall'inizio» disse Dieter «come Marie.»

«Bambini» disse ridendo Herr Bonse «che cos'è quest'odore? Le stufe a legna delle colline sveve. Non avete voglia di pancetta? E tu, Berger, non sei affamato?»

«No, no» ci disse Marie. «Voglio tornare a casa. Adesso.»

Emmi tirò fuori il lavoro a maglia che teneva nascosto nella fodera del cappotto. Due ferri da calza di legno e un grosso gomitolo di lana rosso appiattito. Stava facendo una sciarpa per il Führer nei colori rosso, bianco e nero della nostra bandiera. Aveva un gomitolo rosso e uno bianco, ma non quello nero. Aveva chiesto a tutte le infermiere e agli inservienti dell'ospedale se potessero prestarle della lana nera, ma nessuno l'aveva fatto. Opa Louis diceva che non avrebbe dovuto avere ferri da calza, perché avrebbe potuto fare del male a qualcuno.

Emmi trovò la mano di Marie e la mise sulla propria. «Segui le mie mani con le tue mentre lavoro a maglia. Ti rilasserà.»

Marie scosse la testa. «Rainor, fai sparire quest'odore con la tua magia.»

Non riuscivo a sentire altro che l'odore del gasolio, della nostra sporcizia e della legna bruciata. Ci fu un'altra raffica di fucilate alle nostre spalle. Ci eravamo lasciati indietro una persona e loro, i cacciatori che non potevamo vedere, le avevano sparato, chiunque fosse, lasciandola a sanguinare nella neve profonda alla mercé dei lupi. Eravamo noi, tutti noi, a riscaldare un campo innevato con il sangue.

Chiusi di nuovo gli occhi. Volevo soltanto svegliarmi nella mia branda all'ospedale e dimenticarmi dell'esistenza dell'autobus. Opa Louis avrebbe cantato nel suo baritono delicato e ci avrebbe aperto il suo cuore, e poi Emmi sarebbe venuta e mi avrebbe tenuto la mano sotto la coperta. «Non posso avere bambini» mi avrebbe detto come faceva quasi tutte le mattine, quando le mie dita trovavano le sue. «Lo spazzacamino ha portato via delle rotelle dalla mia pancia lo scorso marzo, così il mio corpo non potrà crescere bambini. Ha detto che non dovrei averne. Contaminerei i geni tedeschi.» Non sapevo che cosa fossero i geni; il suono mi ricordava dei fiori alpini. Emmi rideva della mia perplessità, poi chiedeva: «Vuoi spazzolarmi i capelli, Rainor?»

36

Dovevo essere scivolato nel sonno. Ero in piedi accanto alla quercia di due metri e mezzo nel giardino di fronte a casa di mio padre. Aprii le braccia, come fossero ali, e le sbattei delicatamente su e giù. Presto i miei talloni furono allo stesso livello della chioma della quercia. Non avevo paura dell'altezza; le mie vertigini non erano altro che un groppo di emozione in gola. Chiamai Vati perché venisse a vedere che avevo combinato qualcosa. Ero un ragazzino in grado di volare. Potevo anche non essere capace di leggere o scrivere, ma ero in grado di volare. Mio padre aveva detto che ero destinato a essere un fenomeno da circo come il digiunatore della storia di Herr Kafka. No, ero destinato a librarmi fino in cima alle montagne e a piantare la bandiera tedesca. L'attimo dopo, riuscii a sentire Vati suonare Telemann al flauto, ma non a vederlo. All'improvviso sentii freddo; braccia e gambe tremarono per la brezza invernale. E se non fosse stato Vati a suonare Telemann? E se fosse stato il soldato dell'ospedale? Il soldato che aveva scagliato me ed Emmi sulla neve? E se avesse saputo imitare mio padre al flauto? E se lo avesse saputo fare il Führer?

L'autobus mi risvegliò con un sobbalzo. Herr Bonse stava indicando il parabrezza, e aveva il braccio lungo quanto il bastone che Frau Bettel, l'ultima insegnante che abbia mai avuto, utilizzava per indicare le lettere scritte sulla lavagna. A, dissi nella mia testa. B, C, D, E. Posso continuare a venire a scuola, Frau Bettel? Con gli altri bambini?

Mi sentii pesante e piccolo, e lontanissimo da Herr Bonse, come se stessi guardando dall'estremità sbagliata del telescopio che Vati teneva nel nostro gazebo. Nelle notti prima che mio padre mi portasse all'ospedale, aveva fumato le sue sigarette Belga e bevuto il suo brandy Wilthener e osservato la luna crescente. «Da dove è venuta, Rainor?» aveva chiesto. La sua voce era più roca del solito, come sempre quando beveva troppo. «La luna. Lo sai, non è vero? Tu mi nascondi dei segreti. Tu sai tutto. Ma sei arrivato qui fra noi mortali condannato al silenzio. Una situazione imbarazzante, non è così? Rainor, il solo che conosce la verità, tace.» Non sapevo perché non potessi andare a scuola. Non parlavo. Pronunciavo le lettere nella mia testa, ma nessuno mi sentiva. Non sapevo da dove venisse la luna.

«Guardate, miei dolcetti di marzapane» disse Herr Bonse «guardate che bella slitta. Ci siamo quasi! E adesso mi aspetto che spunti san Nicola!»

Mi misi a sedere più dritto per guardare al di là del parabrezza. Vicino a uno degli alti pini era appoggiata una piccola slitta avvolta in rami di agrifoglio e in una bandiera tedesca. La neve cominciò a cadere e vorticare in ciuffi asciutti. Era come se fosse di nuovo Natale, ma nessuno sorrise. Persino Marie restò zitta.

«Oh, bambini» continuò Herr Bonse. «Adesso sarete al sicuro. Non dovrete mai temere i britannici o i francesi. I francesi sono belli che finiti, come i polacchi.»

La portiera dell'autobus si aprì con un sibilo e la neve si precipitò subito dentro in una folata fredda.

Il suono di molte voci che accoglievano Herr Bonse mi tranquillizzò. Erano voci contente, come quando Frau Bettel mi aveva dato per la prima volta il benvenuto nella sua classe.

«Bambini» esclamò Herr Bonse. «Diamo inizio alla nostra nuova vita.» Aiutò i primi due bambini a scendere dall'autobus e poi un'infermiera con un lungo camice portò via una delle bambine che indossavano tutori sia alle braccia che alle gambe. Scendemmo dall'autobus in silenzio, alcuni di noi da soli, altri aiutati da Herr Bonse e dall'infermiera.

La mano di Marie si strinse intorno al sedile davanti a noi. «L'odore. Quell'odore. Anche Dieter e gli altri lo riconoscono» sussurrò.

«Prendi il mio ferro da calza. È una bacchetta, ti proteggerà» disse Emmi.

Avrei voluto ringraziare Herr Berger, come avevano fatto molti dei bambini in grado di parlare. Odorava di tabacco da pipa e caffè di ghiande. Alla sua mano destra mancava l'anulare, così pensai allo spazzacamino che portava via rotelle da Emmi e mi chiesi se facesse visita anche all'autista dell'autobus e gli portasse via qualcosa. Fu così che lo ringraziai, nello stesso modo che avevo inventato per ringraziare Opa Louis così tante volte: mi toccai la bocca e indicai la mia mano e poi Herr Berger. Lui non mi guardò. Il suo labbro inferiore sparì nella sua bocca. Non abbracciavo un adulto da quando Vati mi aveva lasciato all'ospedale, ma avrei abbracciato Herr Berger se mi fosse stato permesso, perché i suoi occhi gentili mi ricordavano quelli di Louis. Uscii alla luce fredda e accecante e guardai la nostra nuova casa. Un edificio alto e antico come una fortezza. C'erano finestre alte e un'ampia porta e, a ricoprire tutto, una neve spessa e pesante per mantenere sordi al nostro rumore coloro che erano già sottoterra. Riuscivo a sentire soltanto l'odore della legna bruciata: presto saremmo tornati caldi. I miei piedi scalzi sarebbero tornati caldi.

Herr Bonse canticchiò un motivo che sembrava di Mozart e si mise a gesticolare come se fosse un imbonitore del

39

circo. «Piacerà a tutti, qui. Ci sono orsi danzanti nel bosco e *stollen* per cena.» Si mise a suonare un flauto invisibile e a saltellare nella neve, punta e tacco. «Bambini, questa è la terra di Papageno. Qui potrete guarire.»

La voce di Emmi si levò alle mie spalle. «Marie, devi venire. Ti piacerà il nuovo ospedale; è bello stare sulle colline. Saremo amiche per sempre. Possiamo correre fra gli alberi. Possiamo mangiare cioccolatini sulla slitta. Eva sta sorridendo e Dieter ha l'aria molto felice.»

«Bonse» disse un'altra voce, più penetrante. «La porti subito giù.»

Era un uomo minuto, non molto più alto di me, e indossava un camice bianco sopra il cappotto di lana. Aveva un berretto grigio con paraorecchie foderati in lana e galosce nere in cui aveva infilato i pantaloni scuri. Le sue galosce scricchiolavano come cardini consumati, e le sue braccia erano spalancate come se stesse tenendo in mano una trapunta invisibile con l'intenzione di coprirci tutti. I suoi vestiti mi ricordavano il modo buffo in cui Opa Louis si vestiva in inverno, avvolto in strati male assortiti che aveva messo insieme da indumenti abbandonati all'ospedale. Louis mi faceva ridere e ne sentivo la mancanza. Quell'uomo minuto mi provocava una fitta al petto. Mi paralizzava sul posto.

«Porti giù la bambina» disse di nuovo.

Marie gemette dalla portiera dell'autobus e si aggrappò con una mano alle pieghe del suo camice grigio da ospedale, come se stesse custodendo qualcosa dentro di sé che rischiava di traboccare.

Herr Bonse canticchiava: «Piccola Fräulein, Papageno sta arrivando» e la tirava. Strattonò il suo braccio libero, e i capelli biondi di Marie lasciarono una scia dietro di lei quando cadde in avanti, simili alla lunga coda di una cometa. L'uomo minuto gridò a Herr Bonse di lasciarla andare e lui si fece da parte, e le mani di Marie afferrarono l'aria alla ricerca di qualcosa che le restituisse l'equilibrio. Sbatté il fianco sulla neve, poi la spalla e la testa. Rimase sdraiata per un momento terribile, ed ebbi paura che fosse morta, finché non alzò una mano. Poi tossì e cominciò a trascinarsi verso l'uomo minuto in mezzo alla neve farinosa che arrivava alle caviglie. La neve le cadde dalla bocca e dalle orbite. Strisciò come se Vati le avesse sparato con il fucile.

Herr Berger si sporse dall'autobus. «Lutz» sibilò. «Basta così.»

Non mi ero reso conto che il dottor Lutz si fosse messo accanto a me; mi ritrovai improvvisamente la sua mano sul collo, come un pesante giogo. «Se giri di un metro alla tua destra» disse a Marie «andrai verso la porta d'ingresso. Bonse, misuri con i passi la distanza per la nostra giovane ospite.»

Herr Bonse lanciò un'occhiata a Herr Berger, come se non volesse capire.

«La distanza, Bonse.»

L'inserviente misurò la distanza camminando da Marie all'ingresso, un passetto dopo l'altro, come se stesse traballando su una fune sopra di noi.

Herr Berger si chinò per sollevare Marie.

«Pensi alla sua famiglia, Berger» disse il dottor Lutz. «La soleggiata Poznań. Filo spinato. Russi. Le conviene stare fermo.»

Herr Berger trattenne il respiro. Marie era in bilico carponi e lui stava per sollevarla, ma nessuno dei due si mosse.

«Quaranta passi, dottore» esclamò Herr Bonse.

Il dottor Lutz posò lo sguardo su Marie. «Sentito, signorina? Quaranta passi. Se giri a destra, eviterai gli stivali di Herr Berger.»

Marie sollevò il ferro da calza di Emmi.

«Berger, la fermi!» urlò il dottor Lutz.

Ma Marie fu troppo veloce per entrambi. Lanciò il ferro contro Herr Berger e lo colpì sulla spalla. Il ferro infilzò la neve ai piedi dell'autista, con l'estremità smussata rivolta al cielo.

«Via!» gridò Marie a Herr Berger. «Scappa via come un codardo!»

Ero minuto, ma avevo trasportato spesso sacchi di carbone per dare una mano nel locale dei bruciatori del nostro ospedale, e avrei potuto prendere facilmente in braccio Marie. Ma fu Emmi a sfuggire alle infermiere e a stringerle la mano. Marie emerse dalla neve e cadde fra le braccia di Emmi. «Marie, è stato solo un incidente. Lui vuole farci stare bene.» Si spostarono a mezzi passetti in uno strano valzer malfermo verso i bambini e le infermiere.

«L'avrebbe pugnalata, Berger» disse il dottor Lutz con il tono che usava Vati quando era arrabbiato con me.

Avrei voluto essere io a restituire il ferro da calza a Emmi ma, quando feci un passo in avanti, il dottor Lutz mi afferrò per la spalla. Rimasi paralizzato. Herr Berger raccolse il ferro da calza e lo asciugò sulla manica del cappotto. Mi piaceva il suono delicato e ipnotico dei ferri di Emmi che scivolavano l'uno contro l'altro mentre intrecciava la lana punto dopo punto, con le sue dita lunghe avvolte nel filo rosso per la sciarpa del Führer. Eravamo uniti come quei punti.

«Berger, venga qui» disse il dottor Lutz.

Sembrava che avvicinarsi al piccolo dottore fosse l'ultima cosa al mondo che Herr Berger volesse fare. Si mosse con passi pesanti e cauti, come se si aspettasse un colpo. «Lutz» disse.

Il dottor Lutz mi abbassò la sciarpa e mi voltò la testa da una parte all'altra, come faceva Herr Cleoptus, il barbiere, quando andavo a tagliare i capelli. «Osservi il mento piccolo, l'inclinazione degli occhi, la lingua larga. Semplice mongolismo. Il suo QI non supererà mai i sessanta punti. Dimmi, ragazzo, che cosa ci farebbero con un'arma quelle tue mani da muratore? Mi pugnalerebbero, non è così?» Guardai le sue galosce e scossi la testa. «Vede, Berger, non possiede le parole per spiegare il suo istinto primordiale. Sopravvive come fanno gli animali: basandosi sull'astuzia del cervello rettiliano. La prossima volta, Berger, sarà più prudente.»

Il ferro da calza sparì nella tasca del cappotto di Herr Berger. Riuscivo ancora vederne la parte superiore, il manico di legno chiaro in contrasto con il grigio del suo cappotto di lana. Un filo pendeva dal bottone blu scuro della sua tasca. Avevano qualcosa in comune: non erano affatto oggetti separati, il filo che attraversa ogni cosa attraversava il bottone e il ferro da calza di Emmi e la neve cosparsa di fuliggine e andava dritto nel mio petto. Riuscivo a sentire che Vati stava per urlarmi contro per i miei pensieri stupidi. A mio padre piaceva che le cose che vedeva nel mondo restassero separate e non fossero collegate dalle mie fantasticherie. Ero nel torto come lo era quel fisico ebreo, Einstein: un tavolo e una luce e l'elettricità nel cavo per la lampada non sono più simili di quanto non lo siano un'ostia sacra e la carne sulle costole di un uomo. Dissi a Vati che mi dispiaceva. Le cose nel mondo sono separate, come aveva detto lui. Com'erano prima che io le vedessi.

Il dottor Lutz premette un pacchetto avvolto in carta

da imballaggio nelle mani strette di Herr Berger. «Burro, Berger. Fresco di questa mattina, quando Trude lo ha preparato. Per il lavoro che fa per il Führer.»

«Sì...» Herr Berger non terminò la frase. La sua voce venne fuori più fievole, più bassa. Un suono stridulo prima di un accesso di tosse.

«Ci vediamo domani alle tre con la prossima consegna. E... Berger?»

Herr Berger alzò lo sguardo dal pacchetto di burro.

«Un po' di vodka per dormire. Aiuta con le nostre mansioni.»

La portiera dell'autobus si chiuse alle spalle di Herr Berger ed Herr Bonse. Il motore scoppiettò e si avviò rombando. L'autobus girò intorno al dottor Lutz e a me per poi venire inghiottito dalle ombre sulla strada.

«Si abituerà a questo lavoro» mi disse il dottor Lutz. «Deve trovare un senso in questo nostro dovere.» Tirò fuori dalla tasca del camice un fazzoletto nero e infilò gli occhiali nella stoffa opaca. Si mise a girare pollice e indice su ciascuna lente. «Non sai di che cosa sto parlando, non è vero, ragazzo? Cenerò con i miei aiutanti e, dopo il mio giro visite, andrò in camera mia e finirò di leggere *Essere e tempo* per la quinta volta dal 1933. Se ti picchiassi, almeno lo sentiresti, il dolore?»

Sapevo di non dover alzare le braccia o schermarmi il volto, perché farlo, in passato, aveva soltanto condotto Vati alla violenza.

«Noto un certo dissenso nei tuoi occhietti. Spinge sulle tue iridi come un pugno. Non sai nemmeno cosa sei, non è vero? Il mio QI è di centotrentotto. Il tuo? Cinquanta? Sessanta? Resterai un bambino per tutto il breve corso della tua vita.»

44

Non conoscevo i numeri che aveva citato. Non sapevo che cosa fosse una vita breve o una lunga. Conoscevo la mia vita fino a quel momento. La mia vita non aveva una durata. Aveva alti e bassi e in quell'istante, con il dottor Lutz in procinto di picchiarmi, mi sembrò scendere più in basso della terra fredda. Si fissò gli occhiali dietro le orecchie larghe. «La mia Birgit ti travestirebbe da bambola e ti servirebbe il tè nel nostro gazebo. Potresti essere una statua nel nostro giardino.» Lesse la toppa di stoffa cucita sul mio cappotto all'altezza del cuore, con il mio nome ricamato in bianco. «Rainor Schacht. Una variante ortografica insolita per il tuo nome; forse insolita quanto te. Ciononostante, è un nome modesto per una statua. Dovremmo darti un nome greco, Rainor Schacht.»

Mi porse la mano. Era lo stesso gesto che faceva Vati, dopo avermi detto che gli dispiaceva per la sua collera. Avvicinai con lentezza le dita al palmo del dottore, che era caldo e morbido come il vapore di un bollitore.

Il dottor Lutz abbassò lo sguardo sulle mie calze bagnate accanto alle sue galosce nere. «Dovrai raddrizzare quei piedi, o ti faranno male ginocchia e anche.»

Sì, Vati.

Imparerò a contare oltre il trenta.

Camminerò con il libro in equilibrio sulla testa.

Camminerò a testa alta e dritto nella notte.

Diari di Berger
6 febbraio 1940

[Parole precedenti macchiate d'olio] lasciai Trutzburg. La neve cadeva fitta e veloce e ostruiva i tergicristalli dell'autobus, e i rami pesanti degli alberi sferzavano il tettuccio. La strada davanti a me non era più spessa di un taglio profondo nel grasso della pancetta. Non riuscivo a vedere altro che la luce fioca riflessa dal parabrezza, così mi fermai e Bonse asciugò il vetro con una scopa che avevo riposto sotto i sedili. Si mise a canticchiare Mozart e a blaterare dell'anello d'oro che avrebbe comprato per Liesa: un diamante di queste e quest'altre dimensioni con l'oro di colore rosa grazie alla presenza di una minuscola quantità di rame. Ecco perché aveva accettato quel lavoro e i suoi quattrocento marchi in più al mese: un anello e una nuova casa a Esslingen e presto un maschietto. Non c'era mai stata traccia del Mastino nella sua voce, ma parlava come se la ragazzina cieca fosse entrata nell'ospedale a passo di valzer sulle note del motivo che stava cantando adesso.

Sentivo la furia invadermi le viscere. Non odiavo Bonse. Era perduto come chiunque con un briciolo di coscienza, trascinato dal torrente impetuoso della follia austriaca. Bonse è un pagliaccio obbediente e tormentato. Niente di più. Quanto a Lutz, la sua intera voce è Mastino. Fottuto Lutz. Presi una compressa di solfato di morfina e, per un po' di formicolanti minuti, Lutz e Trutzburg furono a chilometri da me. All'orizzonte c'era soltanto un turbinare bianco. Avrei potuto trascorrere la notte a Stoccarda con Suzanne, Anni e Thomas. Non li vedevo da tre giorni; i miei turni mi avevano portato fino a Darmstadt. Suzanne mi avrebbe preparato qualcosa di meraviglioso con patate e cavolo e salsicce di qualità che aveva comprato quella mattina. Avrebbe letto ad alta voce il *Frankfurter Zeitung* e imitato le ultime uscite di Goebbels mentre Thomas sarebbe stato troppo lontano per sentirla. «Ovunque i tedeschi seguono il branco» avrebbe detto come diceva la maggior parte dei giorni. E poi: «Anche il nostro Thomas». La scorsa domenica sera, avevamo litigato per nostro figlio. Si era unito a un'esercitazione di pattuglia con la Gioventù hitleriana, su per la Valle Sveva. Avevano sparato con fucili Simson Suhl calibro 22, prima contro bottiglie di vetro e poi contro sagome di soldati russi. Anni aveva memorizzato le tabelline fino al quattro. Quattro per dieci, quaranta. «Siamo nel 1940» aveva detto «ecco come ho fatto a ricordarlo.» Thomas aveva sparato quaranta proiettili e ciascuno aveva rotto una bottiglia o colpito una sagoma nel petto. L'ultimo obiettivo era stato inchiodato a un ceppo marcio, tanto che dal suono del proiettile sembrava aver colpito la carne. Anni aveva riso di me, perché ero pessimo in matematica. «Guido e leggo i miei libri» le avevo detto. «Mio padre aveva insegnato letteratura tedesca presso...»

«Chi è Thomas?» Suzanne mi aveva sussurrato mentre nostro figlio versava bossoli calibro 22 vuoti in un barattolo che teneva vicino al letto. «Ascolta il suo modo di parlare. Tiene vetri rotti di quella sinagoga nella coppa di quando era bambino. Quella del suo battesimo, Peter.»

Una seconda compressa di morfina.

Che dire dei miei quattrocento marchi in più al mese? È sbagliato che mia moglie e i miei figli trascorrano il resto della piccola guerra austriaca con cibo semidecente e un appartamento caldo? Cosa sono, adesso, chi sono diventato? Diedi la mia risposta alla notte fredda: sono l'erede di Caronte, e il Neckar è il mio Stige. Il morto che trasporta coloro che presto lo saranno su un carro di condannati dipinto di grigio.

Mio padre aveva insegnato letteratura tedesca presso l'Università di Heidelberg fino al maggio 1933, quando docenti e studenti avevano bruciato pile di libri. Una montagna di copie di *La montagna incantata* in fiamme. Sottili brandelli di carta bruciacchiati vorticavano, trascinati dalle raffiche di vento primaverili come ali mozzate di falene. Erano le parole morenti della vecchia Germania.

La mia voce si era abbassata in un sussurro mentre parlavo con Suzanne. «Non chi è, dovremmo chiederci che cos'è Thomas? Che cosa è diventato a causa del Reich?»

Dalla stanza in fondo alla casa, Thomas intonava a squarciagola *Il canto di Horst Wessel*.

«Suzanne, mi hai sentito? Thomas non c'è più ormai. È...»

«Peter, sono incinta.»

Il fumo che mi scivolava sul grembo dal vaso della pipa. I tergicristalli che offuscavano la strada di fronte a me. Le infermiere che bevevano il loro liquore e Bonse che cantava mentre rimuoveva la neve dal parabrezza. Scesi dall'autobus. Per fare i miei bisogni, dissi. Mi ritrovai nella foresta dai rami spezzati. Guardai lungo il manico del ferro da calza della bambina cieca come se fosse un piccolo telescopio. Un ferro da calza in legno. Dove aveva trovato un ferro da calza la bambina cieca? Perché una bambina cieca dovrebbe volerne uno? Cercai di immaginare Suzanne lavorare a maglia con gli occhi chiusi dietro agli occhiali. Come farebbe a vedere i successivi punti del maglione che stava facendo per Anni?

Vomitai tutto ciò che avevo visto nella neve.

Non mettere niente nello stomaco, avevo detto a Bonse, soltanto il tè. Siamo in tempo di guerra, in razionamento, mangia più in là, dopo aver attraversato lo Stige nel nostro autobus vuoto.

«Vuoto?» Bonse mi chiese mentre riemergevo dalla foresta. Mi offrì un pezzo del suo emmenthal. «Me l'ha dato Lutz.» Imitò la voce aspra e tenorile del dottore. «Ottimo lavoro, Bonse.» E poi: «A te che cos'ha dato, Berger? Un altro blocco di burro?»

Mi sedetti al volante e fissai di nuovo il ferro da calza che avevo in grembo. Era troppo bello per una persona come Lutz, che se ne sarebbe disfatto nel suo camino. Scrutai oltre le rosette di brina sul vetro, il mondo che Hitler stava creando sotto un sole che sosteneva fosse tedesco. Aveva polverizzato la Polonia, l'aveva annessa, e il governo polacco era scappato in Inghilterra. Le mie orecchie si riempirono di raffiche di spari. Grida di dolore. Il silenzio arrendevole di una foresta isolata. No, no, adesso sono qui, sono qui con Bonse: umanità. Umanità. Quella parola non aveva più senso. Il Mastino era dappertutto.

«Stanotte potremo riposare nei nostri letti, giusto, Berger? Domani, Monaco e un nuovo carico.»

Un *nuovo carico*? Quell'espressione mi fece venire di nuovo la nausea. Avevo trasportato pezzi di ricambio per autocarri via camion per quattro anni, e adesso consideravamo i bambini alla stregua di assi di un Krupp Protze. Cose da spostare da un punto A a un punto B. Ecco il grande salto di quel regime: nascondere oppiacei in frasi comuni, affinché non ci fosse nulla che un tedesco non avrebbe fatto. Dovevo soltanto ingoiare altre frasi e poi mettermi al volante e premere l'acceleratore. Pregare durante le pause mentre nessuno ascoltava. Pregare che sarei stato perdonato per aver avuto bisogno dei quattrocento marchi in più, perché i Berger sopravvivessero alla guerra.

«Peter, sono incinta.»
Una terza compressa di morfina.
Il vento e la neve. La strada davanti a me.
Tutto completamente bianco.

Rainor
6 febbraio 1940
Trutzburg, Germania

Andai con il dottor Lutz nella mia nuova casa. A quel tempo non ero capace di parlare, perciò non riuscii a dirgli che volevo stare con Emmi. Volevo, più di ogni altra cosa, che la sua mano guantata fosse di Emmi. Se avessi potuto stringerle la mano, se il suo pollice avesse accarezzato il leggero avvallamento fra la base del mio pollice e l'indice, avrei potuto cadere in un sonno senza sogni appoggiato a lei. Una volta sveglio, sarebbe stato un altro martedì uguale a tutti i nostri altri martedì: Opa Louis con i suoi cioccolatini svizzeri, le *Gymnopédies*, le nostre lenzuola pulite.

Un'aureola rosso chiaro spuntò dall'elmetto del soldato che aveva fatto il saluto militare al dottor Lutz appena entrati in ospedale. Una falena si mise a svolazzare in tondo nell'aureola, ma non riuscii a vederne il corpo, soltanto le ali che sbattevano. «Herr Doctor» disse il soldato. Si avvicinò così tanto da farmi sentire l'odore del vecchio fumo di pipa sul suo cappotto. Disse al dottor Lutz che i bambini erano stati portati al terzo piano, perché il dormitorio esterno era ancora pieno; il bruciatore era di nuovo guasto. «Non riesce a raggiungere la temperatura giusta. La...» mi guardò come se potessi capire «...legna non brucia completamente. I ricambi arrivano da Stoccarda. I fuochisti, Kanzler l'ingegnere...»

Le galosce del dottor Lutz schiacciarono oggetti invisibili sul pavimento. Mi lasciò andare con forza la mano e mi cedettero le gambe. Mi accasciai ai suoi piedi. «Ha sentito le onde corte? Stasera temporale. Crede che i ricambi arriveranno durante la tormenta? Chiami Kanzler. Chiami Berger. Li porterà domani in autobus.»

Nell'istante in cui avevo messo piede a Trutzburg, il mio orologio da taschino aveva ricominciato a ticchettare. La lancetta grande era sul III e quella piccola sul VI. Quella mattina il mio orologio si era fermato con le due lancette sul IV e sul VI. Tutti noi eravamo andati verso Trutzburg in autobus e poi ci eravamo mossi in avanti per entrarci, ma il mio orologio era andato all'indietro. Mio padre una volta mi aveva parlato di Herr Einstein a proposito del concetto di tempo: se avessimo viaggiato molto velocemente, alla stessa velocità della luce, avremmo avuto l'impressione che l'orologio andasse all'indietro. L'autobus, però, aveva percorso la strada innevata con estrema lentezza, allora come aveva potuto il mio orologio andare indietro? Il dottor Lutz mi pareva il tipo d'uomo che conosceva molte cose. Come, per esempio, il motivo per cui l'aureola intorno all'elmetto del soldato si espandeva nell'aria fredda di quella stanza dal soffitto così alto, simile a una bolla di sapone che si gonfiava. O il motivo per cui volevo tirare fuori il mio carboncino e disegnare il soldato e l'aureola e le parole che la falena aveva scarabocchiato sulla parete. O perché le ultime volte facevano fermare il mio orologio e poi lo facevano andare all'indietro.

Soltanto la mano del dottor Lutz mi aveva tenuto in

piedi, mentre entravamo nell'edificio principale. Ero sdraiato dove mi aveva lasciato, le calze ghiacciate ai piedi e i piedi ghiacciati sul pavimento. Opa Louis non stava decantando in falsetto la mia immobilità sciocca e prona: «Oh, Rainor Schacht, inizia a ballare. Rainor Schacht, inizia a ballare. Il pavimento sta dormendo, il pavimento sta piangendo. Il coniglio bianco sta sognando».

Rainor Schacht, svegliati! Chi è questa donna?

Un'infermiera. Profumava come i lillà che Vati teneva nel suo vasetto. Si chinò su di me, come se sperasse che le rivelassi un segreto. I suoi occhiali spessi le facevano fluttuare gli occhi grandi e azzurri dietro le lenti tonde. «Rainor?» chiese. «Così dice il tuo cappotto. Devi venire con me.» Mi diede un colpetto sulla guancia. «Sei in ospedale a Trutzburg. Hai fatto tu il disegno sulla pietra? Assomiglia al soldato.»

Il soldato era andato via. Il dottor Lutz era andato via. C'eravamo soltanto io e l'infermiera e la mia mano nella sua.

Mi appoggiai alle pieghe della sua mantella tiepida.

«Avrai presto delle scarpe» disse. Nella sua voce coesistevano entrambe le realtà: il mio avere presto delle scarpe e il mio non avere mai più delle scarpe. Non aveva importanza, non in quel momento. Mi aiutò a sollevarmi. Mi strinse a sé mentre salivamo lentamente la scala a chiocciola.

«Vi daremo anche una fetta di torta e coperte calde.»

Se avessi potuto disegnarla, avrebbe pronunciato quelle parole allo specchio, e lo specchio avrebbe reso vero l'opposto di ciò che diceva. Lo specchio conteneva il mondo com'era realmente. «Tutti gli altri bambini ti stanno aspettando.» Aspettavano e non aspettavano. Respiravano e non respiravano.

Caddi sulle scale.

«Sei come un asino. Un asino pigro. Alzati, mancano solo venti scalini.»

Se ne andò e mi lasciò solo. A volte, nell'ospedale di Stoccarda, avevo persino portato i sacchi pesanti di biancheria su per le scale per l'infermiera Hilde. Ora riuscivo a malapena a sollevare il busto. A intervalli di pochi istanti mi spingevo su per lo scalino successivo. Altri dieci scalini.

L'infermiera tornò con il soldato che aveva parlato con il dottor Lutz del forno guasto. La sua aureola era sparita, la falena era sparita. Tutto di lui era sparito e, prima che Vati pretendesse che spiegassi cosa intendevo, sussurrai nella mia testa che non lo sapevo. Il soldato di prima era sparito. Quel soldato non c'era più.

«Aiutami a farlo alzare» disse l'infermiera con gli occhiali.

«Il ragazzo puzza» osservò il soldato. «Quando glielo fanno il bagno?»

Andarono via.

Tornarono.

Il soldato teneva in mano un secchio di legno e mi versò addosso dell'acqua fredda. «Adesso è pulito.» Mi afferrò il braccio e disse che, se non avessi collaborato, mi avrebbe portato fuori e mi avrebbe sparato davanti alla recinzione. No, mi avrebbe lasciato lì davanti e basta, perché ero già mezzo morto, dal momento che ero nato mezzo morto e nessuno aveva avuto il buon senso di espormi ai corvi su una lastra. Perché sprecare un proiettile?

«Vedi quel coleottero sul gradino sopra di te? Strisciagli dietro. È la tua cena. Striscia.»

Mi spinsi sulle scale con le gambe congelate. Cercai di

afferrare la parete con la mano e piansi in silenzio, perché ero così bagnato che neppure Vati avrebbe notato le mie lacrime. Non resistetti al soldato come avrebbe fatto Emmi. Dovevano farmi questo. Ero nato inutile. Non sapevo parlare né scrivere. Riuscivo a malapena a fare i lavori più umili. Ero semplicemente lieto di aver ricevuto soltanto una secchiata d'acqua fredda. Niente pugni o bastonate o cordate.

La sentii di nuovo, prima di vederla. La sua voce era rabbia. «Che cosa gli avete fatto?»

Il soldato le ringhiò di tornare al reparto.

Emmi strappò il mio braccio dal suo. «Aspetta solo che il Führer lo scopra. Mio padre è Christoph Kleist. Probabilmente ha comprato la tua uniforme da SA perché non sembrassi uno sporco delinquente. Può informare Tiergartenstrasse.»

Il soldato fece per picchiarla ed Emmi lo schivò e il palmo del soldato colpì la parete.

Mi appoggiai a lei. Riuscivo a sentire la tintura di lavanda sui suoi capelli. L'odore di paglia e terriccio e cera d'api. Mi aiutò a trascinarmi per un lungo corridoio fino a una spessa porta aperta da cui si diffondevano le voci dei bambini: Marie, Dieter ed Eva.

«Rainor è tornato» disse.

La porta le sbatté alle spalle, il chiavistello pesante per chiuderla scattò con un rumore secco.

Un attimo dopo non portavo i più i vestiti bagnati ed ero sotto la coperta, ed Emmi era accoccolata a me con addosso soltanto la biancheria intima. «Fai un incantesimo di riscaldamento» sussurrò.

Ma non potevo; sentivo troppo freddo, ero troppo stanco.

«Morirai se non lo fai» disse. «Pensa al tuo Vati a luglio.»

Immaginai il sole caldo del mattino su di me mentre ero seduto sulla riva del fiume Neckar con mio padre. Quella volta, avevo disegnato il suo profilo sul mio taccuino con il carboncino. Il sole era alto e splendente sull'acqua. Vati indossava il suo completo blu e la sua cravatta nera di seta e mi aveva mostrato come si muoveva il cavallo negli scacchi, perché aveva detto che io mi muovevo come un pedone e che quella era la via per il fallimento. Dovevo scavalcare gli altri, avanzare e superarli, spingermi nelle loro linee. Attaccare, imporre, conquistare. Ecco come aveva fatto a diventare l'avvocato che era. Non m'importava. Ero con Vati sotto i caldi raggi del sole. Sul mio taccuino, il suo volto era bello e luminoso, e il suo sorriso brillava come il sole dietro a gocce di pioggia.

«Così va meglio» disse Emmi. «Ti scongelerai fra poco.»

Era Emmi a muoversi come un cavallo.

Diari di Berger
1940, data sconosciuta

Alzai lo sguardo verso il piccolo castello alto che adesso era un ospedale. Il tetto era ricoperto di neve, le persiane aperte alla luce del mattino, l'edificio e le zone circostanti silenziosi tranne che per i venticinque bambini che le infermiere stavano portando dentro. Le loro impronte sulla neve fresca andavano dal mio autobus all'ospedale.

Berger, sei tu a fare questo.

Rainor
2 ottobre 1953
Stoccarda, Germania Ovest

Le giornate erano calde e luminose, ma erano due settimane che a malapena uscivo dal mio alloggio. Per fortuna, Vati era silenzioso. Trascorrevo ore nella mia stanza sostituendo le righe di numeri sui diari di Berger con lettere dell'alfabeto. I suoi diari cadevano a pezzi: pagine marce, sbriciolate; frammenti di cinque anni della sua vita, ormai ammuffiti e macchiati dall'umidità. Immaginai Berger seduto sull'autobus al mattino prima di mettersi a guidare, lo immaginai scrivere nel suo linguaggio cifrato quasi alla stessa velocità con cui io riuscivo a scrivere queste righe. Perché un padre come Berger aveva rischiato tutto per mettere per iscritto le sue... che cos'erano per lui? Preoccupazioni? Pene? Confessioni? Un ufficiale della Gestapo avrebbe potuto decifrare il suo codice in un'ora. La polizia avrebbe perquisito la sua casa e l'avrebbe arrestato. E poi dritto in galera, in una sala interrogatori, in uno dei campi. Arrivai alla fine di una pagina strappata. Berger si era lamentato di non riuscire a dormire senza le sue pillole di solfato di morfina. Aveva sognato di incontrare di nuovo la ragazzina cieca, Marie, che si trascinava in mezzo alla neve verso Bonse. Si era lasciata alle spalle una striscia scura, come se la sua ombra si fosse allungata.

Berger aveva guidato l'autobus grigio fin dall'inizio del programma T4 per quattrocento marchi al mese. In seguito, aveva guidato per la Wehrmacht come civile. Era un uomo affidabile. Un dipendente fedele. Firmava i suoi contratti per confermare che non avrebbe detto niente, e niente diceva. I marchi in più continuavano ad arrivare. Comprava carne di manzo al mercato nero, latte, vero caffè per Suzanne, e cioccolata per Anni e Thomas. Berger aveva annotato sul suo diario che Lutz aveva continuato a scrivergli: parole cordiali, con cui gli chiedeva dei figli, del lavoro a maglia di Suzanne, e gli diceva che gli mancava la sua presenza. «Facevamo chiacchierate così belle. Ora che sono a Berlino, ripenso con affetto alla nostra amicizia.» Berger rispondeva con bigliettini amichevoli. Chiedeva dei figli di Lutz, del suo nuovo nipote, della moglie. Che cosa si dicesse a Berlino dell'imminente vittoria sul fronte orientale.

A proposito di Emmi, Berger non aveva scritto neanche una parola fino al dicembre 1944, quando aveva cominciato a guidare un'ambulanza vicino alla linea Sigfrido.

I calzini che Suzanne mi ha fatto a maglia per Natale; non potrò mai dimenticare quella ragazzina a Trutzburg con i ferri da calza. Si chiamava Emmi Kleist. Stava facendo a maglia una sciarpa, diceva, per il Führer. Non era inutile come gli altri, insisteva. Non era bestiame. Sarebbe stata sulla copertina di Das Deutsche Mädel, *con le ragazze bionde, bella proprio come loro. Sarebbe stata... lo sapevo allora come lo so oggi: non sarebbe stata niente. Ho provato di nuovo quella sensazione tremenda: da qualche parte dentro di me, le mie mani stavano lasciando andare gli ingranaggi e le leve del mio io. Sarei crollato. Mi sarei ritrovato paralizzato, mentre l'ambulanza sfrecciava fuori strada con quattro dei nostri ragazzi feriti sul retro.*

Emmi Kleist. Kleist. Si era ricordato il suo cognome dopo ben quattro anni, dopo averlo sentito soltanto in due occasioni, per quel che mi pareva: quando Bonse aveva fatto l'appello mentre salivamo a bordo dell'autobus, e quando eravamo scesi per entrare a Trutzburg. Aveva sentito il suo nome completo e non lo aveva più dimenticato per il resto dei suoi giorni.

Sentii bussare alla porta della mia camera da letto. L'ingegnere dell'Uhr entrò sulle sue stampelle. Dove un tempo c'era la sua gamba destra, i pantaloni di lana erano arrotolati e appuntati alla tasca. Si lamentò, non del solito dolore a una gamba che non c'era più, ma di essere lontano dal suo corpo. La sua mente seguiva la testa di uno o due passi come un palloncino si trascinava dietro un bambino. Si sedette adagio sul bordo del mio letto e aspettò che la sua mente lo raggiungesse, che si attaccasse al suo cranio.

«Frau Anke ci porta a vedere questo Chet Baker» disse. «Un americano con la tromba. Vieni anche tu.»

«Sto...»

«Decrittando?» Lanciò un'occhiata ai fogli sbriciolati che avevo sparpagliato sulla scrivania, sulla parete, sul letto. «Mi dai la stessa giustificazione ogni giorno, Rainor. Ogni giorno ti lascio solo. Mi preoccupo per te.»

Gli mostrai la mia traduzione della pagina del diario di Berger datata dicembre 1944. «L'autista dell'autobus sa sicuramente che cosa ne è stato di Emmi.»

«Rainor, sappiamo esattamente che cosa ne è stato di tutti coloro di cui si sono perse le tracce.»

«Lei era diversa. Se sono sopravvissuto io...»

«"Se sono sopravvissuto io." Di che *io* stai parlando? Rainor, il tredicenne? Assegnato a Trutzburg? Rainor, il diciottenne, a cui un soldato americano ha dato la cioccolata? Il Rainor di cinque minuti fa, desideroso di ritrovare ciò che è perduto?»

Guardai fuori dalla piccola finestra sopra la mia scrivania. Il vetro crepato dava l'impressione che la guglia della chiesa in lontananza non fosse più una sola, che si moltiplicasse, addirittura, se muovevo la testa.

Il mio amico ingegnere dell'Uhr mi passò una fotografia di un giovane soldato tedesco stretto fra due americani. Il soldato era in ginocchio con le mani alzate come un penitente colpevole. I suoi capelli biondi irrigiditi dalla sporcizia erano ritti verso l'alto. Il suo volto smagrito era rigato di lacrime, i suoi occhi fissi sulla macchina fotografica come se non avesse altra scelta che guardare.

«Ci eravamo nascosti tutti e tre in un bunker, gli ultimi della nostra unità. Jan ed Eric e io. Tutti i nostri ufficiali erano morti. L'artiglieria americana aveva ridotto il nostro bunker in macerie, quindi eravamo rimasti nascosti per giorni sotto una grande lastra. Senza dire una parola. Che cosa c'era da dire? Riuscivamo a sentire l'odore dei cadaveri tutt'intorno a noi. Il rumore di corvi e ratti. Il sesto giorno, la sete ci ha fatto riemergere. Ci siamo messi a strisciare verso la luce di una mattina primaverile. Riuscivamo a sentire l'odore della pancetta e di quelle frittatine dolci che mangiano gli americani. Eravamo nel bel mezzo di un piccolo ospedale da campo, attorniati da tende e soldati. Da ambulanze. Oh, se li abbiamo sorpresi: tre soldati tedeschi all'improvviso nel bel mezzo di un ospedale. In un attimo siamo stati circondati, non potevamo nemmeno alzarci in piedi. Jan ed Eric stavano sorridendo: quella fottuta guerra era finita per noi. È stata pura fortuna che l'ospedale fosse stato edificato nel punto in cui eravamo riemersi. L'occhio destro di Eric era un panno sporco premuto su una cavità gocciolante. La mia gamba fratturata era gonfia come carne avariata lasciata al sole.

Me l'hanno amputata quella notte, e il mattino dopo un chirurgo dell'esercito di Milwaukee mi ha dato un frammento d'acciaio largo quanto il mio dito indice. Me lo avevano estratto dall'altra gamba. Mi chiamava Karl, anche se non è il mio nome. Il suo maggiore avrebbe voluto lasciarmi morire, ma era stato il chirurgo a farmi la foto con i militari statunitensi, e qualcosa nel mio sguardo gli era piaciuto. "Karl" mi ha detto "qui sei un po' il nostro Lazzaro. Karl che è strisciato fuori dalla terra. Karl dagli Inferi." Gli ho chiesto che cosa ne fosse stato dei miei amici Jan ed Eric. "Adesso farnetichi, Karl, perché c'eri soltanto tu."

Non li ho mai cercati. Sapevo che Jan ed Eric erano riemersi. Erano davanti a me mentre strisciavo. Jan era uscito per primo, supplicando me ed Eric di continuare a scavare. Eravamo stati inseparabili fin dall'addestramento. Avevamo frequentato la stessa scuola a Berlino. Non ho mai cercato nessuno di loro. Non ho cercato il ragazzo che ero in quella fotografia. Non cerco nessuno, e tu non dovresti cercare lei. Non c'è più, come il ragazzo che ero, quello che è strisciato fuori dalle macerie, non c'è più. Jan ed Eric non dovrebbero esistere più. E nemmeno la tua Emmi Kleist. Non lo capisci?» Il suo sguardo si posò sui fogli sopra il mio letto. «Le pagine sono strappate.» La fotografia tornò nella tasca del cappotto del mio amico ingegnere dell'Uhr. «Vado ad ascoltare quest'americano con la tromba. Per il momento, lui esiste.»

Non uscì dalla mia stanza. Una luce si accese vicino alla cima della guglia della chiesa, oltre la mia finestra. La luce si mosse avanti e indietro per poi fermarsi. Mi addormentai alla scrivania. Io ed Emmi stavamo strisciando fuori dalle macerie di un edificio bombardato. Stavamo strisciando verso la luce del giorno. Mi diceva di non fermarmi, di non fermarmi, di uscire. Non preoccuparti della mia ferita alla gamba. Emersi da un buco frastagliato nel terreno. Ero di nuovo fuori da Trutzburg. Strisciai lungo il solco che Marie la cieca aveva lasciato nella neve mentre si faceva lentamente strada verso Bonse. Dalla mia bocca e dalle mie orbite cadde la neve. Il dottor Lutz mi scattò una foto e me la mostrò mentre ero sdraiato nella mia branda. Era la fotografia di una persona che non riconoscevo. Un uomo più maturo, forse sulla cinquantina, con i capelli oliati pettinati ai lati della fronte. Sembrava un soldato, una persona che aveva combattuto delle guerre.

«Ragazzo» mi disse il dottor Lutz. «Credevamo ti fossi perduto.»

Diari di Berger
6 febbraio 1940
Stoccarda, Germania

Tutto ciò che restava delle nostre vite si poteva vedere alla luce dei fari dell'autobus. Strada, neve, vecchie impronte di pneumatici, un cervo morto. Il suo ultimo pasto era stata la neve che cadeva delicatamente. Pregai per l'animale morto, mentre Bonse canticchiava un qualche motivo di Wagner e si lamentava della fame. Stoccarda era buia quando scivolammo di nuovo in città. Lampioni, finestre, le acciaierie: non c'era luce che non fosse spenta o nascosta per il coprifuoco. La mia Suzanne aveva deriso il Reich quando avevamo oscurato le nostre finestre: «Goebbels si vanta del fatto che stiamo schiacciando i nostri nemici, e adesso dovremmo aspettarci i bombardieri. I vincitori si nascondono sotto le coperte». Il silenzio della città era come quelle ore buie prima che gli M1877 russi cannoneggiassero la mia unità nella Grande Guerra.

«"La notte non è amica di nessuno." Mai proverbio fu più azzeccato. Non credi, Berger?» disse Bonse.

Lo lasciai che canticchiava fuori dal suo appartamento e parcheggiai l'autobus dietro lo stabilimento Daimler. Lutz conosceva il sovrintendente della Daimler, un altro dei primi a iscriversi all'NSDAP, il Partito nazionalsocialista tedesco dei lavoratori; perciò, l'autobus riposava sotto un tetto di metallo, piuttosto che fuori dal mio appartamento, dove chiunque per strada avrebbe potuto vederlo e fare domande. Quando lo parcheggiavo, dovevo soltanto lasciare un biglietto sul cruscotto dicendo che i freni mi sembravano morbidi o che la frizione slittava e, come per magia, la mattina dopo ritrovavo l'autobus riparato e anche pulito. Una nuova fiaba dei fratelli Grimm: l'autobus grigio che la notte si riparava da solo. L'autobus grigio guidato dall'autista anonimo. Che nessuno ha mai visto in faccia, coperto da occhiali da sole, da un berretto di lana. Bambini, se non andate a scuola, l'autobus grigio vi troverà.

Aspettavo sempre che si facesse buio per riportare indietro l'autobus, e lo riprendevo prima dell'alba. Quegli uomini della Daimler avevano figli che amavano. E io avevo figli che andavano a scuola con i loro figli. Tre giorni prima, avevo trovato un biglietto appuntato al mio sedile: *L'autista assassino guida il suo autobus della morte*.

Il buio era una benedizione. Costeggiai lentamente l'alto muro di mattoni attorno allo stabilimento, finché non trovai il cancello nella recinzione che conduceva in strada. Il mezzo chilo di burro che mi aveva dato Lutz era freddo contro il mio addome; con il pollice accarezzavo il manico del ferro da calza nell'altra tasca. Avrei potuto spiegare il burro a Suzanne, ma non il ferro da calza. Le strade invernali che avevo conosciuto negli ultimi dieci anni, l'appartamento su due piani dove avevamo abitato insieme per la prima volta, il piedistallo in pietra dove un tempo c'era la statua della ballerina di Marg Moll; li superai tutti in uno stato di torpore, come se non sapessi che cosa fossero. Non riuscii a chiedere dove mi trovassi a un agente di polizia che passava. Chiedere avrebbe significato tornare alla consapevolezza delle mie scelte.

Frau Vogt aveva lasciato aperta la porta d'ingresso del suo appartamento. L'odore di zuppa di cavolo e pane di segale riempiva il corridoio del nostro palazzo. La sua radio trasmetteva un'opera di Strauss e, ogni volta che l'intensità della musica si alzava, io sgattaiolavo un po' più avanti, per non farmi sentire. Avevo salito il secondo gradino quando la sua voce roca mi riportò indietro. «Herr Berger? Qualche novità, Herr Berger?»

Dicevo a tutti che trasportavo viveri per la Wehrmacht, razioni destinate a quello o quell'altro fronte. Sempre più carichi erano diretti a occidente, forse persino per un'invasione dell'Inghilterra. Inventavo nomi di persone con cui lavoravo. Weiss, il mio supervisore; Braun, il mio aiutante. Li appuntavo in fondo ai miei diari per non dimenticarli. Inventavo storie per Suzanne. «Braun ha raccontato una barzelletta divertentissima oggi.» E poi le raccontavo una barzelletta che Bonse aveva detto a Lutz sull'esercito francese. «Qual è la prima cosa che l'esercito francese insegna alle reclute? Ad arrendersi in dieci lingue diverse.» Il marito di Frau Vogt era un caporale di guarnigione in Polonia. Frau Vogt pensava che, se avessi trasportato meno viveri a oriente, allora suo marito sarebbe senza dubbio tornato a casa per il sesto compleanno del loro Matthias ad aprile.

«Oggi era diretto tutto a occidente» dissi.

«Allora il mio Hermann sarà presto a casa.»

Immaginai Hitler rivoltarsi contro Stalin e poi la Wehrmacht fare la stessa fine degli eserciti di Napoleone.

«Anche Matthias potrà tornare presto a casa. L'infermiera ha detto che ha avuto soltanto cinque valzer oggi.» Frau Vogt chiamava «valzer» le convulsioni di Matthias; solo che i suoi valzer erano supini sul parquet. «Che cosa c'è di così tremendo nel ballare il valzer? Piace a tutti.» Quando il bambino aveva le convulsioni in casa, Frau Vogt si metteva a cantare per autoconvincersi che lui stesse ballando il valzer al suono della sua voce e nient'altro.

«Buona serata, Frau Vogt.»

La porta del nostro appartamento non era chiusa a chiave. Inspirai il calore umido della zuppa che Suzanne aveva preparato con rape, cavolo e tocchetti di manzo rimediati dal macellaio. Sentivo anche il profumo del pane. Doveva aver trovato della farina di segale nello stesso posto in cui l'aveva presa Frau Vogt.

Suzanne mi abbracciò, appoggiando su di me il pancione pronunciato. Le diedi il burro. «Da parte di Weiss.» Era quello il nome che usavo per il dottor Lutz. L'uomo che fingevo fosse il responsabile del trasporto viveri che svolgevo per la Wehrmacht.

«È molto buono con noi.»

Non dissi nulla. Lutz mi faceva regali come quello tutte le settimane. Burro. Salsicce avvolte in carta da pacchi. Uova fresche avvolte in pagine del *Völkischer Beobachter*.

«Dove sono Anni e Thomas?»

«Anni è qui accanto a lezione di pianoforte, e Thomas è con la Gioventù.» Nostro figlio era al municipio per le esercitazioni antincendio, perché sapevamo tutti che, nonostante la spavalderia alla radio, i bombardieri alleati avrebbero raso al suolo Stoccarda, e non ci sarebbero stati abbastanza uomini per spegnere il fuoco e localizzare vittime e feriti fra le macerie. Avevano bisogno che ragazzi come Thomas facessero il lavoro degli uomini che combattevano al fronte. «E Sonja è proprio qui.» Si strinse fra le mani il pancione che cresceva. Suzanne era sicura che sarebbe nata una bambina.

«Hai coperto la finestra della camera da letto?» Non volevo che un agente di polizia mi interrogasse a causa di una finestra non oscurata. Avevamo cominciato a usare una lampada a olio, in camera, quando andava via l'elettricità. Conoscevo un agricoltore con una riserva di cherosene in cantina. In cambio di qualche barbiturico che riuscivo a procurarmi in ospedale, e che gli serviva per tenere sotto controllo suo figlio in modo che non andasse in manicomio, lui mi dava tutto l'olio di cui avevo bisogno.

«C'è una persona per te, Peter.»

«Chi?»

Abbassò la voce. «Potrebbe essere di Brema.»

Annuii. La risposta di Suzanne voleva dire che l'ospite nel nostro appartamento era una persona da trattare con cautela; era una frase che avevamo concordato quando Hitler era asceso al potere. Temevo che si trattasse dell'agente di polizia che avevo incrociato per strada, ma persino la Gestapo non poteva essere così veloce. Il nostro ospite era seduto sulla mia poltrona accanto al focolare. Somigliava più a una scultura, con la schiena rigida e piantato a terra, inamovibile a meno di non utilizzare una gru. Aveva i capelli biondi pettinati all'indietro, e le rughe profonde che gli circondavano occhi e bocca sembravano essere state incise solo di recente sul marmo cereo del suo volto. Si alzò in piedi appena entrai in salotto. Era più alto di me di una decina di centimetri, e soltanto uno dei suoi occhi seguiva i miei movimenti; l'altro era fisso e severo. La mano sinistra era appoggiata dentro al cappotto di lana corto, all'altezza del fianco, come sul manico di un'invisibile baionetta. «Heil Hitler» disse.

Non lo conoscevo abbastanza da dire «buonasera» piuttosto che rendere omaggio al nostro Führer. «Suzanne, potresti portare una tisana a Herr...»

«Kleist. Christoph Kleist» disse.

Avevo letto il suo nome sul giornale. Sotto una fotografia, forse, ma non riuscivo a ricordarne il soggetto. Gli strinsi la mano, mentre Suzanne usciva e si richiudeva alle spalle la porta del salotto.

«Lei è Berger. Guida l'autobus. Quello grigio...»

Doveva avermi visto in uno degli ospedali e aver chiesto come mi chiamassi, o avermi seguito lungo uno dei miei percorsi. O magari qualcuno mi aveva tradito. Bonse, probabilmente; Bonse il buffone ventitreenne reso nevrotico dal sadismo incurante che ci veniva richiesto dal Reich. Mi era stato ordinato di non discutere mai del mio lavoro con persone esterne all'ospedale, al Partito, al regime. Se mi fosse stato chiesto, avrei dovuto rispondere: «Guido un camion. Trasporto viveri» e fu questo che dichiarai a Kleist.

«Trasporto viveri? È così che le dicono di chiamarlo?» Kleist sollevò il risvolto destro della sua giacca, rivelando una spilla dell'NSDAP: un cerchio dorato intorno a un cerchio rosso intorno a una svastica nera su fondo bianco. «Mi sono iscritto nel 1933, tessera di iscrizione milleduecentoquattro. Ho dato alle camicie brune denaro per le uniformi. Ho stampato pamphlet del Partito nella mia libreria. Ho affittato sale per i loro raduni. Ho consegnato socialisti e comunisti alla Gestapo. I camion, Herr Berger, non hanno i finestrini oscurati.»

Suzanne bussò alla porta del salotto.

Feci un colpo di tosse. «Ecco mia moglie con la tisana.»

Appoggiò le tazze di tisana al finocchio sul tavolino in mezzo a noi. Aveva iniziato a coltivare il finocchio in vasi di terracotta sulla nostra scala antincendio per i miei dolori di stomaco, in modo da placare il fuoco che mi risaliva in gola la notte.

«Suzanne, stavamo parlando del contributo di Herr Kleist all'NSDAP della città.»

«Sì, Herr Kleist mi ha detto poco fa che un tempo viveva qui a Stoccarda» rispose Suzanne. «Vende libri, giusto?»

Sul volto di Kleist si allargò quasi un sorriso. «Antiquarius su Kirchstraße, anche se i miei libri sono sempre meno antichi, dopo i bandi.»

«Peter non legge più molto ormai.»

Tutti gli autori che amavo – Mann, Broch, Dos Passos, Hemingway, Kafka, London, Wells – erano stati strappati via dalla mia vita, e ciò che rimaneva non era degno della mia vista offuscata. Senza i miei libri, i miei occhi funzionavano meglio, mentre la mia vista diminuiva. Nella voce di Kleist non c'era il Mastino. Era un uomo reale, esisteva, aveva solidità; e questo, insieme alla sua domanda, mi terrorizzava ancora di più.

«Io leggo ancora» stava dicendo Suzanne. «L'Antico Testamento, principalmente.» Era una bugia per dimostrare la propria inoffensività a Kleist. Era davvero interessata alla Bibbia, ma leggeva soprattutto giornali e, a voce troppo alta per i miei gusti, essendo le pareti così sottili, dichiarava: «Ascolta che cosa stanno facendo adesso» e mi rendeva partecipe di qualche dichiarazione siglata dalla penna d'oro di Goebbels.

«Herr Kleist è interessato al mio lavoro nel trasporto di viveri» dissi.

«Peter guidava un'ambulanza durante la guerra.» Suzanne lo disse con la stessa voce calma che aveva usato per descrivere le sue letture. «Una Croce di Ferro per aver salvato così tante vite quando ogni altro autista era morto o aveva disertato. Questo sulla Vistola. Dio solo sa com'è andato avanti senza sosta con quattro feriti sul retro dell'ambulanza.»

In breve, Kleist non aveva niente da temere da parte nostra. Suzanne leggeva la Bibbia; io, a diciott'anni, avevo avuto un breve momento di eroismo.

«Magari suo marito sarebbe stato abbastanza vicino da potermi soccorrere nella sua ambulanza» disse Kleist. Alzò il braccio sinistro, e la sua manica scivolò un po' all'indietro per rivelare una mano di legno. La usò per darsi un colpetto sulla gamba sinistra, e ne uscì un suono sordo. Altro legno. Il lato sinistro di quell'uomo – gamba, braccio, occhio – non era suo, eppure non era un simulacro. «Ho combattuto nella Terra dei laghi della Masuria.

Cavalleria. Finché un proiettile d'artiglieria non è venuto giù come un masso.»

Kleist mi guardò. «Sua moglie non lo sa, non è così?»

«Sapere cosa?» chiese Suzanne.

Sarebbe stato più semplice per me dirle che ero andato a letto con sua sorella o, Dio mi assista, con uno dei suoi fratelli. Avevo immaginato di confessarglielo fin troppe volte. Come bruciava il mio stomaco, come martellava l'emicrania e strideva il fischio costante nelle mie orecchie. Durante la corsa di venerdì, una bambina con un braccio solo aveva canticchiato per salutarmi, mentre scendeva dall'autobus a Trutzburg. «Arrivederci, Herr Autista» come se l'avessi lasciata a scuola per la giornata. Si era voltata e aveva salutato l'autobus con la sola mano che aveva, e anche i cinque o sei bambini intorno a lei si erano voltati a salutare. «Ciao ciao, Herr Autista!»

«Che cosa, Peter?» chiese di nuovo Suzanne.

Lo sguardo di Kleist era fisso su un punto in mezzo ai miei occhi.

«Herr Kleist si riferisce al fatto che potrei dover guidare un po' di più la prossima settimana. Più viveri per la Francia.»

«E adesso dovrei andare a preparare la cena come se niente fosse mentre mi domando quando tornerai da questo viaggio? C'è dell'altro?»

Scossi la testa. «Un'altra guerra. La mia seconda. La nostra seconda. Sono stanco.»

Suzanne andò in cucina, chiudendo la porta.

Non per cucinare, però. Si era accesa una delle sue sigarebe buone, ne sentivo l'odore anche attraverso la porta chiusa. Si sarebbe messa a leggere il *Münchener Beobachter* al tavolo e, con una matita scura, avrebbe cerchiato tutte le piccole sciocchezze che mi avrebbe mostrato una volta andato via Kleist. Suzanne non aveva mai votato per Hitler; sempre per i socialdemocratici, persino nel 1932.

«Non gliel'ha detto?» chiese Kleist. «Dorme la notte, Berger?»

«È venuto per questo? Lei, che ha comprato le uniformi per le camicie brune? Io guido, nient'altro.»

«Guida.» Kleist pronunciò quella parola come se nascondesse un coltello affilato destinato al mio petto.

«Sa di cosa mi occupo. Che cosa c'è da dire?»

«Si ricorda dei bambini che porta in quel posto?» Kleist tirò fuori una fotografia in bianco e nero. «Non può non ricordare un volto.»

«Guido. Non li vedo.»

«Credo che lei li veda tutti. Ancora e ancora, notte dopo notte.»

La foto ritraeva una ragazza di circa quindici anni con una camicetta bianca, in piedi, appoggiata a un muro di mattoni. Aveva lunghi capelli scuri con la riga a sinistra e, alle sue spalle, una singola edera rampicante sembrava uscirle dalla testa come un pensiero fuggiasco. Fu il suo sguardo a scombussolarmi. Scrutava accigliata a sinistra della macchina fotografica, come se qualcuno si stesse avvicinando di soppiatto alle spalle della persona che scattava. La fotografia si mosse, forse era la mano di Kleist che tremava, forse era soltanto l'aria. «La mia Emmi» disse.

All'inizio, non avevo riconosciuto la ragazza nella foto; ero esausto. Ma appena Kleist ne aveva pronunciato il nome, capii chi era. Certo, Emmi: quella che aveva aiutato la ragazzina cieca nella neve. Mi ci volle tutta la forza che avevo per scuotere la testa. «Mai vista» gli dissi.

«È stata portata via negli ultimi tre giorni. L'ospedale non vuole rivelarmi dove.»

Era sempre così per i genitori. Il ministero mandava loro dei moduli da compilare sui loro figli, con il pretesto di identificare nuovi trattamenti per l'ultimo programma sanitario. Madri e padri scrivevano le diagnosi, e un uomo dell'NSDAP alla sua scrivania decideva in una manciata di minuti il destino dei loro figli. Le diagnosi non avevano importanza. Potevano lavorare? Avrebbero mai lavorato? Potevano oliare l'ingranaggio della macchina del Reich?

«Magari ne ricorda la voce? È più profonda rispetto a quella della maggior parte delle ragazze della sua età. La sua insegnante di musica ha detto che sarebbe diventata un contralto.»

«No.»

Kleist mi avvicinò la fotografia. La mia schiena si fece madida di sudore; le mani mi formicolarono per il freddo. «Voleva unirsi alla Lega delle ragazze tedesche insieme alle sue amiche. Per cantare. Per giocare. Per mettere il rossetto e tingersi i capelli di biondo. Ma doveva sempre andare in ospedale. Ha pianto per giorni perché la sua defunta sorella le ha detto che il Führer si sarebbe suicidato. Un omino le ha messo dei meccanismi nel petto. Ha scritto al mio medico, Berger, di non rimuovere quelle parti, ma di aggiustare quelle guaste. Quando l'ho mandata a Berlino dalla zia, l'ha aggredita per aver tradito il Reich. E adesso, all'ospedale questa mattina la branda di Emmi era vuota. Hanno detto che era stata trasferita in un altro istituto fuori città. Ho chiesto di vedere il suo psichiatra, ma quel demonio aveva già fatto il suo giro. Quando sono tornato alla macchina, un'infermiera ubriaca mi è corsa dietro e mi ha detto che mia figlia era stata portata via dall'autobus. "L'autobus?" "L'autobus grigio, Herr Kleist. I bambini non tornano più." Ha abbassato lo sguardo e, in un attimo, ho capito.»

La fotografia scomparve nella tasca del cappotto di Kleist, da cui tirò fuori una busta piena di marchi tedeschi. «Quanto vuole per dirmi dove si trova mia figlia, Berger?»

Kleist voltò leggermente la testa, in modo tale da puntare su di me soltanto il suo occhio di vetro, quell'occhio azzurro fisso che immaginai potesse scrutare nell'anima delle persone. «Ho dato tutto per Hitler. E adesso anche mia figlia.»

Scossi la testa.

«Mia figlia, Berger.»

Kleist si alzò dalla sedia con la mano sul fianco e sussultò, per poi tirare fuori un berretto di lana grigio dalla tasca del cappotto. «Me lo ha fatto per il mio quarantacinquesimo compleanno lo scorso aprile. Era di nuovo più tranquilla, così il dottore le aveva restituito i ferri da calza e io le avevo comprato la lana da Herr... Il suo nome non ha importanza, la Gestapo lo ha portato via su mia delazione. Aveva una famiglia ebrea in una stanza sul retro del negozio. Gli avevo dato otto marchi per la lana, e avevo sentito l'odore della loro cucina. Oca, salsiccia, orzo e troppo aglio. Quando ho visto Emmi l'ultima volta, stava facendo a maglia una sciarpa per il Führer.»

Kleist chiuse gli occhi. «Sono un bravo tedesco. Emmi è una brava tedesca.» Indossò il berretto di lana. «E lei, Berger? Lei che cos'è? Sua moglie sa già che cos'è?»

Avrei voluto dirgli che ero un ingranaggio funzionante della macchina. Una buona punteria, un buon pistone; niente di più.

«Mi rivedrà, Berger.»

Quando rialzai lo sguardo, la poltrona su cui era seduto Kleist era vuota, e il carbone nel focolare si era ridotto in cenere bollente e grigia.

Suzanne arrivò dalla cucina. «Che cosa succede, Peter? Hai una brutta cera.»

Frugai nella tasca interna del cappotto finché la mia mano non trovò ciò che cercavo. Sollevai il ferro da calza alla luce della lampada e feci correre il dito sopra la fessura sottile sul manico.

«Mia nonna ne aveva qualcuno come quello» disse Suzanne. «Ricordo che ha supplicato mia madre di seppellirli con lei.»

«Lo ha perso.»

«Chi?»

Da qualche parte fuori le campane di una chiesa suonarono un unico rintocco.

«Una ragazzina lungo la strada. È morta oggi. Oggi è morta.»

Diari di Berger
7 febbraio 1940
Stoccarda, Germania

Persone che il Mastino ha ghermito:
Hitler e i suoi bastardi del Tiergarten
Lutz
Hansi
Gussi
Mandl
Thomas. Persino lui.

Ma non Bonse. Perché non Bonse? Esegue i loro ordini. Mi sparerebbe se Lutz gli dicesse di farlo, e poi ne farebbe una canzone.

Rainor
7 febbraio 1940
Trutzburg, Germania

Rainor Schacht, dormi troppo! Svegliati! C'è luce a sufficienza.

Il mio respiro venne fuori come il vapore del bollitore di Vati sulla nostra stufa a legna. Stavo sognando di essere accudito e amato per l'unica volta nella mia breve vita. La persona che mi accudiva nel sogno non aveva volto, soltanto un vuoto sbiadito come se un ritratto fosse stato sfocato con la trementina. Avrei voluto che quella persona senza volto tornasse. Non mi ero mai sentito così amato con mio padre, persino quando mi aveva stretto fra le braccia mentre nel mio palmo giaceva un passero ancora tiepido che avevo trovato agonizzante fra i nostri asfodeli.

Il sogno mi sfuggì dalla mente. Mi ero svegliato in una stanza alta, molto più piccola del nostro reparto a Stoccarda. I miei vestiti erano appesi a un pezzo di spesso filo spinato, che era stato piegato intorno a un chiodo fissato alla parete di mattoni. Un rivolo d'acqua color ruggine scorreva sotto al chiodo, come se una vecchia ferita si fosse riaperta nella parete. I miei vestiti erano ancora umidi, ma non zuppi. Doveva averceli messi Emmi, doveva avermi spogliato. Contai ventidue letti a castello la prima volta e ventidue al secondo conteggio, ogni letto separato dagli altri soltanto dalla distanza di un braccio. Ciascun giaciglio aveva il suo piccolo bozzo sotto una sottile coperta di lana. La stanza era tutto un russare e piangere e tossire e supplicare con parole che non capivo. Nomi, forse. I nomi delle persone che un tempo venivano ad aiutarci. Una domestica o una madre o un'infermiera che portasse via la pipì e il vomito e la cacca e il tanfo di cane bagnato. Un secchio bianco smaltato era appeso ai piedi di ciascun letto. Nell'ospedale a Stoccarda c'erano le padelle, ma lì c'erano dei secchi, semplici secchi bianchi che sembravano praticamente inutilizzati. Feci pipì nel mio, facendola scorrere direttamente sul fianco del secchio per non emettere quasi alcun suono, perché tutti potessero continuare a sognare.

Mi avvolsi nella mia coperta di lana e mi avvicinai alla porta massiccia all'estremo opposto del reparto. Lo feci in punta di piedi. Camminavo quasi ovunque in questo modo, perché nessuno mi sentisse. Sentirmi significava avvicinarsi a me. Ogni volta che Vati sentiva che mi alzavo dalla scrivania nella mia stanza, mi si avvicinava troppo, in preda alla collera per la mia pigrizia nello studio. Ma io non riuscivo a leggere le parole se non come immagini, strane scie lasciate da minuscoli insetti che un tempo vivevano nei libri. Non riuscivo a dire a mio padre che guardavo il nostro giardino fiorito fuori dalla finestra e sognavo di cogliere gli asfodeli per il vaso cinese vuoto sulla mia scrivania. Nelle rare occasioni in cui Vati mi permetteva di aprire la finestra, sentivo le api fra i fiori bianchi e rosa. Mi chiedevo che cosa significasse il loro ronzio, se il loro brusio dicesse qualcosa, come quando l'organo della chiesa aveva suonato un Do basso, quella nota inceppata il suono del nostro lamento a Dio. Vati aveva detto che Dio era morto il 30 gennaio 1933.

Tirai la maniglia spessa della porta. Era chiusa a chiave.

Era quello il rumore della notte prima, quando Emmi mi aveva portato al reparto: il suono di un chiavistello grosso e pesante che chiudeva la porta. Quella dell'ospedale a Stoccarda era sempre stata aperta, e potevo scendere al reparto per gli anziani e fare visita a Frau Helmer, che teneva una scacchiera di legno accanto al letto. Non sapevo come si muovessero i pezzi, ma mi piaceva il loro aspetto: l'esercito prussiano contro quello francese. E mentre Frau Helmer sognava la sua vita ad alta voce, io giocavo alla guerra del 1870 sul pavimento accanto al suo letto. Mi ricordai di quello che ci aveva detto l'infermiera Hilde la mattina prima sulla nostra sicurezza. La porta non poteva che essere sbarrata per proteggerci. Quella sarebbe stata la stanza più sicura una volta arrivati i Lancaster britannici; saremmo stati in pericolo se ci avessero permesso di andare in giro. Neanche le finestre si aprivano, perché erano bloccate dal freddo. Palmi di ghiaccio salivano dal punto in cui il vetro incontrava il davanzale alla base delle finestre. La nostra stanza al terzo piano dava su un campo innevato in cui si vedevano alberi alti e spogli e, un po' più vicino all'ospedale, una siepe squadrata ricoperta di neve.

Rainor Schacht, ti soffermi su tutte le cose sbagliate! Dicci che cosa hai fatto!

Trovai Emmi sveglia nella branda di Marie, che era a due letti di distanza dal mio. Lei e Marie erano rannicchiate sul sottile materasso di paglia come due punti interrogativi uno accanto all'altro. Gli occhi di Marie erano chiusi ed emetteva gemiti sommessi, mentre Emmi le accarezzava i capelli con la mano libera.

«Ha dei bei capelli, non è vero? La treccia le si arriccia intorno alla gola come un serpente» disse Emmi. Marie assomigliava alle ragazze sulla copertina di *Das Deutsche Mädel* che Emmi adorava, con occhi grandi e dritti, denti bianchi e indifferenza ispirata al Reich. Emmi aveva un viso largo, i capelli castani e gli occhi del colore di un tavolo di mogano consumato. Diceva di assomigliare a una contadina polacca dei cinegiornali e di meritare di essere abbattuta come un cane, così come suo padre aveva detto di tutti i contadini polacchi.

«Ieri notte, Marie piangeva e piangeva, così l'infermiera le ha dato da bere il laudano. Aveva i capelli tutti spettinati, così le ho fatto una treccia. I miei non crescono abbastanza per farne una treccia.» Si tirò i capelli castani, come se farlo potesse aiutare le ciocche ad allungarsi. «Perché non sei vestito, Rainor? I tuoi abiti di certo non si asciugheranno appesi alla parete. È gelida. Presto dovrebbe arrivare la colazione.»

Non aveva alcun senso per me che non ci fossero infermiere con tazze di tè e pane e uova sode. Che le infermiere non venissero ad aiutare i bambini che non erano in grado di camminare, di fare pipì o cacca. Alcuni dei bambini che dormivano nei letti a castello dovevano essere arrivati da un altro ospedale; di che cos'è che avevano bisogno?

«Smettila. Riesco a sentire le tue preoccupazioni. Vestiti. Qui siamo al sicuro.»

Indicai la porta chiusa a chiave, il mio stomaco, il mio naso.

«Siamo in guerra. Dobbiamo adattarci.» Si alzò in piedi e si rassettò il camice grigio. «Presto potremo contribuire allo sforzo bellico.» Emmi mi prese la mano. «Ho bisogno del tuo aiuto.»

Avevo così tanta fame e sete; mi ero svuotato completamente qualche attimo prima nel secchio smaltato. Leccai le lacrime che mi scivolavano sulle labbra.

«Ti va di sentire la storia di quando mio papà mi ha portata dal signore degli occhi?»

Mi colava il naso, così Emmi utilizzò un angolo della mia coperta per tamponarmi le narici.

«Non fare pipì mentre ti racconto la storia, perché non fa paura per niente. Il signore degli occhi crea occhi di vetro per le persone che hanno perso i loro. A papà serviva un occhio nuovo, perché quello vecchio gli è caduto ed è stato schiacciato dal ronzino di Johann Klegg. Anzi, no, dalla sua mucca; è stata la mucca, perché eravamo andati da lui a prendere latte e panna.

Il signore degli occhi era un membro dell'NSDAP come papà, e sapeva che papà era stato tenente durante la Grande Guerra e aveva ottenuto una Croce di Ferro. Sapeva che papà meritava un occhio a basso costo, così ho potuto vedere il signore degli occhi mentre li creava con il vetro. Aveva un tubo d'acciaio e lo ha fatto ruotare nel vetro bollente, e poi ha soffiato e soffiato piano, e all'estremità del tubo il vetro ha cominciato a gonfiarsi come un palloncino. Un piccolo palloncino che presto è diventato un occhio. Il signore degli occhi me l'ha mostrato, e c'era il bianco e una parte colorata come quella di papà e una pupilla scura. Un occhio vero, Rainor.»

La mia attenzione fu attirata da una mosca che girava in tondo sopra di noi. Quando si posò sulla parete vicino a me, la schiacciai.

«Pensaci, si potrebbe fare un intero uomo di vetro, Rainor. Potrei soffiare un piccolo Rainor dall'estremità di quel tubo.» Soffiò nel suo palmo chiuso. «Staresti meglio, Rainor. Niente più persone che ti picchiano e niente più ospedali e niente più iniezioni. Non ti piacerebbe?» Si colpì il polso dell'altro braccio, ancora e ancora. «Che cosa ne ha fatto Marie del mio ferro?»

A quanto pareva, il letto di Emmi era sopra quello di Marie, perché tirò fuori il suo lavoro a maglia segreto da sotto il materasso di paglia. Un gomitolo di lana spesso del colore del tramonto e un unico ferro da calza. «Che cosa ne hai fatto, Marie? Avevo due ferri, Rainor. Ne ha preso uno. No, no, forse gliel'ho dato io?»

Quando mi innamoro, succedono cose strane. Mostrai a Emmi il mio pugno chiuso e ci soffiai dentro, come aveva fatto lei con il suo quando aveva imitato il signore degli occhi al lavoro. E venne fuori una mosca, che cominciò a descrivere una curva pigra su di noi, per poi girare intorno ai capelli biondi di Marie.

«Non puoi farmi apparire un ferro, Rainor?»

Mi soffiai nel pugno e a ogni soffio venne fuori una mosca come una bolla di sapone, finché una decina d'insetti non si mise a ronzare nel reparto.

«Non fare lo stupido» disse Emmi. «Marie, che cosa ne hai fatto del mio ferro?»

Emmi infilò una mano sotto il cuscino di Marie, tastando ovunque per trovare il ferro. Poi tirò fuori pezzetti di paglia e li gettò a terra. Sulle sue dita si formarono piccoli segni rossi provocati dalle estremità appuntite della paglia. «Dov'è il mio ferro?» sibilò. Sollevò in alto la mano e la sbatté accanto alla testa di Marie, che aprì gli occhi di scatto ed emise un gridolino.

Emmi cominciò a singhiozzare. «Se non finisco la sciarpa per il Führer, non sarò mai curata. Non sarò mai...»

Le presi la mano. Mi soffiai nel pugno per creare un ferro da calza, ma non venne fuori che una lunga fila di mosche.

«Sei uno stupido!» gridò. «Siete tutti così stupidi!»

Indicai di nuovo la porta. I secchi di urina. I due bambini che si erano svegliati e stavano piangendo perché volevano essere presi in braccio. Se c'era qualcuno che poteva aiutarci, quella era Emmi. Avrebbe potuto diventare un'infermiera, se il Reich gliel'avesse permesso. Nel nostro reparto, a Stoccarda, avvisava l'infermiera Hilde quando i bambini chiamavano aiuto di notte o dicevano di essere osservati o portati su strani dirigibili fin sopra le Alpi. La avvisava quando qualcuno di loro aggrediva altri bambini o aveva le convulsioni o parlava troppo di demoni nella testa o piagnucolava di dolore per una storta a un braccio o una gamba. Di lì a pochi giorni, proprio come il dottore all'ospedale di Stoccarda, anche il dottor Lutz le avrebbe dato il permesso di circolare, prima nel reparto e poi, più avanti, in tutto l'ospedale. Avrebbe attraversato i reparti di Trutzburg con la stessa libertà che aveva a Stoccarda. Avrebbe condotto i giochi dei bambini: Gatto e topo, Nella valigia metto e il Gioco della pentola. Avrebbe giocato a Straccia camicia con il suo mazzo di carte. Avrebbe seguito le infermiere nei loro giri di visite e tradotto le parole degli adulti nelle orecchie dei bambini impauriti: «Quest'iniezione ti renderà forte come Thor» o: «Questo medicinale serve a rendere le tue gambe morbide dentro, come un piumino». Il dottor Lutz le avrebbe permesso di tornare nella libreria del padre su Kirchstraße, ed Emmi avrebbe spolverato gli scaffali dopo le prime luci dell'alba e preso il suo posto dietro al bancone e, arrivate le nove, al tintinnio del piccolo campanaccio sulla porta, avrebbe detto «Buongiorno, Frau Orage. Come stanno i suoi nipoti?» e dato all'anziana il suo *Völkischer Beobachter* e il suo *Berliner Illustrierte Nachtausgabe*.

Emmi diede un pugno sul fianco del letto a castello. «Rainor, dov'è finito il mio fottuto ferro?»

Non sapevo che cosa fare. Era Emmi che avrebbe dovuto aiutarci. Tirò via con forza la mano dalla mia, e io le accarezzai la spalla, ma mi respinse. Potevo solo cercare di rendermi utile. Così, corsi in fondo al corridoio fra i letti a castello e le finestre, presi i secchi smaltati e versai i contenuti di quelli semivuoti in quelli più pieni. Dove avrei potuto svuotarli? La porta era chiusa a chiave. Non c'erano un bagno o un lavandino o uno scarico. Quindi avvicinai i due secchi a una finestra. Cercai di aprirle, una per una: dovevo farcela. Corsi avanti e indietro per la stanza finché non trovai una finestra con i chiavistelli allentati. I primi due si aprirono, ma quello vicino al davanzale era rigido e coperto di ghiaccio, così presi un secchio vuoto e lo colpii fino a spingerlo verso l'alto. Il mio pollice si mise a sanguinare, ma non m'importava. La guarnizione della finestra si spaccò mentre la aprivo con una spinta. L'aria fredda fu come una ventata di vita; profumava di miele affumicato e, per un momento, non sentii l'odore della nostra pipì.

Sporsi la testa fuori dalla finestra e guardai l'alba. Si vedeva un piccolo edificio con il tetto di paglia e un camino che sbuffava come uno dei sigari di Vati. La neve era stata calpestata, ma non c'era traccia delle persone che vi erano passate sopra. Un grande pastore tedesco si alzò sulle zampe e mi abbaiò contro. Lo salutai con la mano di rimando: ero Rainor Schacht, un amico. Finsi di accarezzargli la testa a distanza e il cane smise di abbaiare. Le foglie d'edera coperte di brina erano più fitte lungo il lato destro della finestra, perciò mi sporsi fuori e ci svuotai sopra il primo secchio. E così il secondo e poi il terzo, in modo tale che nessuno a pian terreno o nel piccolo palazzo alzasse lo sguardo e vedesse un flusso giallo scorrere lungo il fianco dell'edificio. Mi diedi da fare per un'ora mentre il sole sorgeva. Vati mi disse che non ero buono a nient'altro: solo a svuotare secchi. Il suo unico figlio, destinato a lavorare con i maiali.

Emmi mi si avvicinò. «Li avrebbero svuotati gli inservienti.»

Scossi la testa.

«Adesso sei sconsolante. Capisci questa parola, Rainor? Significa deprimente. Svuotavano sempre le padelle a Stoccarda.» Non capivo la parola «sconsolante», ma conoscevo il significato di «deprimente». Avrebbe dovuto essere Emmi a occuparsi di tutto, non io. Rainor Schacht seguiva. Emmi lanciò un'occhiata alla neve di sotto. Il pastore tedesco le abbaiò contro, perciò chiusi la finestra per nasconderci.

I bambini nei letti vicino a noi iniziarono ad agitarsi. Uno di nome Karl chiamò la madre perché gli portasse del latte. Eva si mise a condurre un'orchestra invisibile con le sue mani distrutte e a cantare una canzone sulla luna. Marie si mise a sedere sul letto e annusò l'aria.

«Dovrebbero essere qui ormai.» Emmi mi prese la mano e la infilò in un buco del suo camice, per poi appoggiarsela sulla pancia. «A Stoccarda, erano sempre da noi a quest'ora. Il sole sorge, e arriva da mangiare.»

Riuscivo soltanto a pensare alla mia mano sulla sua pelle. A com'era calda. A com'era morbida; come la pancia di un anatroccolo. A com'ero incredibilmente felice nonostante la fame.

Emmi fissò la porta chiusa a chiave come se fosse il più grande insulto che avesse mai dovuto subire, così ci bussò sopra e si mise in ascolto. Niente. Bussò di nuovo. «Abbiamo bisogno della colazione e del tè. Alcuni bambini se la sono fatta addosso.» Niente. «Sono Emmi Kleist.» Si mise a battere sulla porta con il pugno, e una nuvola di polvere si staccò dallo stipite.

«Apri la porta, Rainor.»

Ma la mia magia non funzionava così. Potevo far apparire due farfalle monarca. Potevo soffiarmi nel pugno e far venire fuori le mosche. Potevo far cadere dal cielo petali di margherita come neve; anche se Vati non aveva mai creduto che fossi in grado di fare niente. Sollevai il palmo della mano e ci soffiai sopra, come se fosse stato ricoperto di segatura sottile. Emmi tirò di nuovo la porta, che rimase chiusa.

«Inutile» disse, mentre una manciata di petali di margherita cadeva dal soffitto davanti a lei. «Inutile e basta.» Diede un calcio alla porta e gridò: «Aprite quest'inutile porta merdosa! C'è qualcuno che non sia un porco pigro in questo posto? Un fottuto buono a nulla di Weimar?»

Mi soffiai sul palmo con tutta l'aria che avevo nei polmoni.

Sei un mascalzone ridicolo! Nient'altro che un impostore!

Vati, volevo che la mia magia aprisse la porta! Non ero mai stato innamorato, e non avevo mai fatto magie, ma adesso le facevo grazie a Emmi. Lei dava calci alla porta, e io soffiavo, soffiavo e soffiavo nel mio palmo come se stessi cercando di dare fuoco a una pila di legnetti. Sentimmo il rumore di una sbarra di metallo trascinata sul pavimento provenire dall'altro lato della porta. E poi un suono metallico sordo e profondo, come se un grosso martello stesse colpendo il palo di una recinzione. Mi assicurai di seguire l'ordine giusto: le grida dei bambini e dopo quel suono metallico, all'improvviso, la caduta dei petali di margherita, come se una tormenta fosse appena entrata nella nostra stanza del reparto.

La porta si aprì.

Emmi alzò lo sguardo e lo posò sul soldato che mi aveva ordinato di alzarmi dalle scale la sera prima. Era alto quanto la porta e aveva un fucile a tracolla.

«I bambini hanno fame» disse Emmi. «Non possono combattere i britannici a stomaco vuoto.»

Il soldato tenne la porta aperta per il dottor Lutz, e dopo di lui entrarono anche due infermiere e due inservienti con secchi d'acqua, zuppa fumante e mestoli.

«Heil Hitler» disse il dottor Lutz.

«Heil Hitler» disse Emmi.

Poggiarono i secchi di zuppa e acqua sul pavimento di pietra e poi, accanto, una cassetta di scodelle e cucchiai di legno. Non avevo mai visto niente del genere, nonostante tutti i giorni trascorsi negli ospedali. Il cibo ci era sempre stato offerto a tavola, su vassoi con scodelle e piatti e cucchiai. E chi non poteva sedersi a tavola veniva imboccato. Feci cenno di sì con la testa. Già, siamo in guerra e dobbiamo adattarci. I Lancaster stanno arrivando con le loro bombe.

«Marie si è disfatta del mio ferro da calza» disse Emmi mentre il dottor Lutz le passava accanto. Le piaceva il termine «disfarsi», che aveva imparato leggendo uno dei libri del padre. «Lo rivoglio indietro, cazzo.»

Il dottor Lutz si avvicinò alla branda più distante dalla porta. Un bambino del nostro ospedale con un sottile ciuffetto di capelli scuri agitò le braccia tremanti in piccoli cerchi, pronunciando continuamente la parola *Befindlichkeit*. Sull'autobus, aveva sussurrato «*Dasein, Dasein,*

Dasein» senza posa, come se volesse autoconvincersi di esistere ancora.

«È molto intelligente» commentò Emmi mentre il dottor Lutz le passava accanto. «Conosce parole parecchio lunghe, mai sentite.»

Il dottor Lutz osservò Emmi, come se lo sconvolgesse anche il solo fatto che potesse parlare.

«Frau Hecht.»

«Mi scusi, dottore» disse Frau Hecht, l'infermiera. E poi, a Emmi: «Mettiti a letto».

Emmi le parlò addosso. «Che cosa significano *Dasein* e *Befindlichkeit*, dottore?»

«Mettiti a letto...» Frau Hecht fissò il più basso fra i due inservienti. «Come si chiama questa?»

«Sono Emmi Kleist» disse Emmi.

«Non sei stata interpellata. A letto.»

Il dottor Lutz sollevò una mano come per fermarla. «Sono parole molto interessanti, Emmi Kleist.» Prese uno stetoscopio dalla tasca del camice e lo appoggiò al petto del bambino, prima sul cuore e poi sul pettorale destro, e poi sotto entrambe le ascelle. «Suo padre era un professore a Heidelberg. Un uomo noioso, un filologo, che adesso lavora come traduttore per la Luftwaffe. Francese, russo e fiammingo. Non una persona assolutamente inutile, come quelle che sono qui.» Il dottor Lutz stava guardando Emmi quando usò l'espressione *persona assolutamente inutile*. «Una persona in grado di lavorare.»

«Io entrerò a far parte della Lega delle ragazze tedesche» disse Emmi «dopo che mi avrete guarita.» Si mise più dritta che poté. «Ho imparato a fare calzini a maglia per i soldati.» Si alzò in punta di piedi e si rassettò il camice grigio, per poi mettersi a giocherellare con il pezzetto

85

sporco di fiocco rosso che aveva legato a varie ciocche di capelli. «Mi sono fatta bella per un uomo delle SS.»

«Un uomo delle SS?»

«Un tenente, come minimo.»

Il dottor Lutz guardò il soldato alto con il fucile e scoppiò a ridere. «Non ti piacciono i sottufficiali? Come il sergente Mandl, per esempio? Non hai osservato l'uniforme sotto il suo cappotto lungo? È delle SS.»

Emmi guardò il sergente come se non esistesse. «Dev'essere un ufficiale delle SS, altrimenti che senso ha?»

«Così ci ferisci, Emmi Kleist. Il sergente Mandl ha molti pregi. Chiedilo alle infermiere.»

Hai sentito, Rainor Schacht? Non pensa affatto a te! Sogna un ufficiale delle SS. Sei lontano dai suoi pensieri tanto quanto Münchausen sulla luna.

Risate. Sentii delle risate, ma non sembrarono provenire da nessuno. Non dal dottor Lutz, né dal sergente Mandl né da Frau Hecht. Le pareti ridevano di noi. Le pietre e i mattoni. Il chiodo piegato.

Il dottor Lutz indicò il bambino con il ciuffetto, quello che aveva detto *Dasein*. «Lui.»

«Chi altri, dottore?» chiese Frau Hecht.

Il medico appoggiò lo stetoscopio sul cuore di Emmi. «Hai aiutato quella ragazzina cieca contravvenendo ai miei ordini. Usi un linguaggio disdicevole.»

Emmi scosse la testa. «Marie ha il mio ferro. Lo rivolevo.»

«Puoi lavorare, Emmi Kleist?»

«Quando mi farete stare bene.»

«Quando è stata l'ultima volta che sei stata bene?»

«Mia sorella era viva, all'epoca. Diceva di non poter soffrire quell'artista austriaco, quel villano baffuto, e poi è morta per una caduta da una finestra mentre io ero da mia zia. Un incidente; avevo quattordici anni. Non so cosa significano tutti i suoi paroloni. Anche mia sorella usava sempre paroloni, perché leggeva molti libri. Lei non capiva il Führer. Era una codarda.»

«Hai lavorato negli ultimi anni?»

«A maglia. L'ho imparato da mia sorella. Dritto e rovescio. Mio zio mi ha insegnato i trucchi con le carte.»

«Lavoro a maglia e trucchi con le carte per contribuire all'economia del Reich, Emmi Kleist?» Le aveva allontanato lo stetoscopio dal cuore, per poi sollevare il metallo freddo che era stato sul suo petto di fronte a lei come se si fosse trattato di uno specchietto. «Dovresti continuare perché sai lavorare la lana? Fare trucchetti?»

«Continuare? Non capisco. Lavoravo nel negozio di mio padre. Vendeva libri e giornali. Riviste.»

«Senza la...» il dottor Lutz pulì lo stetoscopio sulla manica del camice «...benevolenza di tuo padre, qualcuno ti avrebbe mai assunta?»

Emmi abbassò gli occhi sul pavimento.

«Non conosci questa parola, non è così, Emmi Kleist? *Benevolenza*. Significa che tuo padre era generoso. Buono. Troppo buono, forse. Diventa un veleno. Distrugge una nazione.»

A quel punto, il dottor Lutz si rivolse a me: «E tu, ragazzo? Che cosa puoi fare tu per noi?»

Presi la mano di Emmi. Le tremavano le dita, umide e fredde.

«Osservi, Frau Hecht, come l'istinto del ragazzo resta quello di proteggerla. Ha un po' di coraggio da qualche parte in quel suo tronco encefalico. Ma nessuna utilità. Neanche un briciolo di consapevolezza in quegli occhi.»

Frau Hecht, perciò, gli chiese: «Anche lui, allora, dottore?»

Mi resi ombra come facevo quando volevo che Vati smettesse di gridarmi contro. Smisi di esistere per un momento. Mi confusi con lo sfondo del reparto, non ero nulla che si potesse notare; e, dato che Emmi mi stringeva la mano, non lo era nemmeno lei.

«Quei quattro.» Il gesto della mano appena accennato del dottor Lutz ricadde su due bambine e due bambini vicini al letto di quello con il ciuffetto. «Kanzler terminerà con le riparazioni e potremo aumentare i numeri. Per adesso, ce li faremo bastare.»

«Sono diretti in un altro ospedale?» chiese Emmi.

«Sì, Emmi Kleist, sono diretti in un altro ospedale. L'ospedale dentro l'ospedale. Una stanza segreta in cui li curiamo. E tutti voi sarete curati. Tutti voi sarete utili al Reich.»

«Quando toccherà a me? Per favore, dottore.»

«Domani, Emmi Kleist.»

Gli inservienti misero il bambino con il ciuffetto e un altro bambino che non poteva camminare su delle sedie a rotelle. Le due bambine, entrambe di circa otto anni, si tenevano per mano e una di loro strinse quella dell'inserviente più basso.

Emmi le salutò con un cenno e le bambine ricambiarono il gesto.

Anch'io le salutai, e petali di margherita si misero a cadere tutt'intorno a noi e, mentre la porta si richiudeva, ne raccolsi alcuni e li offrii a Emmi, che tirò fuori il suo lavoro a maglia da sotto il materasso. «Devo trovarmi un lavoro, Rainor. Non conosco che i libri. Spolveravo e riponevo i libri sugli scaffali e li portavo alla cassa. Papà a volte mi permetteva di far pagare i clienti e dare loro il resto. Basta con il lavoro a maglia. I trucchi con le carte sono soltanto un passatempo.» Le venne in mente qualcosa e guardò Marie, che stava piangendo. «Tu lavoravi, Marie? Qualcosa per cui non ti serviva la vista? Potresti mungere una mucca, prendere la mammella e sentire quando il secchio per il latte è pieno. Mia madre è arrivata qui da una fattoria in Svizzera.»

Poi guardò me. «Che lavoro potresti fare tu, Rainor? Non vedo carenza di mosche nel futuro della Germania.»

La scrutai come spesso scrutavo le persone, finché il suo corpo non assunse un colore brillante e caldo sullo sfondo delle pareti grigie e del soffitto che si scrostava.

«Ho trovato» disse. «Sarò proprietaria di una libreria come quella di papà. Tu lavorerai nel retro e Marie farà da cassiera. Venderò libri sul lavoro a maglia e sul cucito e la feltratura.» Abbassò lo sguardo verso Marie. «Il mio ferro, cazzo; chi l'ha visto? La Germania si è forse riempita di stronzi che rubano?»

I petali di margherita smisero di cadere all'improvviso, così come avevano iniziato. Una bambina che veniva da un altro ospedale chiamò la madre, un bambino cominciò a piangere sommessamente. Un altro si mise a gemere e disse di dover fare pipì.

«Rainor» mi chiamò Emmi. «Dobbiamo dare da mangiare ai bambini, non pensi? C'è abbastanza zuppa per riempire una scodella ciascuno. Nessuno piangerà per la fame. Siamo in tempo di guerra.»

A un tratto, non riuscii a capire che cosa Emmi stesse dicendo. Continuò a parlare di essere utile, del fatto che questo avrebbe colpito il dottor Lutz. Mi avvicinai per riuscire a sentirla, ma non distinsi altro che il ronzio delle mosche, a centinaia.

89

Rainor
16 ottobre 1953
Stoccarda, Germania Ovest

Eravamo in dodici nell'alloggio, un'ampia casa a graticcio, con la sua facciata bianca e marrone e le travi in legno che ne costituivano l'ossatura. C'erano undici uomini, compreso il mio amico ingegnere dell'Uhr, e una donna, Melitta, che diceva di aver pilotato un Focke-Wulf Fw 190 sul fronte orientale travestita da uomo. Sei degli ospiti erano prigionieri di guerra tornati in Germania da Francia, Gran Bretagna e Unione Sovietica dopo la fine del conflitto. Il resto di noi era stato abbandonato fra le rovine della Germania Ovest dopo la vittoria degli Alleati: c'eravamo io, un vigile del fuoco, un insegnante elementare e due medici civili; loro distrutti dalla guerra, io un relitto fin dalla nascita. Era una casa alloggio comoda; c'era una stanza per ciascuno di noi con gabinetti e vasche in comune, il tutto pagato dal governo della Germania Ovest, con denaro forse proveniente dal Piano Marshall. Non aveva importanza. Avevamo una casa, quando nessun altro ci voleva. Le nostre famiglie erano disperse o morte. Gli altri Paesi europei non ci volevano. Eravamo, in un certo senso, riparazioni di guerra, dal momento che i costi del nostro mantenimento gravavano sull'economia spezzata della Germania Ovest. Eravamo una punizione. Avevamo un programma nell'ufficio di Frau Anke, su una grande lavagna nera, con ognuno dei nostri nomi accanto ai nostri compiti del mese. Due volte al giorno, quando stavo abbastanza bene da farlo, era mio compito dare da mangiare a Juliette, una gatta nera che aveva preso a vivere lì dopo che un mortaio di due centimetri e mezzo, atterrato intatto sul solaio dei suoi padroni, era esploso nell'inverno del 1949. Juliette la notte dormiva sul mio letto, rannicchiata accanto al mio viso. Se avessi osato uscire dalla mia stanza alla luce del giorno, l'avrei trovata addormentata sulla mia poltrona verde con lo schienale a conchiglia nella sala comune. Le mancava parte della carne sul lato destro della bocca, così i suoi denti erano scoperti in un ringhio permanente. Noi due eravamo quelli brutti. Mentre leggevo o fingevo di leggere, Juliette si puliva il pelo. Frau Anke chiamava la mia poltrona verde «la poltrona di Rainor e Juliette». «È lì che Rainor legge e Juliette dorme» aveva detto all'ingegnere dell'Uhr quando era arrivato nell'alloggio da un campo di lavoro in Alsazia. «Dovrà fare spazio per loro, Herr Tanser.»

Sulla poltrona, mi nascondevo dietro le mie copie lacere di *La metamorfosi delle piante* o del *Faust* e facevo colazione o cena, con questo o quest'altro libro a schermarmi il viso, in modo tale che i residenti non potessero vedere i digrignamenti di quella che, una volta, il dottor Lutz aveva chiamato «la mia bocca da capra bavosa, con i suoi minuscoli denti a paletta». Uscivo di rado durante il giorno. Dopo aver trovato i diari di Berger, trascorrevo la vita nella mia camera, alla macchina da scrivere, riunendo i miei appunti su Emmi. *Clac, clac, clac.* Uscivo soltanto per comprare la carta e altro inchiostro e, quando lo facevo, portavo con me una macchina fotografica Voigtländer rotta, in modo che, quando qualcuno si avvicinava abbastanza da vedere il mio viso, potevo voltarmi e fingere di stare fotografando un edificio o un albero o un'auto. La notte, adesso che non ero più tanto malato, vagavo per le strade ovunque ci fosse meno luce. Non mi importava di essere visto da Melitta o dall'ingegnere dell'Uhr, perché loro erano ridotti come me. Frau Anke mi chiamava il «bello scapolo dell'alloggio» e, ogni volta che lo diceva, arrossivo e abbassavo lo sguardo e pregavo che tornasse in cucina.

«Se riuscissi a vedere dentro la mia testa, allora sì che vedresti la bruttezza» aveva detto una volta il mio amico ingegnere dell'Uhr. «Persino i francesi non hanno voluto guardare dentro di me. Dovresti praticare la meditazione come i buddisti, distaccarti dalle tue paure passeggere.» Era quello che aveva fatto lui quando era stato costretto a rimuovere centinaia di mine nella Francia orientale. Cinquanta prigionieri tedeschi al mese saltavano in aria rimuovendo quelle mine; quindi, che cos'aveva da preoccuparsi Rainor Schacht, al sicuro nella sua tiepida casa?

Mi preoccupava di più che qualcuno potesse sentirmi parlare. La mattina in cui cominciai seriamente a cercare Emmi, aspettai sulla mia poltrona da lettura che la sala comune si svuotasse dopo colazione, in modo da poter usare il telefono. Il mio aspetto poteva intuirsi nello stridio aspro e legnoso delle mie parole faticose. Quando avevo provato a fare una telefonata per trovare Emmi dopo la fine della guerra, una bambina aveva risposto al telefono e detto ad alta voce: «Mammina, c'è un troll della foresta al telefono». Dopo aver riattaccato, Vati mi aveva ricordato forte e chiaro di stare lontano dai telefoni.

Per colazione, nell'alloggio mangiavamo pane, caffè e formaggio stagionato. Le domeniche c'erano uova e pancetta e un pezzo di cioccolato fondente da sciogliere nel caffè. Frau Anke faceva sparecchiare e lavare i piatti a quelli di noi che potevano usare le mani, e in generale ci faceva essere indipendenti nella misura in cui la nostra fragilità ci consentiva di esserlo. La mattina della mia telefonata, tutti erano usciti dalla sala comune tranne Melitta. La donna era stata abbattuta da uno Yak-9 durante la battaglia di Kursk e si rammaricava di non essere riuscita a sua volta ad abbattere cento aeroplani, una centuria, come alcuni dei piloti maschi. «Soltanto novantotto» diceva. «Novantotto morti per mano di Melitta.» Diceva di avere trentaquattro anni, ma il suo viso aveva un aspetto vecchissimo, con la pelle formata da nient'altro che cicatrici lucide e rossastre, provocate da ustioni patite quando la sua cabina di pilotaggio si era incendiata prima che potesse lanciarsi nella gelida aria sovietica. Quel giorno, indossava una delle sue tre parrucche bionde, una un po' più lunga dell'altra per dare l'impressione che i capelli le crescessero ancora. Nessuno credeva alla sua storia a parte me. Mi aveva mostrato la sua Croce di Ferro e il certificato con il suo nome sopra: Melitta von Beck. Aveva pianto su quel certificato. Lo aveva firmato Göring in persona, ma ormai Göring non c'era più e adesso c'era Benny Goodman. Mise l'unico disco che possedeva, del Benny Goodman Sextet, chiuse gli occhi e, secondo me, volò di nuovo in alto su Kursk sulle note dello swing americano.

Rainor, sono già le nove! Hai intenzione di oziare per tutto il giorno?

Abbassai la musica e Melitta mormorò qualcosa. Non riuscivo a capire se stesse sognando il suo ultimo amante o gemendo mentre la sua cabina di pilotaggio veniva avvolta dalle fiamme. Juliette saltò sul bracciolo della poltrona, si leccò il lato squarciato della bocca e mi guardò, mentre prendevo il telefono e facevo fatica a respirare normalmente. Aspettai la risposta della centralinista come avevo visto fare a Frau Anke quando usava il telefono.

Aspettai che Vati mi gridasse contro per averlo sfidato e non essere stato lontano dai telefoni.

Quando la centralinista rispose, mi schiarii la gola e lessi ad alta voce il foglietto che avevo preparato. «S-s-sì, sì, v-v-vorrei parlare c-c-con Christoph Kleist.»

Dopo qualche minuto, la centralinista mi disse che non c'era nessuno con quel nome a Stoccarda. Chiesi allora di tutti i Christoph Kleist nel Baden-Württemberg. Nella Germania Ovest. In qualunque luogo Kleist potesse essere presumibilmente fuggito che non fosse dietro la cortina di ferro.

«Sono spiacente» disse la centralinista. «Ho cercato dappertutto.»

Era possibile che Kleist avesse cambiato nome, essendo stato un uomo dell'NSDAP, un donatore del Partito, e con quella storia alle spalle era meglio nascondere la propria identità. Diedi alla centralinista tutte le variazioni del suo nome che mi vennero in mente. Chiesi persino il numero di Emmi Kleist, sperando che la centralinista potesse trovarne uno per me. Niente. Temetti che Melitta si svegliasse e gridasse di aver sentito di nuovo lo scoppiettio del suo caccia nel suono della mia voce spezzata.

Avresti dovuto ascoltare il tuo Vati! Vedi che sofferenza ti ha causato la tua disobbedienza?

Dopo aver riattaccato, mi appoggiai il ricevitore del telefono alla pancia. Juliette si leccava ripetutamente la bocca squarciata come se potesse guarire di colpo. Il mio tè si raffreddò e il clarinetto di Benny Goodman mi suonò un tema d'amore. Emmi, ti ricordi le cose strane che mi succedevano quand'ero innamorato? Le mosche, i petali, la musica? Mi soffiai nel pugno e sperai che dall'altra parte scivolasse un foglietto con il suo indirizzo scritto sopra. Il dottor Nadel, il mio psichiatra, mi aveva detto un mese prima che i miei sentimenti per Emmi non erano amore. Aveva indicato la pendola a colonna dall'altra parte del suo ufficio, un grosso aggeggio che ticchettava e la cui parte superiore somigliava al pulpito di un prete. Secondo il dottor Nadel, la mia era nostalgia del passato. Nostalgia di ciò che avevo perduto nel tempo, e cioè Emmi Kleist, l'unica donna che non fosse stata disgustata dal mio volto.

«Kleist» disse Melitta, con gli occhi ancora chiusi. «Ho conosciuto un maggiore Kleist nella Luftwaffe. È morto quando il suo aereo si è schiantato dietro alle linee nemiche e i sovietici lo hanno catturato. È morto camminando verso un campo per prigionieri di guerra. Era una creatura dell'aria, Rainor. Non era fatto per camminare.»

Deglutii, e le parole vennero fuori prima ancora che potessi rifletterci. «C-c-christoph Kleist era nell'NSDAP. Un c-c-civile con una l-l-libreria.»

«Morto, probabilmente. Ne hanno processati tanti come lui. Gli hanno sparato. Oppure è fuggito nella Germania Est, e a quel punto per te è come se fosse morto. Mi stai guardando come se potessi dirti che cosa ne è stato di lui. Magari ha una tomba. Probabilmente visitabile.»

Mi ci vollero tre giorni per trovare il coraggio di andare all'archivio comunale. In piedi, davanti al piccolo specchio da barba nella mia camera, con le luci spente, dissi fra me: «Vorrei vedere... vorrei vedere il certificato di morte di Christoph Kleist». La mia balbuzie ricomparve quando accesi la luce. «V-v-vorrei v-v-vedere...» Riuscii a malapena a far venire fuori le parole allo specchio con le luci accese. L'unica volta nella vita in cui non ero stato spaventato dalla mia immagine, era stato quando mi ero visto riflesso negli occhi di Emmi mentre ero sdraiato accanto a lei. Emmi trasformava l'immagine che restituiva ai miei occhi. Avevo un aspetto quasi normale, quello di un ragazzo che nessuno avrebbe avuto bisogno di tenere nascosto in un ospedale.

L'archivio si trovava in centro e mi ero esercitato a camminare fin lì quand'era buio. Percorrevo una strada dietro gli edifici e lungo vie secondarie. Passavo furtivamente di ombra in ombra. Il giorno in cui decisi di andare era un giovedì. Scrissi un biglietto a Frau Anke, dicendole che sarei andato a pesca di temoli con un cugino nella Foresta Nera e che sarei tornato quella sera. Uscii prima dell'alba, seguii la mia strada nascosta fino all'edificio dell'archivio e aspettai fra le fronde all'addiaccio che le porte alte e massicce si aprissero. Indossavo il mio berretto marrone abbassato sulla fronte e avevo il respiro corto e affannoso. Il piccolo ufficio dal soffitto alto era tutto luci intense, legno oliato, schedari e fogli in pile ordinate. Mi misi in punta di piedi per guardare oltre lo sportello un uomo con ciuffi di capelli grigi impomatati e appiccicati al cranio. Non voleva alzare lo sguardo dalla sua scrivania. Batteva a macchina a ondate, come se provasse risentimento per ciò che doveva mettere per iscritto su un cartoncino spesso bianco avorio. Avevo ancora mani e braccia possenti, perciò mi spinsi su fino a riuscire più o meno a sedermi sul bancone.

Il suono del suo battere a macchina era odio, come raffiche di una mitragliatrice.

«Siamo chiusi» mi disse. «Hanno tutti la bronchite. Davanti a lei c'è l'unico superstite.»

Sollevai il foglio su cui avevo scritto la mia richiesta. *Vorrei vedere il certificato di morte di Christoph Kleist.*

L'uomo mi scrutò oltre gli occhiali da lettura. «Certificato di morte» disse ridendo.

Girai il foglio. *Sono suo figlio adottivo.*

«È arrivato giusto in tempo. Il mio ufficio non è altro che questo, ormai. Certificati di morte. Non nasce più nessuno adesso, dopo la guerra; la gente muore e basta, o si trasferisce a Berlino Est. La vittoria britannica è totale.»

Sentii la faccia formicolare per il caldo umido. Girai di nuovo il foglio in modo tale che potesse leggere ancora la mia richiesta.

Altro fuoco di mitragliatrice. «Data di morte?»

Alzai lo sguardo sul calendario appeso alla parete. Un calendario del 1953 in tessuto sbiadito, con sopra la caricatura di un contadino tedesco e della moglie.

Lo guardai rassegnato.

«Durante o dopo?»

Si riferiva alla guerra. Non lo sapevo. Non sapevo nemmeno se il padre di Emmi fosse morto. Mi portai le mani alla gola e deglutii, per poi riuscire a emettere una sola parola stridula. «D-d-dopo.»

«Sa impugnare una penna, con quelle?»

Annuii.

«Il modulo di richiesta è accanto a lei nel vassoio numero uno. Saprà qualcosa fra un mese.»

Abbassai lo sguardo sul modulo. Un documento di una pagina. Uno spazio per la sua data di nascita e per quella di morte. Il mio nome. La mia data di nascita. Il mio legame con lui.

L'uomo mi guardava oltre gli occhiali e batteva a macchina, e il calore del mio viso si espandeva su collo e petto. «Chi è rimasto sepolto sotto le macerie non ha certificato di morte. E neanche chi è stato ridotto in cenere dalle bombe incendiarie o chi si è suicidato nella Foresta Nera per sfuggire all'inedia. Se suo padre adottivo è uno di questi, non troveremo nulla.»

Nelle tre notti seguenti, girai per la città di cimitero in cimitero. Presi in prestito la torcia elettrica di Frau Anke, comprai una batteria di scorta e avanzai lentamente fra le lapidi. Nomi e date. Famiglie. Bambini. Cattolici. Ebrei. Luterani. A nessuno importava se una figura solitaria si muoveva furtiva in mezzo a un cimitero buio sotto un nuvoloso cielo autunnale, alla ricerca di tracce di un amore perduto. Le notti erano secche e la città sapeva di legno e fumo di carbone.

Lo trovai la terza notte. Sotto la chioma di una quercia nel cimitero di Hoppenlauf, fra le ultime urne sepolcrali. Scostai da un lato le foglie cadute e umide. Christoph Kleist, nato il 26 gennaio 1880; morto il 14 febbraio 1940. Il nome di Emmi non era sulla sua lapide né su nessuna di quelle vicine. Quella notte non presi sonno. Su una panchina del cimitero, compilai uno dei moduli dell'impiegato con le date del padre di Emmi e poi un secondo modulo per lei. Scrissi la sua data di nascita, il 19 gennaio 1924, ma niente data di morte. Diedi il mio indirizzo dell'alloggio. Scrissi che Christoph Kleist era il mio patrigno, anche se non avevo documentazione per confermarlo; Emmi era la mia sorellastra. Il mattino dopo, quando arrivai all'archivio, il mio impiegato era lì a battere a macchina, e accanto a lui c'erano altri sei uomini che battevano con la stessa foga sotto una cappa di fumo di sigaretta. Mi misi a sedere sul bancone e mostrai al mio impiegato che avevo compilato i moduli. Gli feci vedere i miei documenti: Rainor Thomas Schacht, nato il 17 marzo 1927.

«Le richieste hanno un costo» disse il mio impiegato. «Cinque marchi ciascuna. Forse potrebbe chiedere ai suoi genitori.»

Gli diedi i soldi del piccolo sussidio che ricevevo dal governo.

«Schacht? Suo padre era Paul Schacht? Il consulente legale e avvocato?»

Annuii, e il timbro dell'uomo si abbatté con forza su ciascuno dei miei moduli. «Un eroe. Ha aiutato così tante persone ad andarsene.» L'impiegato dovette notare l'orrore nella mia espressione, perché aggiunse: «Sì, un eroe per moltissimi di noi».

Mi precipitai fuori dall'edificio e nell'aria fredda di quella mattina. Come poteva Vati essere un eroe? Mi aveva lasciato all'ospedale. Non veniva a trovarmi quasi mai. *Tua madre è morta dando alla luce un ammasso di carne guasta*: erano state quelle le sue parole quando avevo sei anni. Un piccolo mostro di Frankenstein.

Le strade erano ancora vuote. Nascosi il viso sotto il berretto e corsi al cimitero di Hoppenlau, verso la tomba del padre di Emmi. Scalai la recinzione vicino al cancello ed entrai nel cimitero con un salto.

Non l'avevo visto la notte prima, nella luce fioca della torcia di Frau Anke. Un barattolo Weck alto con dentro dei fiori secchi, gialli, viola e bianchi, era per terra accanto alla sua lapide. Da quanto tempo erano lì? I fiori non erano rovinati, ma il barattolo trasparente si stava riempiendo di sporcizia e insetti.

Se credi che la tua ragazza abbia messo lì quei fiori, sei uno sciocco! Ti sfugge anche l'indizio più semplice! Guarda meglio. Pensa, per una volta.

Vati, l'uomo all'archivio ti ha definito un eroe. Vati?

Diari di Berger
7 febbraio 1940

Il mondo all'esterno dell'autobus era un silenzio bianco e freddo, che Bonse doveva sovrastare con le parole per paura di dover altrimenti ascoltare i propri pensieri contrastanti. Su una collina, il motore ruggì mentre le ruote posteriori slittavano invece che aggrapparsi alla strada. In fondo all'autobus, dietro i bambini, avevo a bordo anche una cassa pesante di ricambi per Kanzler, l'ingegnere di Trutzburg, eppure le ruote continuavano a non avere aderenza. Allentai la pressione sull'acceleratore, scalai di marcia, riuscendo finalmente ad avanzare. Gli alberi erano incurvati sotto il peso della neve. Un grosso ramo crollò a un certo punto della strada davanti a noi, e ci passai sopra, senza rallentare.

Kleist con il suo occhio solo e la sua busta di marchi! Un po' di denaro dovrebbe compensare il fatto che la Gestapo potrebbe decidere di far irruzione nel nostro appartamento? Di mandarmi in un campo di lavoro in Polonia? In quel caso, che ne sarebbe di Suzanne e Anni? E di Sonja, che non è neanche nata? Niente cibo? Niente casa? Thomas aveva la voce stridula e crudele dei padroni della nazione: lui sarebbe stato di certo al sicuro! Avrebbe potuto marciare in una tempesta di proiettili sovietici e uscirne in qualche modo vivo, spinto sempre in avanti dalla macchina nascosta che incalzava il Paese alla guerra. Persino se Kleist avesse saputo di Trutzburg, che cosa avrebbe fatto? Sarebbe semplicemente entrato nell'ospedale e l'avrebbe fatta evadere? C'erano guardie, anche se non erano molte. Un pugno di vecchie ss con fucili Mauser che millantavano di aver combattuto i repubblicani in Spagna. Non avrebbero visto un vero combattimento fino all'arrivo dei sovietici alla periferia di Berlino, e sarebbero arrivati, eccome, perché Hitler era troppo stupido per non sottovalutare Stalin.

Schiacciai il piede sul freno. L'autobus sbandò a sinistra. I bambini gridarono. Bonse si sporse per sbirciare oltre la parte anteriore del cofano per vedere se avevamo urtato qualcosa. «Un altro albero? Un daino?» chiese ridendo. «Una volpe? La Cerva d'oro?»

Tirai la leva per aprire la portiera e una ventata gelida gettò la neve sul pavimento dell'autobus.

«Resta qui» sibilai, prendendo la chiave inglese che tenevo sotto il sedile.

Bonse aveva già sceso di corsa i gradini. «Bambini, bambini, non temete!» gridò. «Una pausa da nulla nel nostro viaggio verso la vostra nuova casa. Mi occuperò di tutto io. Oh, mio piccolo daino, ti toglierò dalla strada e...»

Non seguii Bonse davanti all'autobus. Corsi, invece, lungo la fiancata verso la parte posteriore.

Bonse mi venne dietro. «È schiacciato sotto le ruote? Non c'era traccia di...»

Superai precipitosamente il retro dell'autobus, lungo l'ampio solco che le ruote posteriori avevano lasciato sulla neve profonda. Strinsi la chiave inglese con tanta forza da farmi male alle nocche.

«Berger, dove stai andando? I bambini ci aspettano. Il dottor Lutz...»

Due dei bambini avevano allungato il collo oltre la portiera aperta dell'autobus per guardare Bonse corrermi dietro. «Bambini, bambini, non tormentate le vostre testoline! Herr Berger deve occuparsi di un cervo ferito. State tranquilli, vi racconterò tutta la storia una volta risalito. Papageno vi vuole bene!»

Scrutai attraverso la neve fitta e pungente. Non riuscivo ancora a distinguere i contorni dell'auto che credevo di aver visto dietro di me, e che forse mi stava seguendo. «Dove sei?» sussurrai. Sapevo che era in arrivo una tempesta, ma eravamo stati costretti a partire in ritardo da Remseck. Un ragazzino muto si era nascosto e l'intero ospedale aveva dovuto cercarlo. Alla fine, il direttore aveva fatto arrivare il suo pastore tedesco, che aveva annusato il cappotto del ragazzino e lo aveva trovato in una credenza sotto il lavandino della cucina.

Un'ora più tardi avrebbe fatto buio, e persino con i fari dell'autobus la strada sarebbe stata insidiosa e non saremmo mai riusciti a tornare a Stoccarda. Imprecai nel freddo accecante. Non volevo dormire di nuovo a Trutzburg. A differenza di Bonse, non dormivo mai molto. Sognavo sempre lo stesso circo surreale: lupi sul trapezio, lupi in equilibrio sulla fune, lupi travestiti da imbonitori. Non c'erano agnelli nel sogno, soltanto lupi che intrattenevano con destrezza un pubblico composto esclusivamente da me.

Mi portai le mani ai lati degli occhi.

Due fari emersero dal vento sferzante.

Bonse gridò da qualche parte alle mie spalle. «Bambini! Nessun cervo è rimasto ferito. Ridete, bambini, ridete!»

Ero soltanto una sagoma scura davanti a Bonse, ferma accanto ai fari della macchina di qualcun altro. Ero la creatura grossa e indistinta con il braccio che si sollevava e abbassava con forza. Ancora e ancora, il braccio andava su e poi giù.

Bonse scivolò verso di me attraverso la neve battente. «Soccorreremo chiunque nella nostra missione di bontà, non importa di chi si tratti!»

Un continuo stridore del metallo. Sentii gridare qualcuno; mi resi conto che era la mia voce. Stavo gridando a Kleist che doveva tenersi i suoi fottuti soldi e tornarsene nella sua libreria a marcire. A ogni parola, il mio braccio si alzava e si abbassava, schiantandosi sul cofano della piccola Volkswagen.

Bonse cercò di afferrarmi il braccio mentre la chiave inglese tornava giù. «Berger!» Mi prese per il cappotto e mi tirò per guardare dentro la Volkswagen. «Berger, è Frau Gussi. L'infermiera.»

La donna mi guardò da dietro il parabrezza, non sconvolta per l'orrore, ma con muta rassegnazione, come se non fosse stupita che una persona quieta come me potesse a un certo punto compiere un atto così violento. Posai lo sguardo sulla chiave inglese che avevo in mano, sulle ammaccature nel cofano dell'auto. «Gussi?»

«Berger è stato così in tensione ultimamente, Frau Gussi. Lo porterò a letto. La riempiremo di marchi per ripagare il danno. Non è così, Berger? Siamo creature oneste, dopotutto.»

Bonse sentì gli ululati per primo. Ululati, guaiti e ringhi. Ci correvano incontro mentre Frau Gussi faceva retromarcia con la sua Volkswagen e poi se ne andava schivandoci. Due lupetti che uscivano in fretta dalla nebbia della neve in burrasca. Due dei bambini dell'autobus: il bambino calvo con un braccio solo, una bambina con un viso da mongoloide. Piegarono la testa all'indietro e si fecero sciogliere fiocchi di neve sulla lingua. Corsero intorno a me e Bonse, poi abbaiarono e si rincorsero e si batterono a vicenda sui fianchi.

Bonse prese l'attrezzo dalla mia mano tremante.

«Kleist ci stava seguendo» dissi, come se non riuscissi

ancora a credere che fosse la macchina di Frau Gussi quella che avevo preso a colpi di chiave inglese.

«Adesso non c'è più» rispose Bonse. «Non c'è più. Sono arrivati i lupi a far sparire i resti, non è vero, piccoli miei? Torniamo alla nostra tana.»

Camminai dietro di loro verso l'autobus, fissando la neve vorticare.

«Che cos'ha che non va Herr Berger?» chiese il bambino a Bonse.

«È molto...»

La bambina abbaiò e poi annusò l'aria. Si voltò prima a destra e poi a sinistra, scrutando la foresta coperta di neve, come se qualcosa ci osservasse dagli alberi.

Rainor
7 febbraio 1940
Trutzburg, Germania

«La fame non mi è passata! Ne voglio ancora!» strillò Karl dall'angolo del nostro reparto. Alla sua richiesta seguirono le grida degli altri bambini. Dieter ed Eva e Marie. Nessuno escluso. «Ancora, ancora, ancora.»

Emmi contò ad alta voce i bambini rimasti in reparto: c'erano quaranta stomaci da cercare di riempire. Insieme avevamo dato a ciascun bambino un bicchiere d'acqua e una scodella di zuppa di cavolo brodosa. Avevamo accoppiato i bambini che non potevano mangiare da soli con chi era in grado di tenere in mano scodella e cucchiaio, in modo che potessero aiutarli. Eva, con i suoi sei anni, era la più piccola di tutti. Le sue minuscole dita storte erano unite, e i suoi pollici, simili a mozziconi di matita, non potevano afferrare nulla. Quando eravamo all'ospizio, l'infermiera le infilava la mano in una muffola speciale con un cucchiaio cucito sopra, in modo da restare fisso nel tessuto, così che Eva potesse mangiare da sola. Karl, a cui Emmi aveva chiesto di aiutare la piccola a mangiare, aveva invece mangiato anche la sua razione di zuppa.

«Avresti dovuto aiutarla!» gli gridò Emmi. Alzò una mano per picchiarlo, ma si trattenne quando Karl si fece piccolo nella sua branda. La pelle gli diventava di sfumature accese di verde, blu e viola se anche soltanto la si accarezzava con la punta delle dita. Di norma, indossava guanti spessi che gli coprivano metà delle braccia, ma anche quelli erano rimasti nell'ospedale a Stoccarda. Non si era portato altro che gli stivali di pelle imbottiti di pelliccia, che indossava persino a letto.

«Niente più zuppa per Karl» disse Emmi. «Nemmeno un'altra goccia.»

Restava abbastanza zuppa per un'altra persona. Non era vero: ne restava abbastanza per qualcuno che non volesse patire la fame per qualche minuto. Così, riempii come potei una scodella e la offrii a Eva.

«Rainor» disse Emmi «tu non hai ancora mangiato.»

Mi massaggiai lo strato di pelle sull'addome. Eva era magra come un foglio di carta. Non sapevo se avesse dei genitori o una famiglia. Nessuno era mai venuto a trovarla in ospedale a Stoccarda. Una volta al mese arrivava un pacco senza mittente, con dentro una bottiglia di olio di fegato di merluzzo norvegese, un barattolo di dentifricio in polvere svizzero e una moneta da dieci pfennig. A Natale, nel pacco c'erano anche tanti *Pfeffernüsse* quanti gli anni di Eva: quell'anno, sei. Eva condivideva con me il numero di biscotti corrispondente agli anni in cui eravamo stati nello stesso ospedale: quell'anno, tre.

«Rainor.» La voce di Emmi sembrava un lamento sconfortato. «Non puoi ammalarti. Lo capisci? Mi lasceresti da sola.»

Da sola? Aveva ancora il padre, ferito di guerra, e la sua libreria. Non nominava quasi mai la madre, che era morta quand'era ancora neonata. Aveva una zia, uno zio acquisito. Amici di famiglia. All'epoca, non riuscivo a parlare affatto. Non potevo rassicurarla dicendole che il dottor Lutz ci avrebbe curato e che saremmo stati insieme per sempre; perciò, diedi vita alle parole nella mia mente. Creai immagini di me ed Emmi che uscivamo da Trutzburg mano nella mano, camminando sulla neve e verso una casa tutta nostra, una villa a graticcio. Quale danza avrebbe fatto maggiormente colpo su Emmi nella nostra nuova casa? Il valzer o lo Zwiefacher o lo Schuhplattler? Sperai che dicesse il valzer, perché riuscivo a immaginarci vestiti con abiti eleganti, io con un completo nero e lei con un abito bianco, mentre volteggiavamo per il nostro salotto sulle note di *Sul bel Danubio blu*. Non avevo l'equilibro per balli più veloci.

Sorrisi.

«Bene, mangerai tu la zuppa» disse Emmi.

La neve batteva sempre più veloce sui vetri delle finestre. I bambini in grado di camminare ciondolavano avanti e indietro, dalla finestra alla porta e ritorno. Battevano sulle pareti e gridavano chiedendo altro cibo. Quelli che non erano in grado di camminare gridavano nelle loro brande. Quelli che non erano in grado di muoversi affatto si contorcevano nei loro letti. Riuscivo a vedere le tempeste nei loro occhi. I loro pensieri affamati che smuovevano il colore delle loro iridi finché le ondulazioni non diventavano onde in un mare burrascoso.

Emmi si sforzò di far tornare i bambini a letto. Appena ne faceva sedere uno, un altro si rimetteva in piedi, invocando Dio e il Führer e il suo cagnolino. Mentre Emmi era distratta, misi a sedere Eva sul letto più distante dalla porta e la aiutai a tenere la mia scodella di legno mentre beveva ciò che restava della zuppa. C'era un ultimo sorso nella scodella ed Eva lo offrì a me.

Scossi la testa. Ero pieno. Ero pieno di ciò che io ed Emmi saremmo stati una volta curati dal dottor Lutz. Della nostra casa e del valzer e delle note di *Sul bel Danubio blu*. Qualunque dubbio avessi su Trutzburg o sull'autobus o sul dottor Lutz era svanito sotto la coperta spessa del mio sogno.

«Rainor» mi chiamò Emmi. «Abbiamo bisogno della musica.»

Opa Louis non era lì con le sue scope e il suo grammofono. Metà dei bambini in reparto, quelli che non provenivano da Stoccarda come noi, non avevano mai ascoltato le *Gymnopédies*. Emmi aveva ragione: quella bellissima musica li avrebbe calmati. Chiusi gli occhi e lo immaginai. La sua pelle olivastra. I suoi ricci castani e oliati. L'impressione che dava di volerci bene, ma non così tanto da piangere per noi. Il modo in cui il suo disco di gommalacca nero girava e girava sul suo grammofono leggermente storto, come se fosse più pesante da un lato. Attraversava leggero il reparto a suon di musica con la sua scopa, ogni tanto persino dopo che la musica era finita. Una volta aveva ballato con Emmi e l'aveva lasciata accanto a me, che ero seduto sulla sua branda. «Non preoccuparti, ometto» mi aveva detto «non te la rubo.»

Allungai le mani davanti a me e, con delicatezza, con la stessa delicatezza con cui avrei imitato la pioggia che cadeva, finsi di suonare le *Gymnopédies* al pianoforte con le dita, e uno e due e tre. E in lontananza, all'inizio, come se provenisse dall'edificio sotto la nostra finestra, sentii un pianoforte. Piano, oltre la neve che cadeva. Mossi le dita un po' più intensamente sulla tastiera invisibile davanti a me, e la musica là fuori si fece più alta, come se si fosse aperta una finestra. La melodia filtrò nel reparto. Marie si voltò verso le finestre. «Opa Louis» sussurrò. «È qui?» Anche Karl e Dieter sentirono la musica. Adesso non chiedevano cibo, ma che Louis ballasse per loro con le sue scope. O che ballasse con Eva o Marie come faceva spesso. Suonai la mia tastiera invisibile il più intensamente che potei, e le *Gymnopédies* riempirono la stanza e, come durante un pasto lungo e squisito, anche il nostro vuoto cominciò a riempirsi. Nella sala calò il silenzio. I bambini del nostro reparto si fermarono per ascoltare. Dieter prese per mano Marie ed Eva, e insieme si misero a volteggiare lentamente avanti e indietro, come avevano fatto spesso con Opa Louis. Suonai e suonai il mio pianoforte invisibile, finché non mi fecero male le mani e non mi si indolenzirono le spalle. Il sole illuminò le finestre e, come un grosso gatto, i bambini che non potevano ballare né camminare bene si strinsero insieme nell'unico calore che avrebbero provato quel giorno.

Emmi batté le mani più forte di tutti gli altri bambini e mi disse di fare un inchino. Sorrisi raggiante. Emmi mi prese la mano e la sollevò oltre la mia testa, come se avessi vinto i cento metri contro Jesse Owens, l'americano, alle Olimpiadi. Riuscivo ancora a sentire il profumo di fiori del sapone sui suoi capelli e ciò mi rese felice. Erano giorni che non mi sentivo così felice. Per un momento, nessuno di noi patì la fame o sentì in bocca il sapore di quello strano fumo che Marie e Dieter avevano fiutato da tanto lontano. Eravamo tornati nell'ospedale di Stoccarda, e avevamo ancora un sacco di tempo da passare insieme. Non avremmo dovuto essere utili per esistere. Bastava il fatto che Dio ci avesse messi al mondo come eravamo, forse più malconci di altri, ma con l'indiscusso diritto alla vita. Con il dovere alla vita, perché conoscevamo anche noi la bellezza per quello che era: una musica francese nel cielo notturno sopra di noi, le nostre bocche aperte per lo stupore.

Stupido ragazzino rammollito! Guarda che cosa hai fatto!

«Uwe non respira» sussurrò Emmi. «Un attimo fa stava ridendo e...»

Avevo sentito dire all'infermiera Hilde che gli avrebbe messo l'inalatore in vetro per l'asma in valigia; i nostri bagagli, però, con dentro la muffola di Eva o i guanti di Karl o l'inalatore di Uwe, non erano arrivati. Uwe si mise ad annaspare, e il suo viso diventò del colore della barbabietola bollita.

«Uwe, devi respirare, cazzo.» Emmi gli massaggiò il petto rigido. «Non va bene che non respiri. Presto starai meglio.»

I suoi occhi si agitarono freneticamente per tutto il soffitto; le sue mani si aggrapparono alla coperta.

Gli altri bambini stavano ancora volteggiando e ondeggiando sulle note delle *Gymnopédies*. Giravano e giravano.

«Rainor, devi farlo stare meglio.»

Un rivolo di sangue si mise a scorrere dalla bocca di Uwe. Il suo corpo si contorse. Potevo far apparire la musica. Potevo far cadere petali di fiori dal soffitto. Potevo far succedere tutta una serie di cose bellissime. Riuscii a farmi strada attraverso i bambini che ballavano e battei alla porta con il palmo della mano aperto e poi, dopo un minuto, con il pugno. Ancora e ancora. Dopo un po', tornai zoppicando da Emmi e Uwe e indicai la porta.

Non veniva nessuno.

Emmi aveva messo Uwe seduto. Gli stava accarezzando la schiena sudata e la testa, quando lui emise un leggero sibilo. Le sue mani e poi le braccia si irrigidirono. Emmi lo strinse al petto, canticchiando come Opa Louis quando il suo grammofono smetteva di suonare. Una melodia che aveva inventato, una lungo eco di una Parigi in procinto di crollare. Accarezzò la testa di Uwe e lo cullò.

«Perché cazzo non vengono?» gridò Emmi.

La guardai con rassegnazione.

Gli occhi di Uwe si fecero bianchi come la neve, poi ebbe un sussulto ed emise un rantolo.

Rainor Schacht! Perché non mi dici quanto sei stato inutile? O il tuo Vati deve farti deporre, fartelo raccontare davanti al magistrato?

La porta si aprì con un rumore metallico. Era il soldato del giorno prima: il sergente Mandl. C'era ancora una spolverata di neve sulle spalle del suo cappotto di lana. Subito dopo entrò di corsa una delle infermiere, che non avevo mai visto prima. La sua lunga mantella nera svolazzò dietro di lei mentre i capelli castani le sfuggivano dalla treccia.

«Presto, per favore!» gridò Emmi. «Uwe non riesce a respirare!»

Non ero inutile. Avevo chiamato aiuto. Ero innamorato e li avevo fatti arrivare, come i petali di margherita e le *Gymnopédies*. Sorrisi. Emmi avrebbe ricambiato il mio amore, invece di compatirmi e basta. Ero Rainor Schacht ed ero capace di chiamare aiuto. Le presi la mano.

Il soldato e l'infermiera ci corsero incontro. Mano nella mano come lo eravamo io ed Emmi.

«C'è una puzza tremenda» sibilò l'infermiera.

Si diressero rapidi fra due letti a castello. Il sergente Mandl premette l'infermiera contro la parete, si aprì con foga il cappotto, e poi la spinse contro i mattoni.

«Non qui» disse lei. «C'è puzza di piscio.»

Il sergente si sbottonò i pantaloni e armeggiò con il vestito dell'infermiera, per poi spingersi verso l'alto e dentro di lei, che lo baciava mentre si muoveva energicamente su e giù. Grugnì come un maiale che grufolava, e lei si aggrappò alla fodera del suo cappotto e al suo collo, con le mani coperte da guanti neri. Ciocche di capelli le sbattevano sulla bocca mentre gemeva: «Jochen, Jochen». Il respiro di lui mi ricordava quello di mio padre quando ci portava in salita sulla sua bicicletta, rapido e corto come un soffietto che perde.

Emmi abbassò lo sguardo sul povero Uwe, che aveva il colorito di un dito livido, e tirò via la mano dalla mia; cercai di afferrarla di nuovo, ma non trovai altro che una manciata d'aria fredda.

Il sergente Mandl si spinse dentro l'infermiera sempre più in fretta, e lei si inarcò verso di lui finché il soldato non si irrigidì come aveva appena fatto Uwe e i suoi polmoni non si svuotarono in un colpo solo come una gomma bucata da un chiodo. Dall'infermiera venne fuori qualcosa che cadde sul pavimento, e si asciugò con l'estremità del cappotto del soldato. Lei si abbassò la gonna. Lui richiuse il cappotto.

Emmi si alzò e coprì il volto di Uwe con la coperta. «Hai fatto venire l'aiuto sbagliato.»

111

Scossi la testa. Avrei voluto dirle che non ero stato io. Avevo bussato alla porta per il dottor Lutz. Volevo che venisse il dottor Lutz.

L'infermiera si stava già precipitando verso la porta. «La direttrice verrà presto per il giro visite.»

Il sergente Mandl fece pipì nel secchio ai piedi del letto di Uwe.

«E tu che cos'hai da guardare?» mi disse sibilando. Fece pipì così a lungo che pensai che il secchio avrebbe traboccato.

«Uwe è morto» disse Emmi.

Il soldato borbottò.

«Il tuo amore è una cosa brutta.»

Si abbottonò i pantaloni, poi si mise il fucile a tracolla. «Amore?» chiese.

Si mise davanti a Emmi, a pochi centimetri da lei. «Fammi vedere tu come si fa, allora.» Mi prese per il colletto e mi spinse accanto a Emmi.

«Con lui. Il tuo ragazzo.»

«Uwe è morto» ripeté lei in un sussurro.

Il soldato mi guardò. «L'hai ucciso tu? Gelosia?»

Scossi la testa. Mi faceva male la gola, perciò deglutii e deglutii.

«Il tuo rivale è sconfitto. Ora dacci dentro.» Accarezzò la guancia di Emmi, il suo mento. «Avanti» mi disse. «Baciala.»

Non avevo mai baciato nessuno a parte mio padre. In vita mia, mi ero soltanto tenuto per mano con Emmi sotto la coperta dell'ospedale a Stoccarda. Aveva due anni in più di me. I suoi seni erano come piccoli cavoli e i suoi fianchi curvi come il violoncello antico di Vati. Io non avevo niente. A volte la notte mi veniva un'erezione e spesso anche al risveglio, ma non sapevo che cosa fosse. Quando avevo fatto un disegno del mio corpo con un'erezione e l'avevo mostrato all'infermiera Hilde, aveva sorriso e mi aveva detto che erano perfettamente normali per la mia età e che un giorno mi sarebbero servite. Servite? Quando avevo mostrato il disegno a Opa Louis, mi aveva dato una pacca sulla spalla e mi aveva detto che ero praticamente uno stallone. Non sapevo parlare né leggere, vivevo in un ospedale e un'erezione mi aveva fatto diventare qualcosa?

La voce del sergente Mandl era crudele e acuta. «Devo fartelo vedere?»

Mi vennero le lacrime agli occhi. Uwe era morto e adesso il soldato voleva che baciassi Emmi, ma io ero ripugnante, mentre Emmi no.

Emmi mi prese la mano. «È solo un ragazzino, decrepito pezzo di merda.»

Il soldato spinse Emmi contro la parete. «Dimmi quant'è bello.»

Strinse l'orlo del camice di Emmi, per poi armeggiare con i bottoni dei suoi pantaloni. Lei gli diede uno schiaffo sulla mano. «Sei la rovina del nostro Paese.»

Il soldato aveva il camice di Emmi in una mano e la sua erezione nell'altra. «Amore, ricordi?»

Lo colpii con il pugno sulla schiena più e più volte. Gridai emettendo suoni che non riconobbi.

Il sergente Mandl si voltò di scatto e mi picchiò su un lato della testa, e io crollai sul pavimento.

«Dimmi quant'è bello» ripeté.

Riuscivo a malapena a vedere per il dolore alla testa. Ci fu un forte suono metallico e la porta si aprì di nuovo. Mi ritrovai circondato di gente: la direttrice, l'infermiera che era stata con il sergente Mandl e dietro di loro un altro inserviente.

Il sergente Mandl gli stava dicendo che Uwe era morto. Che era entrato mentre la ragazzina stava battendo alla porta.

«Portate via il corpo» ordinò la direttrice, per poi guardarmi sdraiato per terra. «Che cosa succede a quel ragazzino?»

«Il sergente lo ha picchiato» disse Emmi. «È uno stupido codardo.» La sua voce sembrava lontana, come se la stessi guardando da sotto al pavimento.

Quando riconobbi di nuovo il mondo, era pomeriggio, a giudicare dal raggio di sole obliquo sulla parete. Ero sdraiato sul mio letto ed Emmi era seduta accanto a me.

«Non dimenticarlo, Rainor. Mi prendo cura di te. Sempre.»

Lanciai un'occhiata al letto vuoto di Uwe. Perché il dottor Lutz non era venuto a prendersi cura di lui? Aveva soltanto i polmoni malandati! Gli serviva giusto una puntura per respirare bene, come quella che gli facevano all'ospedale a Stoccarda, e poi sarebbe stato meglio. Anche i letti accanto a quello di Uwe erano vuoti. Karl non c'era più, e così altri quattro bambini. Non riuscivo neanche a ricordare chi fossero, come se la direttrice avesse cancellato i loro volti dalla mia memoria. Mi faceva male la testa; avrei voluto che Vati fosse lì per darmi un po' d'acqua con zucchero e anice. Quella bevanda mi faceva sempre passare il mal di testa. Invece, Emmi avvicinò la mano alla mia tempia sul punto in cui il soldato mi aveva colpito. Aveva la mano rossa e scorticata e gocciolava acqua.

«Togliti quell'aria così spaventata. Ho rotto del ghiaccio della finestra.»

Mi rivolsi a lei con il pensiero. *Ti ha fatto del male, il soldato?*

Emmi scosse la testa. «È entrata la direttrice.» Mi strinse la mano fra le sue. «Va tutto a rilento perché i bruciatori sono guasti. Lo ha detto la direttrice. Capisci? Devono aggiustarli. Ecco perché fa tanto freddo in ospedale. Presto tutto andrà bene per noi. Saremo messi a posto. Potrò lavorare. Non soltanto in libreria, avrò un lavoro vero. La direttrice ha detto che ci sono donne che pilotano aerei per la Germania. Li pilotano, Rainor. Collaudano aerei per la Luftwaffe. Potrei pilotare aerei. Tu potresti farmi da copilota.»

Gli altri bambini in grado di camminare agguantarono le coperte lasciate da quelli che erano andati via con la direttrice. Anche Emmi aveva preso una delle coperte in sovrannumero e me l'aveva avvolta intorno.

Chiusi gli occhi. Non so per quanto dormii, ma riuscivo a sentire Marie che parlava con Emmi. Chiedeva dell'acqua ed Emmi le stava dicendo che avrebbe dovuto solo aspettare un po' di più, perché Emmi aveva dato tutto il ghiaccio sulle finestre agli altri bambini. Erano passate ore dalla zuppa. Marie fece un colpo di tosse. Doveva essere malata; le avrei dovuto dare le mie coperte. Mi sarei alzato e gliele avrei date. Lo avrei fatto. Dovevo farlo.

«Puoi bere l'aria» disse Emmi a Marie. «C'è acqua persino nell'aria invernale.»

Diari di Berger
7 febbraio 1940

Bonse, per una volta, aveva ragione: era inutile anche solo pensare di tornare a dormire a Stoccarda quella notte. Nutrivo ancora una speranza fino a qualche chilometro da

Trutzburg, quando la neve iniziò a cadere in una distesa, come latte da un secchio. La nostra ultima salita sembrava ingrassata dal lardo. Bonse spostò i bambini in fondo all'autobus per caricare gli assali posteriori; persino avvolti dalle catene e appesantiti dai ricambi di Kanzler, gli pneumatici giravano e ululavano. Ci fermammo, slittammo, procedemmo a poco a poco, senza vedere oltre qualche metro più in là. Se fossi stato coraggioso, avrei spalancato le portiere e sarei uscito nella neve come uno di quegli esploratori inglesi al Polo Sud. Ma io non ero che una persona comune.

«Niente paura, miei dolcetti di marzapane!» esclamò Bonse. «Non resteremo arenati con Herr Berger al timone. L'ospedale manderà un grosso autocarro Opel a rimorchiarci! I cani verranno a portarci la cioccolata.»

Procedemmo con lentezza lungo la strada buia per un'altra ora. I piagnucolii dei bambini svanirono nel ruggito del generatore che alimentava i fari nel cortile. Tutti e trenta i bambini potevano camminare o zoppicare con le stampelle, e così corsero a rifugiarsi fra le braccia delle infermiere e degli inservienti e, un attimo dopo, svanirono con loro nell'ospedale. Le pozze di luce blu e bianca per terra guizzarono. Il generatore si spense. La notte emanò i suoi odori: gas di scarico diesel, neve, fumo di carbone e, da qualche parte, la cena.

Restammo seduti da soli sull'autobus. Bonse tossì nell'aria fredda e secca. «Hai i tuoi fiammiferi, Berger? La mia torcia è morta.»

La notte era più silenziosa di una partita al telefono senza fili. «Niente luci per un po'. Restiamo seduti e basta.»

«Così, al buio? Come quella ragazzina cieca?» Rise e

cominciò nello stesso tempo a tossire nervosamente. «È stato ieri? Non li ricordo tutti, ma lei me la ricordo. Quello che Lutz ci ha ordinato di fare.»

Sono certo che alzai la voce. «Lo ha ordinato a te. Ha ordinato a *te* di misurare la distanza con i passi. Avresti potuto aiutarla ad alzarsi. Non meritava...»

Bonse si sedette sulle mani tremanti. «Che importanza ha, Berger? Parli di merito? La direttrice ha detto che siamo tutti innocenti. Siamo tutti colpevoli. Ciascuno di noi merita il perdono. È sul Vangelo secondo Marco. Versetto undici e qualcosa. Perché non chiedi alla direttrice? Ti chiarirà le idee.»

Tre sagome avanzarono a fatica lungo il cortile tenebroso. Le luci delle loro torce elettriche saltavano e si incrociavano come se si stessero sfidando in un tacito duello con la spada.

«Berger?» disse una voce roca.

Kanzler, l'ingegnere, entrò nell'autobus con due soldati. «Hai i nostri ricambi?»

Bonse passò all'ingegnere i documenti dei ricambi che avevamo trasportato.

«La cassa in fondo all'autobus» dissi. La nota di carico diceva che stavamo trasportando raccordi del gas, tubi in acciaio e diversi altri ricambi che non ero in grado di riconoscere.

«Gussi ha detto di avervi superati vicino all'uscita per la vecchia fattoria due ore fa. Se Gussi riesce a far arrivare qui il suo vecchio rottame...»

«Le colline dopo il chilometro venti. Potevamo andare a passo d'uomo o slittare lungo la banchina.»

Kanzler scosse la testa. Il termometro fuori dal finestrino lato guidatore dava meno venticinque gradi, ed eccolo lì con una camicia di lana ampia e bretelle, con strisce di sudore e polvere di carbone che gli scendevano da sotto il berretto di lana. Era evidente che i due soldati non si sedevano sulla neve a bere digestivi dopo il lavoro come faceva Kanzler. Indossavano varianti della divisa invernale che avevamo tutti: cappotti pesanti, passamontagna e spessi guanti di lana, eppure tremavano lo stesso.

«I nostri bruciatori» disse Kanzler. «L'uno e il due sono fuori uso. Il tre è a temperatura troppo bassa. Stamattina quello stronzo di Lutz mi ha minacciato di mandarmi in Polonia. Gli ho risposto di fare pure. Vediamo se poi riesce a far funzionare di nuovo i suoi preziosi forni.»

Kanzler era uno dei pochi che osava discutere con Lutz. Non aveva nessun parente, soltanto una lontana zia a Berlino. Non c'era niente che il dottore potesse portargli via che la vita non si fosse già presa. Il vecchio ingegnere aveva contribuito a costruire quelli che passavano per autocarri alla fine della Grande Guerra. Aveva lasciato l'esercito e si era unito alla Topf und Söhne per costruire inceneritori per rifiuti urbani. E poi la Topf und Söhne aveva dichiarato che era troppo vecchio per la nuova Germania, e così era andato in pensione a Stoccarda con i suoi bonsai e la sua canna da pesca. Lutz lo aveva trovato sulla riva del Neckar mentre era a pesca di trote e gli aveva chiesto di aiutarlo a rendere operativo Trutzburg, perché Kanzler ne sapeva di inceneritori e bruciatori. Kanzler mi aveva detto che non era stato il salario a spingerlo, da sessantenne, a lavorare a Trutzburg. Era stata l'idea di essere di nuovo utile.

«Domani saremo di nuovo operativi» disse. Si asciugò la polvere di carbone umida nelle rughe della fronte con la manica della camicia. «Lavoreremo tutta la notte. Quanto a voi due, basta con le consegne fino alla fine della tempesta, eh?» Scoppiò a ridere. «Guarda la smorfia sul viso di Berger, Bonse. L'idea di dormire qui ti disturba, Berger?»

Kanzler e i suoi due soldati se ne andarono con là cassa pesante.

Il generatore si rimise in moto; fummo accecati dai fari.

«Non riesci a dormire qui?» chiese Bonse.

All'improvviso pensai di confidarmi con lui, di dirgli che non riuscivo a dormire senza una buona dose di morfina per la mia emicrania. Che stare lì corrodeva il tessuto sempre più sottile della... stavo per scrivere *della mia anima*.

«È per il generatore» dissi. «Non fa che strepitare tutta la notte.» Mi faceva pensare al Mastino.

Cenammo nel refettorio al tavolo del dottor Lutz. Di fronte a me e Bonse sedeva la direttrice, Frau Hansi, una donna esile e dimessa che aveva tutta l'aria di aver diretto un'orchestra berlinese. Tutti nel refettorio osservavano ogni suo più piccolo movimento. Quando lei chinò la testa in preghiera, loro chinarono la testa; quando lei prese in mano le posate, presero le posate; cominciarono a parlare fra loro solo quando lei chiese a Bonse della sua fidanzata, Liesa. Tutti i tavoli presero vita, uno dopo l'altro, con un tempismo strano, ma ordinato. Infermiere, inservienti, giardinieri e soldati seguirono tutti la musica sconosciuta diretta da Frau Hansi.

Il refettorio presto si riempì dell'odore di pane fresco e un attimo dopo – quando due donne entrarono dalle cucine con i carrelli di cibo – di pancetta. Non mangiavo pancetta da mesi. Probabilmente era Lutz ad averla portata, eppure a me aveva dato soltanto del burro e una volta due etti di formaggio di capra.

«Per tutti gli dèi dell'antichità! *Rouladen*» disse Bonse. «Quando è stata l'ultima volta che ho mangiato questi involtini? Dovrei mettermi a cantare, Berger?»

«Spero proprio di no» disse Frau Hansi. «Ma magari invece potrebbe passare una cazzuola su un mattone.» Rise nel modo in cui ridono le persone disabituate a farlo: con colpi di tosse rauca. Le vibrarono le spalle. Ci fu un improvviso scoppio di risate al tavolo degli inservienti e poi, un attimo dopo, dalle infermiere e dalle guardie.

Su ogni piatto c'erano due involtini in una pozza di sugo denso e, accanto alla carne, una montagnetta di cavolo saltato. Dove aveva preso il manzo il dottor Lutz? L'ultima volta che avevo mangiato tanta carne, era stata quando il fratello di Suzanne ci aveva portato un coniglio dalla sua casa in campagna. Suzanne aveva preparato uno stufato e avevamo divorato persino le ossa, come fosse stato l'ultimo pasto che avremmo mai mangiato. Una delle donne della cucina versò del vino rosso nel mio bicchiere. Frau Hansi chinò la testa e mormorò una preghiera di ringraziamento per la generosità del dottor Lutz e poi disse «amen» e, infine, «Heil Hitler».

«Herr Berger» disse Frau Hansi «ha fatto una cosa terribile.»

«Un'altra?» chiesi. Avrei dovuto fare attenzione al mio tono; era qualcosa che avrebbe potuto dire Bonse. Ma la mia risposta era uscita di getto, come se fossi un ragazzo che rispondeva alla preside, e non un uomo adulto che proteggeva la sua famiglia.

«Herr Bonse, ci sono stati altri esempi della crudeltà di Herr Berger che vorrebbe segnalare?»

Bonse mi lanciò un'occhiata. Pensai alla conversazione su Marie che avevamo appena fatto in autobus, prima dell'arrivo di Kanzler, a cosa avrebbe potuto riferire sulla mia lealtà vacillante nei confronti di Hansi o Lutz. «Nessuno, direttrice» rispose, mangiando un boccone di *Rouladen*.

«Sto preparando una relazione per il dottor Lutz, Herr Berger. Sulla faccenda del suo attacco all'auto di Frau Gussi. Per poco non la spaventava a morte.»

Avrei voluto dirle che Gussi non esisteva, che il Mastino parlava con la sua voce. La sua paura era soltanto una reazione superficiale a stimoli violenti, e falsa come se stesse recitando una parte in un'opera teatrale.

Fissai lo sguardo sul piatto. «Credevo che qualcuno ci stesse seguendo. Credevo che la macchina di Gussi fosse...» Che cos'avevo che non andava? Non parlavo mai con quella franchezza, nemmeno a Suzanne, nemmeno quando avevo cominciato a sentire il Mastino nella voce di Thomas. Che nostro figlio fosse pronto a... Non mi piaceva pensare a quello che Thomas avrebbe potuto fare.

«Herr Berger, sta diventando irresponsabile.»

Irresponsabile? Il regime aveva dato fuoco alle mie interiora e le aveva ridotte in cenere. Avevo pensato innumerevoli volte di porre fine alle mie sofferenze. Ma c'erano Suzanne e i figli e il bambino che aspettavamo e i quattrocento marchi in più al mese per superare la guerra nella guerra.

«Il viaggio fin qui è stato tremendo e mi ha lasciato di umore strano.»

«Una chiave inglese. Ha preso il cofano della macchina di quella donna a colpi di chiave inglese.» Parlava con un leggero accento britannico, come per ostentare la propria mondanità, i sei mesi che aveva trascorso in visita negli ospedali d'Inghilterra a imparare le tecniche più recenti per prendersi cura di chi era rimasto irrimediabilmente sfregiato da proiettili, bombe e gas. «Gussi ha detto che il suo braccio andava su e giù come la bacchetta di un direttore d'orchestra. E i suoi occhi erano vuoti. Quella povera donna ha persino cenato in camera sua stasera per paura di vederla. Forse le servirebbe un po' di tempo al fronte.»

Mormorai masticando un boccone di *Rouladen*. Non mi ero neanche accorto di stare mangiando. «Pagherò.»

«Pagherà» canticchiò Bonse, come attaccando un numero musicale. «Ma il perché lo sa? Comprenderà la sua slealtà?» Bonse concluse la sua sintesi canora della mia situazione dandomi una pacca sulla spalla. «Tutti dobbiamo pagare, Berger. Tutti dobbiamo perdonare.»

«Perdonare cosa?» Il dottor Lutz arrivò all'estremità opposta del tavolo con ancora indosso il camice. «Berger, ha fatto qualcosa?»

«Avrà la mia relazione domani mattina, Herr Doctor» disse Frau Hansi.

«Arriva tardi. Berger è diretto a Poznań. I suoi rimproveri non potranno raggiungerlo. E neanche le deboli braccia del suo dio.» Mi guardò e sembrò quasi sorridere. «Ci vada piano per il momento, Berger. Mi capisce?»

Annuii, poi abbassai lo sguardo sul mio piatto mezzo vuoto.

Lutz tamburellò con le nocche sul tavolo e sollevò il suo calice di vino. «Ascoltate, adesso è il momento dell'orgoglio. Il nostro lavoro è difficile. Siamo il sistema immunitario della nostra grande nazione. Le nostre cifre per il mese scorso sono aumentate: seicentotré. Le nostre cifre aumentano nonostante sia logisticamente complesso andare a prendere i nostri pazienti in un terzo del Paese. Ci stiamo avvicinando al nostro obiettivo di mille trattamenti al mese. Pensate a questo quando siete stanchi o il vostro morale vacilla o temete il giudizio di quei tedeschi codardi che non comprendono ancora la nostra impresa essenziale per il Reich: dobbiamo arrivare a mille; che cosa posso fare in questo momento per arrivare a mille? Stilerò le mie diagnosi un po' più in fretta o porterò questo paziente un po' più in fretta o...» guardò verso di me, come Abramo sul punto di sollevare Isacco dall'altare «guiderò l'autobus un po' più in fretta attraverso la neve fitta. Questi gesti, questi piccoli gesti, ci rendono parte di un disegno più grande. Un arazzo lavorato punto dopo punto con l'orgoglio tedesco.» Spiegò una sciarpa di lana rossa e nera. Era ancora a metà, aveva un'estremità sfilacciata con punti non finiti. «Questa sciarpa è il lavoro a maglia di una delle nostre piccole ospiti. Lo capite? Persino qui, persino dovendo affrontare il suo trattamento, lavorava a maglia per il Führer. Qualcosa nella sua mente degenerata non poteva essere contenuto, si batteva per migliorarsi. Se può farlo lei nei suoi ultimi momenti, noi possiamo arrivare a mille. È questo che desidera il Führer. È per questo che stasera festeggiamo.»

Frau Hansi batté le mani e tutti gli altri nel refettorio la seguirono a ruota.

«Padre» esclamò qualcuno, inneggiando a Lutz, tra gli applausi. «Padre.» E poi altri ripeterono quella parola, come se fosse l'unica rimasta nella nostra lingua.

Il dottor Lutz sorrise raggiante e alzò il suo calice. «A mille.»

Un uomo con un completo di lana sollevò una macchina fotografica. Il flash esplose.

«Padre!» Infermiere e soldati cominciarono a gridare a Lutz. «Padre, Padre!»

Perché mi hai abbandonato? Non sapevo a chi lo stessi chiedendo. Non c'era nessuno, non c'era mai stato nessuno che potesse abbandonarmi. Dio era sparito dalla mia vita nel 1914. Che cosa intendevo con *sparito*? Non lo sapevo. Voglio saperlo. Qualcuno me lo dica. Qualcuno mi mostri ciò che dovrei sapere.

Il dottor Lutz lasciò cadere la sciarpa sul pavimento. Chiamò a sé l'uomo con la macchina fotografica e gli disse di volere una copia della fotografia per la nipote. Avrebbe voluto vedere com'era acclamato suo nonno. Stava sorridendo al pensiero della nipote che ammirava la foto, che scopriva che il suo Opa era un famoso dottore. Adesso lavorava in un castello medievale trasformato in ospedale. Aveva una fotografia con la firma del Führer sull'armadietto in quercia nel suo ufficio.

La sciarpa era sul pavimento sotto lo stivale nero di Lutz. Avevo ancora il ferro da calza nella tasca del cappotto. La sciarpa e il ferro appartenevano a Emmi Kleist. Se Lutz aveva con sé il suo lavoro a maglia, allora doveva già essere stata trattata.

Il tentativo di corruzione di Christoph Kleist era giunto troppo tardi.

Rainor
2 novembre 1953
Stoccarda, Germania Ovest

Quando leggevo l'ora la visualizzavo ancora adesso in numeri romani: quella notte la lancetta piccola era sul III e quella grande sul V. Mi ero appisolato sullo sgabello basso accanto alla finestra aperta nella mia stanza, come facevo spesso quando non riuscivo a dormire. Avevo sognato Emmi. Mi teneva la mano sotto la coperta nell'ospedale di Stoccarda. Mi appoggiavo a lei più che potevo, senza essere disgustoso come il sergente Mandl era stato con l'infermiera nel nostro reparto a Trutzburg. La notte fuori dalla mia finestra era il tocco confortante di Emmi sulla mia guancia umida. La tiravo fuori dall'oscurità e mi sforzavo di stringere al petto un niente impalpabile ed evanescente.

Vati mi sgridò.

Ero un bambino ridicolo. Avrei dovuto tornarmene a letto e svegliarmi di nuovo da giovanotto responsabile. Se potevo andare in cerca di fantasmi, potevo anche andare in cerca di un lavoro significativo. Avrei dovuto cominciare a seguire il nuovo metodo Weider del bodybuilding, per acquisire la schiena e le gambe di un assistente muratore. Stare seduto per un altro minuto su quello sgabello avrebbe significato essere paralizzato dal mal di schiena l'indomani mattina. Avrei dato dei grattacapi a Frau Anke e al dottore che sarebbe stata costretta a chiamare per curarmi. Avrei dovuto ricordare tutto l'aiuto che Frau Anke mi aveva dato negli anni in cui ero stato tanto malato.

Quanto alla mia ricerca insensata di Emmi, Vati mi ricordò che ero un idiota a concludere che i fiori secchi sulla tomba di Kleist nel cimitero di Hoppenlau fossero stati messi lì dalla figlia.

Vivi in un mondo dei sogni fatto di romanticismo obsoleto! Ti sfuggono anche i fatti più semplici! Sei tutto un'illusione!

Ma chi altri amava abbastanza Kleist, ad anni dalla sua scomparsa, da lasciare dei fiori sulla sua tomba? La madre di Emmi era morta per una caduta prima che fosse abbastanza grande da ricordarla. Un capitombolo da una rampa di scale ripida con Emmi, neonata, stretta fra le braccia. Il padre diceva che sua madre doveva essersi girata in aria, perché era atterrata sulla schiena, subendo il colpo che avrebbe patito Emmi se fosse invece precipitata dalle scale di petto. Tornato a casa dal lavoro alla libreria, Kleist aveva trovato madre e figlia. Gli occhi senza vita della moglie osservavano il soffitto macchiato dall'umidità sopra il ballatoio, ed entrambe le mani stringevano ancora la figlia silenziosa. La neonata di Kleist si era rintanata nella camicetta della madre per poppare da un seno freddo. Per la prima volta da anni, la macchia d'umidità sul ballatoio aveva cominciato a gocciolare, e quella pioggia aveva inumidito il cappello di feltro di Kleist mentre strappava a fatica Emmi dalla presa della moglie.

Era una domanda che mi ponevo tutte le notti: se non era stata Emmi a mettere quei fiori sulla tomba di Kleist, allora chi era stato? Emmi una volta mi aveva parlato di una zia, la sorella di Kleist, Zenzi Paulus, che all'epoca aveva da poco divorziato da Walter Paulus, il pianista. Quando Emmi si era trasformata in una quattordicenne problematica, Kleist l'aveva mandata da Zenzi, pensando che un periodo lontana da Stoccarda le avrebbe fatto smettere di raccontare storie su uno spazzacamino che le faceva visita per metterle oggetti nel corpo e sulle sue conversazioni con la sorella morta. Emmi aveva vissuto con Zenzi per due mesi e poi era tornata dal padre. Qualcuno aveva bussato alla porta dell'uomo: erano due agenti che l'avevano trovata che vagava per la stazione di Stoccarda. Erano andati a casa di Kleist, piuttosto che portarla in ospedale, soltanto perché la ragazza aveva nella tasca del cappotto una lettera indirizzata al padre. Dopo quell'episodio, Emmi aveva detto che avrebbe preferito morire piuttosto che avvicinarsi a quella traditrice di sua zia nel raggio di centocinquanta metri.

Rimasi sdraiato a letto finché Vati, finalmente, non si assopì. La luce del mattino spazzò via il buio dalla guglia della chiesa oltre la mia finestra. Mi vestii e sgattaiolai in salotto con ai piedi solo le calze, in modo tale che nessuno sentisse i miei stivali lungo le scale. Juliette era seduta sulla nostra poltrona e mi guardò sbattendo le palpebre nella luce fioca. Frau Anke non sarebbe scesa per prepararci la colazione per un'altra mezz'ora. Non sapevo se sarei riuscito a parlare, perché non lo facevo da quando avevo parlato con l'uomo all'archivio settimane prima. Juliette si avvolse fra le mie gambe e mi accarezzò con la sua coda tremolante. «Juliette» gracchiai in un sussurro. «Devo fare una telefonata. A meno che tu non voglia farla al mio posto?»

Era la terza telefonata che facevo in vita mia e non era meno terrificante delle prime due. Misi il dito nel disco rotante di rame e feci ruotare lentamente i numeri. La voce della centralinista fu prima gentile e poi insistente, perché non stavo dicendo nulla. «Chiamo per...Z-Z-Zenzi Paulus.» Dissi di non sapere in che città vivesse. Non sapevo nemmeno se fosse viva. La linea rimase muta per così tanto tempo che credetti che la centralinista mi avesse riattaccato il telefono.

Le scale scricchiolarono sotto i passi di Frau Anke. «Juliette, sei tu?» La gatta miagolò allegramente di rimando. «Sì, piccola mia, fra non molto Rainor ti darà da mangiare.»

Frau Anke mi vide al telefono. «Chi chiami così presto?»

Non avevo taccuino e penna per scrivere il nome di Zenzi Paulus e mostrarlo a Frau Anke, così fissai le macchie d'inchiostro sul vecchio pavimento in quercia.

«Rainor, non troverai nessuno sveglio a quest'ora. Siediti, ti porto un tè.»

Dal telefono venne fuori una voce maschile; era vecchia e stanca come se si fosse appena svegliato sul letto di morte.

«Z-z-z-enzi P-paulus» gracchiai.

Frau Anke assunse un'espressione turbata. Non avevo mai parlato davanti a lei. Persino quando avevo rivolto qualche parola all'ingegnere dell'Uhr, mi ero assicurato che Frau Anke non sentisse mai la mia voce rotta.

«Zenzi Paulus?» rispose l'uomo dall'altro capo del telefono.

Ripetei il suo nome in balbettamenti semisoffocati. Potevo parlarle?

«Parlarle?»

Frau Anke adesso aveva un'aria impaurita. La mia voce la spaventava. «Non c'è nessuno in linea. Metti giù il telefono.»

L'uomo scoppiò in una risata. Un raspare asmatico a ripetizione. «Parlarle, ha detto?»

«Sveglierai tutti» disse Frau Anke. «Stai ancora dormendo.»

«Per favore» supplicai.

«Ha una tavola Ouija? Ecco come può parlare con Zenzi.»

Non sapevo che cosa fosse una tavola Ouija. Cosa voleva dire? L'uomo scoppiò di nuovo a ridere.

Frau Anke mise una mano sul telefono. «Rainor, svegliati.»

«Componga il suo nome con la planchette. Preghi di essere ascoltato. Le dica che neppure il suo Jasper Lange la pensa più ormai.»

Frau Anke mi sfilò il telefono di mano e se lo appoggiò all'orecchio. «Non c'è nessuno in linea.»

C'era qualcuno in linea. Un uomo. Jasper Lange. «Ho sepolto Zenzi con la sua famiglia. Qui a Costanza.» Ecco cos'aveva detto.

Il telefono tornò nella sua forcella, e Frau Anke mi mise a sedere sulla mia poltrona. «Sei così freddo, Rainor.»

Mi avvolse in una coperta di lana. Ero in piedi al telefono con il costume da bagno verde che avevo indossato per dormire. «Ti preparo un tè» disse. «Poi potrai dare da mangiare a Juliette.»

La stanza si illuminò mentre il sole sorgeva oltre i tetti vicini. La mia ricerca non era giunta a un vicolo cieco. C'era Jasper Lange.

Aspettai di riuscire a sentire Frau Anke preparare la colazione e poi chiamai di nuovo il centralino. Stavolta parlai con un uomo, e mi ci volle tutta la forza che avevo per ripetere che stavo cercando il numero di Jasper Lange a Costanza.

«Posso passarglielo direttamente» disse il centralinista.

«No, grazie. Voglio fargli una s-s-s-sorpresa. Lo chiamerò per il suo c-c-compleanno.»

Dopo un'altra lunga pausa, mi diede il numero di telefono di Jasper Lange.

Più tardi quella sera, feci chiamare il numero dal mio amico ingegnere dell'Uhr con una storia su una falsa consegna; ed ecco che avevo un indirizzo.

Avevo cento marchi messi da parte dal sussidio che il governo Adenauer mi mandava ogni mese. Costanza era a sole tre ore di treno verso sud. A parte il periodo a Trutzburg, non ero mai uscito da Stoccarda. Vati mi aveva portato nella Foresta Nera a passeggio e qualche volta a pesca, ma oltre a quelle gite non conoscevo altre parti della Germania o del mondo. Avevo visto fotografie e cinegiornali di posti remoti come la Libia o la Tunisia o Stalingrado e una volta Tokyo, ma persino nella mia immaginazione non riuscivo a vedermi in nessun altro posto a parte Stoccarda. Ero legato a questa città con una corda invisibile fissata intorno alla vita, e l'unica volta in cui il nodo si era sciolto era stata quando Herr Berger ci aveva portati a Trutzburg, dove l'estremità slegata della corda era stata stretta al mio letto nel nostro reparto. Dopo Trutzburg avevo vagato con la mia corda col capo sciolto, finché io stesso, Rainor Schacht, non avevo deciso di legarmi di nuovo a Stoccarda, annodandola alla croce sulla collina di Birkenkopf.

Trascorsi la settimana successiva a pianificare. Tracciai il percorso per la stazione e lo feci avanti e indietro due volte a tarda notte. Mi cronometrai; in due ore ero lì, se non incontravo troppe persone e il mio piede ferito non mi dava troppo dolore nel suo stivale dalla suola spessa. Al secondo viaggio, entrai nella stazione e mi appuntai gli orari dei treni per Costanza. Più tardi, l'ingegnere dell'Uhr fu così gentile da comprarmi il biglietto alla stazione e mi prestò la sua torcia nel caso dovessi viaggiare dopo il tramonto. Nel primo pomeriggio, mi avvolsi la sciarpa intorno al viso e scivolai fra le stradine secondarie per prendere il treno delle quattro in direzione sud.

C'erano altre tre persone nella mia carrozza: due uomini da un lato e, dall'altro, una giovane donna con un bastone bianco. Mi sedetti lasciando quanto più spazio possibile fra me e la giovane: un paio di metri. Non mi sfilai la sciarpa. Perché quei due uomini con i loro completi scuri e le loro valigette avrebbero dovuto vedere più del necessario di Rainor Schacht? Il treno cominciò a scorrere via dalla stazione. Chiusi gli occhi e finsi di dormire; addormentato, pensai, gli uomini mi crederanno innocuo. La porta scorrevole si aprì, e il controllore punzonò i nostri biglietti. Mentre stava per andarsene, uno degli uomini lo tirò per la giacca per attirare la sua attenzione e poi mi indicò.

«Giovanotto» mi disse il controllore. «Dove sono i suoi genitori?»

Avrei voluto gridare che non ero un bambino! La mia voce, tuttavia, si era nascosta nello stomaco. Armeggiai nel cappotto in cerca del passaporto. La mano sinistra prese i documenti dalla destra; mostrai al controllore quello con la mia data di nascita, e lui avvicinò la fotografia del mio passaporto al mio viso e mi chiese di sfilarmi la sciarpa di lana. Lo guardai con gli stessi occhi imploranti che avevo rivolto all'uomo che mi aveva fotografato all'ufficio governativo. Il mio passaporto era stato un'idea di Frau Anke. Avevo un cugino in Canada che aveva trovato la lapide di Vati durante una visita in Germania, e poi aveva seguito l'albero genealogico degli Schacht fino al ramo nodoso e annerito che occupavo io. Avrei dovuto essere mandato in Canada; fortunatamente, però, dopo che Frau Anke aveva mandato a mio cugino una foto e una lettera su di me, non lo avevamo più sentito.

«Ventisei anni?» chiese il controllore.

Uno degli uomini dall'altra parte del corridoio scoppiò a ridere. Il controllore sfogliò il mio passaporto. Non avevo mai viaggiato in un altro Paese, di certo non in Canada.

«Destinazione?»

Mi si fermò il cuore. Non riuscii a respirare. Guardai le scarpe in pelle marrone del controllore, lucidate fino a raggiungere la brillantezza di una pozzanghera estiva.

«Destinazione?»

Lo stesso uomo che aveva riso disse: «Le passerelle della moda di Parigi».

Le loro risate batterono a ritmo con il sangue nelle mie orecchie.

«È con me» disse la giovane con il bastone bianco. «Siamo diretti a Costanza.»

La donna indossava occhiali da sole sottili che le coprivano a malapena il bianco marmoreo degli occhi.

Le risate nella carrozza del treno divennero colpi di tosse.

«Con lei?» chiese il controllore.

La giovane sorrise e i suoi occhiali le scivolarono leggermente lungo il dorso del naso.

Il passaporto mi venne restituito, e il controllore svanì nel corridoio della nostra carrozza dondolante.

I due uomini mi guardarono avvolgermi la sciarpa intorno al viso e abbassare il berretto di lana sopra i miei pensieri che si rilassavano. Scrutarono i loro giornali e, quando non riuscirono più a sopportare il loro imbarazzo, uscirono dalla carrozza.

La donna si voltò verso le foreste e i terreni agricoli battuti dalla neve che venivano risucchiati velocemente dietro al treno.

Feci un colpo di tosse. Le uniche parole che riuscii a pronunciare furono «grazie» e «signorina», e vennero fuori simili a un grugnito.

Non disse nulla.

Avrei voluto chiederle perché mi avesse aiutato. Cercai

di far funzionare la lingua. Scrissi le parole sul mio taccuino per aiutarmi a dire la cosa giusta. Vati scrisse la risposta per me: *Dovrebbe ridere di te insieme a quegli uomini! Di te e della tua ridicola ricerca!* L'altra notte una donna americana smarrita per le strade di Stoccarda mi aveva chiesto indicazioni per la stazione dei treni. Le avevo indicato la strada e mi aveva chiesto di accompagnarla. Mi aveva preso a braccetto e io le avevo portato la valigia fino a che, sotto un lampione, non avevamo trovato un taxi. Le avevo messo la valigia nel portabagagli e lei mi aveva guardato dritto in faccia e mi aveva stretto la mano ed era andata via nella notte. Quella donna americana con i capelli biondi e il sorriso di una cantante jazz mi aveva toccato la mano come se le mie deformità non avessero importanza. «Mi chiamo Honey» aveva detto.

«Perché piange?» mi chiese la donna accanto a me.

Non dissi nulla. Abbassai lo sguardo sulla pagina del mio taccuino.

«Mi chiamo Honey» aveva detto la donna per strada.

Feci un altro colpo di tosse. Non c'era stata nessuna donna americana e nessuna stretta di mano e nessun camminare a braccetto con lei fino a un taxi. Era una storia che avevo inventato per respingere Vati. Riuscivo a sentirlo ridere dentro di me fra i nodi che avevo in gola. Le mani mi si strinsero intorno alla pancia tondeggiante. Mio padre stava ridendo.

«All'inizio, ero contenta che i soldati russi mi avessero resa cieca» disse la donna accanto a me. «Non potevo più vedere i loro volti. È peggio adesso che conosco di più delle persone. Mi capisce? È fortunato di vedere soltanto la superficie delle cose.»

Nella stazione di Costanza, la donna camminò avanti a

133

me incontro all'abbraccio di un uomo che esclamò «Lotta, Lotta» finché il suo corpo non avvolse quello di lei.

Erano le otto, e i fiocchi di neve cadevano leggeri come piume. La notte era un silenzio avvolgente e informe. C'erano poche luci accese per strada, come se la città imponesse ancora il coprifuoco del tempo di guerra. Avevo l'indirizzo di Jasper Lange scritto su un foglietto e lo mostrai a un uomo, che mi indicò la strada principale e mi disse che la casa era a otto chilometri di distanza. «Prosegua giù di lì finché non vede la chiesa antica. Vedrà le luci di Mainau sull'acqua. Altri cinque minuti e raggiungerà la casa del mago. C'è un occhio sul cancello.» Mi chiamò un taxi, ma io scossi la testa. Avevo con me soldi a sufficienza soltanto per il viaggio di ritorno in treno e per un po' di cibo, se il formaggio e il pane che Frau Anke mi aveva avvolto in un panno non fossero bastati.

La neve leggera e farinosa lungo la strada per la chiesa antica mi arrivava fino a metà polpacci. Presto mi fermai per infilare il risvolto dei pantaloni nelle calze, in modo tale che i fiocchi ghiacciati non mi graffiassero le caviglie. Avrei avuto bisogno di un paio di sci, ma Vati non mi aveva insegnato a usarli, nemmeno da bambino quando glielo avevo chiesto. Diceva che gli sci erano per i bambini in grado di allacciarsi le scarpe e camminare fino a scuola.

Un'auto si avvicinò alle mie spalle. Una grossa Daimler. Non volevo che mi chiedessero se mi serviva un passaggio, perché avrei dovuto rispondere qualcosa di rimando. Così, mi allontanai dalla strada in un mucchio di neve profonda e mi appoggiai a un albero. La Daimler avanzò con lentezza attraverso la neve; sul sedile del passeggero c'era la donna del treno, Lotta. Per qualche ragione, la luce interna della macchina era accesa, e lei fissava l'oscurità e muoveva lentamente la testa su e giù. Aveva detto di conoscere meglio le persone dopo essere stata resa cieca, e io trasalii, perché ebbi paura che adesso conoscesse me.

Erano le dieci quando arrivai all'antica chiesa in pietra, e la luna era un bagliore verde azzurro dietro un velo di nuvole alte. Un po' più avanti sulla strada trovai la vecchia fattoria in cui si supponeva che abitasse Jasper Lange. La staccionata di fronte alla siepe d'arbusti era in legno, ma il cancello era in ferro battuto, e infilato nel centro c'era l'occhio aperto di cui aveva parlato l'uomo alla stazione. Un occhio di Horo fissava il mio volto freddo. Mio padre una volta mi aveva fatto vedere un grosso libro sull'antico Egitto della sua biblioteca, e ricordavo il disegno che rivelava la precisione matematica dell'occhio di Horo. Mi aveva fatto vedere come la somma di tutte le frazioni più piccole attribuite a ogni parte dell'occhio desse come risultato 63/64. «L'imperfezione» aveva detto Vati. «Il mondo è imperfetto e, per quanto possiamo cercare quell'ultimo sessantaquattresimo, non lo troveremo mai sulla Terra. Qui non esiste perfezione. Guarda la Germania con la sua guida degenerata: Hitler va alla ricerca del suo sessantaquattresimo, e guarda chi sta arrivando da ovest ed est? I russi! Gli inglesi! Gli americani! Stalin, Churchill, Roosevelt, tutti alla ricerca del loro sessantaquattresimo.»

Quella notte, non riuscendo a dormire, avevo disegnato l'occhio di Horo un'infinità di volte e seguito la somma delle frazioni che Vati aveva scritto con la sua penna stilografica su uno spesso foglio di carta. Più tardi, avevo scritto 1/64 su un foglio di carta diverso e poi lo avevo tagliato e messo sotto il materasso per non dimenticare la lezione di mio padre. La settimana dopo, Vati mi aveva portato in macchina all'ospedale e mi aveva lasciato sui gradini d'ingresso. Avevo i miei vestiti, carta da disegno e matite. Stringevo nella mia mano fredda e sudata quel foglio con *1/64* scritto sopra.

Chi era Jasper Lange per avere l'occhio di Horo al centro del suo cancello? L'uomo alla stazione lo aveva chiamato «il mago». L'occhio mi guardò fisso mentre mi chinavo in avanti sulla neve profonda per osservare quella casa. Le luci erano spente, le tende tirate. Sentivo male alle gambe e i piedi stavano perdendo sensibilità. Mi feci strada di nuovo verso il cancello di fronte alla chiesa. La neve gli si era accumulata contro, perciò mi arrampicai sulla montagnetta bianca e scavalcai i picchetti in ferro.

Violi una proprietà privata, e tutto questo per la tua Emmi? Esiste la legge, Rainor Schacht! Insisto perché tu...

La porta d'ingresso della chiesa era chiusa a chiave. E anche quella sul retro. C'era un piccolo cimitero, dietro la chiesa, sepolto sotto la neve; erano visibili soltanto gli ultimi cinque centimetri delle lapidi più alte. Illuminai un vecchio edificio con la torcia, anche quello sepolto per metà dalla neve. Era una scuderia, gli stalli vuoti da tempo, in alcuni di essi c'era ancora ammucchiato del fieno ammuffito. Mi arrampicai sul cumulo di neve, mi infilai in un varco vicino al soffitto e caddi nella vecchia mangiatoia. Accesi la torcia quel tanto che bastava per vedere dove fossi. Tre campanacci erano appesi a un palo e, contro la parete di fondo, c'era una pila di vecchie ossa di animali. Mi scavai una buca nel fieno, mi sistemai attorno la coperta di lana che avevo nello zaino e, in pochi istanti, mi addormentai.

Che cosa hai sognato, Rainor Schacht? La prigione? La morte in un luogo dove non dovresti neanche essere?
Faceva troppo freddo per sognare.

Diari di Berger
1940, data sconosciuta

Quella mattina, c'era una panca da chiesa carbonizzata nel punto in cui parcheggiavo l'autobus per la notte. Degli uomini dello stabilimento Daimler dovevano averla trascinata nella neve e aver spinto quell'affare fin quasi alla portiera dell'autobus, come se fosse un manufatto in un qualche rito raccapricciante.

Chinai il capo. Il grosso fiocco di neve che si scioglieva nel mio palmo era come la sacra ostia.

Fiat mihi secundum verbum tuum.

Rainor
8 febbraio 1940
Trutzburg, Germania

La nostra seconda mattina all'ospedale fu piena di fumo. Il fumo spingeva sulle finestre e scivolava via, in un vortice continuo intorno al nostro reparto. Marie era sdraiata con il naso nascosto nell'incavo del braccio e piangeva. Immaginai il giardino di Vati: le api e i fiori e i dolci profumi all'ombra tiepida della sua pergola. Lasciai che i petali cadessero dal soffitto sul letto di Marie per nascondere l'odore di fumo. Rose e gigli e garofani.

«Fiori funebri in mezzo a tutto questo fumo» mormorò.

137

«Marie» disse Emmi «smettila di sognare. Presto avremo il riscaldamento. Il Führer se ne sta occupando. Dobbiamo essere grati.»

Un ragazzo più grande che era arrivato da un altro ospedale gridò dalla sua branda. Era troppo debole per fare la pipì nel secchio da solo. Mi chiamò Frederick e mi chiese quanti anni aveva, e se eravamo nella fattoria di suo padre. Non vedeva l'antico bidone del latte vicino alla porta d'ingresso con dentro i girasoli essiccati di sua madre. Che cos'era l'inverno senza i fiori di sua madre?

Non potei far altro che annuire. Il ragazzo mi ricordava Frau Zilpha del reparto per gli anziani nell'ospedale a Stoccarda; la donna dimenticava di avere novant'anni e di essere in ospedale e di non essere più un'impiegata della cooperativa agricola. Sedeva accanto a me sulla mia branda e fingeva di battere a macchina in aria, e poi sorrideva e salutava con la mano persone che io non vedevo. Fingevo di vederle perché non piangesse per il fatto che l'affascinante Herr Lucht non era interessato alla sua figura snella da ballerina.

Sollevai il ragazzo tirandolo per le braccia, in modo tale da metterlo a sedere sul bordo del letto e fargli fare la pipì in uno dei secchi.

«Frederick, nostro padre affumicherà la pancetta oggi?»

Fuori, una grande voluta di fumo nero soffiò davanti alla finestra. Ci fu un forte scoppio e le finestre tremarono e sentii l'odore di bruciato.

La voce del ragazzo si fece aspra. «Quante volte te l'ho detto? Usi la legna sbagliata, Frederick.» Aveva i pantaloni aperti e la sua pipì era marrone e densa come il sugo dei *Rouladen*. «Usa soltanto il faggio. Hai capito? Devi usare il faggio. Il fumo dev'essere delicato e leggero. Deve penetrare i pori del prosciutto. Frederick, bevi troppo sidro. Per te, qualunque taglio di maiale è pancetta. Pancetta fottutamente disgustosa indegna persino di un comunista.»

Annuii e lo feci sdraiare di nuovo nella branda. «Avvicinami i girasoli» disse.

Feci mostra di portare un barattolo invisibile al suo capezzale e poi di sistemare i girasoli, affinché le corolle vivaci e allegre fossero rivolte verso di lui.

«Sei un'anima buona nel corpo di uno scherzo della natura, Frederick.»

Avevo così tanta fame da riuscire a malapena a pensare. Avrei mangiato qualunque cosa in quel momento. Il nostro ultimo pasto vero era stato due giorni prima: pollo freddo e patate lesse, la notte precedente alla nostra partenza in autobus. I dorsi delle mie mani erano pallidi e tesi. Emmi alzò la voce dicendo a qualcuno di tornare a sdraiarsi, di calmarsi mentre aspettavamo il nostro trattamento. Marie si alzò dalla branda, con le braccia tese, le dita che esploravano davanti a sé mentre barcollava verso la porta. Le lacrime le bagnavano il davanti del camice grigio. «Dov'è mia madre? Voglio sentire il suo profumo.» Emmi la rimise a letto a fatica. «Il dottor Lutz sarà qui a momenti; poi arriverà il trattamento. Starai bene. Non lo capisci?»

La gamba di Marie sbatté sul bordo di uno dei letti a castello di legno. Inciampò e cadde con mani e ginocchia per terra. Si rialzò. Allungò le mani tremanti finché non arrivò alla porta e poi batté il pugno contro il legno spesso. «Mamma, dove sei? Sono Marie.» Stavo piangendo, avevo così tanta fame e sete. Emmi stava sorridendo, sull'orlo di una risata. «Marie, non siamo all'opera. Rainor, aiutami.»

Nascosi il mio il viso a Emmi. Era così buona con noi, così paziente, e io stavo piangendo perché negli ultimi due giorni avevo mangiato a malapena. I bambini in grado di camminare si erano alzati. Piangevano, si trascinavano avanti e indietro, con le teste rivolte verso l'alto per quelle poche gocce d'acqua che cadevano dal soffitto. Alcuni di loro si facevano male, urtando le pareti o qualcun altro. C'era spazio fra le loro grida, abbastanza da far sentire altri suoni di diversi colori. Chi gemeva in rosso. Chi rideva in giallo. A distanza, un forte scoppio provocò un pennacchio di fumo che fece tremare le finestre. Mi coprii le orecchie e cercai di non respirare. La stanza puzzava di urina, vomito e cacca. Chiesi a Vati di venire sulla sua grande Daimler e portarmi via da lì. Sarebbe stato bello. Mi sarei seduto alla scrivania e avrei sommato le colonne di frazioni sul mio libro di matematica. Avrei provato a leggere ad alta voce *Le fiabe dei fratelli Grimm* mentre mio padre sedeva altezzoso sul sofà, fumava dalla sua pipa in avorio e correggeva la mia balbuzie. Avrei parlato con Dio, le mani giunte con contrizione al petto, l'anima distesa su un centrino bianco in taffetà. Avrei chiesto che cosa volesse Lui da me, Rainor Schacht, ottuso e dai lineamenti pasticciati. Doveva esserci qualcosa per una persona come me. Se Lui mi avesse detto di morire, allora gli avrei chiesto di far crescere qualcosa nel punto della mia caduta. Un bosco di betulle. Un prato fiorito. Un monito a vivere meglio, per chiunque si fosse imbattuto nella mia tomba sbiadita.

Emmi mi interpellò di nuovo. «Riportala alla sua branda.»

Marie era così leggera in braccio a me, come se tutto ciò che c'era sotto la sua pelle fosse stato rimpiazzato da paglia. Si mise a darmi pugni, ma io chinai la testa in modo tale che i suoi colpi finissero sulla corona del mio cranio, sulle mie orecchie, su tutte quelle parti di me in cui viveva Vati. La adagiai sul suo letto, e lei cercò di sollevarsi. «Stanno arrivando a prenderci» mi sussurrò. La notizia era nel fumo. La tenni ferma e piansi, assicurandomi che Emmi non mi vedesse.

«Bambini!» gridò Emmi, in piedi su un letto vicino alla porta, con voce alta e forte. «Ora facciamo un gioco. Mi avete capito tutti? Un gioco.» Un paio dei bambini che stavano piangendo si voltarono a guardarla. «Giochiamo a dama.» Emmi batté le mani. «Dieter! Eva! Rainor! Ora giochiamo a dama!» Faceva segno ai bambini di avvicinarsi, ai trenta rimasti in reparto, a quelli che potevano muoversi. «Prima giochiamo a dama e poi faremo colazione. E poi arriverà il nostro trattamento, tutto chiaro? Mettetevi in fila qui.»

Riunì i bambini che potevano camminare nello spazio libero fra gli ultimi letti a castello e la porta. «La damiera è grande dieci piastrelle per dieci piastrelle.» Ci divise in due gruppi, ciascuno con lo stesso numero di bambini. «Rainor! Porta qui Marie.»

Mi passai la manica sul viso e portai Marie fino all'ingresso della stanza. Lei rimase in silenzio come tutti gli altri.

Emmi mise ciascun bambino su una casella della «damiera» e quelli che avevano bisogno di aiuto accanto a un bambino più forte. «Dieter! Tu terrai per mano Eva.» Eva aveva la faccia come la mia: larga e paffuta, con le orecchie piccole, e naso e bocca che sembravano essere stati schiacciati da un gesto di disapprovazione. «Rainor! Tu aiuterai Marie.»

I nostri due gruppi di bambini si schierarono uno di fronte all'altro.

«Io sarò l'arbitro. Una è la squadra di Eva e l'altra di Rainor. Loro sono i nostri generali.» Tirò fuori una moneta da un marco da un punto imprecisato fra le pieghe del camice e la lanciò in aria; la riprese e se la sbatté sul dorso della mano. «Il bianco muove per primo. Dieter! Ti suggerisco di muoverti di una casella a destra.» Emmi batté le mani, e Dieter scivolò sulla casella suggeritagli da lei. «Rainor, ora tu aiuta Marie a spostarsi.»

Avevo giocato a dama molte volte con Vati nel gazebo della nostra casa estiva. Avevo otto anni quando lo avevo battuto per la prima volta, nove l'ultima che lui aveva vinto contro di me. Mi aveva messo a sedere sul pavimento e mi aveva chiesto di spiegargli com'era possibile che io, che non sapevo leggere né contare oltre il trenta, sapessi giocare a dama così bene. Così, avevo tirato fuori il mio taccuino da disegno e una matita colorata, avevo disegnato la damiera e le nostre mosse, e avevo fatto uno schema di linee diagonali accanto alla damiera sorridendo. «Va benissimo» mi aveva detto «ma questo regime, Rainor, richiede numeri e persone che li sappiano manipolare. Matematici e contabili. Fisici e ingegneri. Ora, comincia dall'uno e conta fino a venti. Puoi farlo per il tuo Vati?»

Aiutai Marie a muoversi per sfidare Dieter quando si mosse di nuovo e poi le appoggiai la mano sulla schiena esile. La sua voce si calmò un po'. «Rainor, hai la mano così calda, come pane appena sfornato.»

Sentii la pelle riscaldarsi e abbassai lo sguardo, imbarazzato che qualcuno avesse fatto un commento gentile nei miei riguardi. Eva si mosse dietro Dieter. Un bambino di nome Jan fece un passo alla mia sinistra. Dieter avanzò e si mise di fronte a Marie.

«Dieter, accovacciati, così Marie potrà scavalcarti.»

Dieter lo fece, e io gli appoggiai le mani di Marie sulle spalle. Le passai delicatamente la mano sulla scapola e lei scavalcò Dieter con un saltello a gambe divaricate. Atterrò accanto a Eva che, nonostante fosse il generale della squadra avversaria, la aiutò a non perdere l'equilibrio. Marie sorrise. Non la vedevo sorridere dall'ospedale a Stoccarda, quando ascoltava i passeri pigolare dal davanzale della finestra.

«Non essere troppo fiera di te stessa, Marie!» esclamò Emmi. «Eva te la farà vedere.»

Marie si accovacciò, tenendosi in equilibrio sul pavimento freddo in pietra, ed Eva la scavalcò con un salto e atterrò a una casella da me, sollevando le braccia per aria come una ginnasta trionfante. Dieter strinse la mano di Marie e si spostarono così su un lato della nostra damiera, e a poco a poco furono raggiunti da tutti gli altri, finché non rimasero soltanto il generale Eva e il generale Rainor e non fummo incoronati entrambi. Per dimostrarlo, sollevammo le mani sulla testa con le dita a formare le due metà di una corona.

«Chi vincerà?» chiese Emmi. «Il generale Eva o il generale Rainor?»

Io ed Eva incominciammo a muoverci. Ci avvicinammo; poi scivolammo all'indietro e di lato. Ci muovemmo a zigzag lungo la nostra damiera immaginaria. Quando fui quasi messo con le spalle al muro da Eva, feci in modo da spostarmi così che potesse battermi al turno successivo, sperando che non si capisse che volevo perdere di proposito.

«Generale Rainor, accovacciati!»

Mi abbassai. Mi faceva ancora male la schiena nel punto in cui il sergente Mandl mi aveva picchiato con il secchio vuoto dopo avermi versato l'acqua addosso. Chinai la testa e sentii le mani di Eva sulla schiena, e poi un leggero spostamento d'aria quando le sue gambe mi scavalcarono e atterrò delicatamente sulla casella successiva.

Sollevò le mani in trionfo, raggiante.

«Il bianco batte il nero!»

I bambini affamati e infreddoliti del nostro reparto stavano sorridendo.

«Vuole la rivincita, generale Rainor?»

Annuii. Avrei perso ancora di proposito contro Eva. Volevo vederla sorridere.

Giocammo per un'altra ora, finché il sole non cominciò a scivolare verso sud. Alcuni bambini avevano ripreso a piagnucolare; cibo e acqua non erano ancora arrivati. Emmi disse loro di immaginare di stare bevendo tazze di cioccolata calda, di immaginare il liquido caldo che, dallo stomaco, gli riscaldava le dita dei piedi. E poi fu il turno dello strudel di mele e delle torte di marzapane, che descrisse in modo tale che i bambini potessero immaginarne il sapore dolce sulla lingua. Furono felici ancora per qualche istante.

Il chiavistello alla porta fece un rumore di ferraglia, per poi scorrere all'indietro. La porta si aprì con fracasso.

Il sergente Mandl entrò in fretta nel reparto. Aveva il fucile con la cinghia a tracolla e macchie nere di sporco sul cappotto e sul viso. Si guardò intorno nella stanza come se uno di noi lo avesse appena derubato.

«Qualcuno di forte» sibilò. Era da solo e non aveva secchi di cibo o acqua.

«Abbiamo una fame fottuta» disse Emmi.

«Tu.» Indicò Dieter, che era più alto di me, ma più magro. «E quello delle scale.»

Io.

«Subito.»

Percorremmo di corsa il corridoio buio e poi scendemmo le scale su cui avevo dovuto trascinarmi. Passando dall'atrio all'ingresso dove ero caduto per terra di fronte al dottor Lutz, il sergente Mandl ci portò lungo un secondo corridoio fino a una piccola sala riscaldata da una stufa a legna, e poi fuori da un'altra porta. Adesso eravamo all'esterno, su della neve sporca che era stata calpestata ed era a tratti gelata. Davanti a noi c'era un secondo edificio in pietra con due comignoli alti più di qualunque altro ne avessi mai visto su una casa. Due soldati ci superarono trasportando un terzo uomo su una lettiga; aveva i capelli simili a paglia increspata e bruciata e le mani avvolte in fasciature spesse.

«Portatelo in infermeria con gli altri» ordinò il sergente Mandl.

«Lutz è già lì a medicare van Spee e Muller» disse il soldato che teneva i piedi della lettiga.

«Dovrebbe asportargli quei cazzo di fegati gonfi. Beoni.»

Il sergente Mandl attraversò un'altra porta ed entrò in un'ampia stanza che puzzava di fumo, cenere e capelli bruciacchiati. Due uomini a petto nudo stavano avvitando a fatica un grosso bullone con una chiave inglese. Qualcuno strillò per la puzza di gas. Vicino a noi, un segno di bruciatura sul pavimento aveva la forma di un busto umano.

Andammo in un'altra stanza, più piccola della prima.

Un mucchio di cenere che mi arrivava alle ginocchia usciva da basse porte in acciaio integrate nella muratura. «Riempite la carriola di cenere e gettatela nel fosso là fuori» disse. «Correte se sentite qualcosa fischiare.»

Presi la pala che mi porse, ma Dieter disse con la sua voce acuta che non avevo gli stivali.

Allora, il sergente Mandl indicò una montagnetta di stivali e scarpe nell'angolo.

Dieter tornò indietro con un paio di stivali in pelle imbottiti di pelliccia per me. «Anche le calze, Rainor» disse, e tirò fuori delle calze spesse e asciutte strofinandone la lana fra pollice e indice, come se fosse il tessuto più morbido che avesse mai toccato. «Questo tessuto mi fa pensare alla pelle delle ragazze. Spero che ci curino presto, così potrò stare insieme a una ragazza.» Le calze asciutte avevano KD cucito in rosso sui lati. Scossi la testa e quella stanza sudicia si mosse con me, avanti e indietro.

«Mettiteli, Rainor» disse Dieter.

Non riuscivo a sentirmi i piedi. Riuscivo a sentire soltanto il grosso peso degli stivali foderati di Karl che tenevo in mano. Mi accovacciai su un mucchio di sacchi di tela e mi sfilai le calze bagnate. Le mie dita congelate erano del colore di un uovo di pettirosso. Indossai le calze, poi mi infilai lentamente gli stivali di pelliccia. A Karl non servivano più: a lui avevano dato un'uniforme e anfibi militari. Arruolato per il fronte occidentale. Tutto ciò che non andava in me sarebbe stato presto aggiustato, e anche io avrei abbandonato i miei vestiti sporchi per un'uniforme militare pulita.

Io e Dieter spalammo a turno la cenere nella carriola. Insieme, prendemmo ciascuno una delle lisce manopole di legno e spingemmo la cenere all'esterno, lungo la neve calpestata fino a una fossa profonda. La cenere già ammucchiata lì dentro aveva macchiato la neve. Stavamo in silenzio; se il sergente Mandl ci avesse sentiti parlare, ci avrebbe picchiati. È quello che facevano nell'esercito, quando non lavoravi abbastanza sodo per il Reich. Ti picchiavano e, se non avevano tempo di picchiarti, ti sparavano. I piedi, riscaldandosi, cominciarono a farmi male e a formicolare. Vati era silenzioso. Non disse che ero una sporca bestia, un comune bifolco al lavoro. Una volta aveva scherzato davanti a una copia del *National Geographic* dicendo che mi avrebbe spedito in Australia, nel Queensland, perché potessi tagliare la canna da zucchero.

«Ciascun raccolto accorcia la vita di tre anni» aveva detto, e poi mi aveva mostrato una fotografia di un uomo dalla pelle scura, con un cappello di paglia a tesa larga, un coltello a lama spessa e una pila di canna da zucchero tagliata. «Che cosa ne pensi dei tuoi dolci adesso?» La sua voce si era fatta carica di tristezza. «È per questo che hai bisogno di imparare a leggere. Chiaro? O diventerai uno di questi uomini, di questi lavoratori moribondi.»

Il sole si spostò a sud-ovest. La neve cominciò a cadere di nuovo intensa e una bruma grigia calò sugli alberi.

Mentre spingevamo la carriola dentro l'edificio, l'autista dell'autobus, Herr Berger, occupò il vano della porta, con il corpo robusto avvolto in un pesante cappotto. Sembrava mio padre subito prima di avermi preso per il colletto e avermi trascinato in camera mia per aver disegnato sulla parete della cucina.

«Ragazzi» sussurrò.

Non ci picchiò; invece, ci diede un panno che era stato legato alla meglio agli angoli. Dentro c'erano un grosso tozzo di pane di segale e un grosso pezzo di burro. Dieter spezzò il pane a metà e ne diede un pezzo a me, e poi divise il burro e mi diede la mia parte.

«Grazie, Herr Autista» disse Dieter con un sorriso. «Ho contato a mente. Abbiamo trasportato nove carichi. Va bene?» Mise in bocca il pane e sembrò quasi sul punto di piangere. Mangiai un terzo della mia parte di pane e burro e avvolsi il resto nel panno di Herr Berger, per poi infilarmelo nella tasca del cappotto. Per Emmi e la piccola Eva per la sua vittoria a dama.

Herr Berger non disse nulla del nostro lavoro. «Voltatevi» borbottò. Non sapevamo che cosa intendesse fare finché non prese in mano una scopa di paglia. Ci voltammo dandogli le spalle e lui ci pulì con la scopa. Nuvolette di cenere si sollevarono da noi, e continuammo a ruotare, e l'inverno ci girò intorno. «Adesso siete rispettabili.»

Ci portò lungo un percorso sul retro di Trutzburg, attraverso la neve più profonda e intonsa.

«Mio zio è un apicoltore» disse Dieter. «Le api non fanno che volare di fiore in fiore. A volte gli agricoltori le prendono in prestito.»

Non sapevo perché Dieter l'avesse detto, finché non mi accorsi che eravamo in piedi vicino a una fila di alberi spogli semisepolti. Erano meli.

«Immaginate i rami carichi di fiori» disse Herr Berger. «Le api cariche di polline.» Mi guardò. «E tu? Tu cosa vedi?»

Chiudendo gli occhi, vedevo mio padre. Vati che incombeva su di me mentre cercavo di leggere le parole alla rinfusa di *Pierino Porcospino*. Cercavo di pronunciare ogni singolo termine, ma il gracchiare della mia balbuzie rendeva tutto incomprensibile. In ogni caso, non sapevo che cosa significassero, quelle parole; non riuscivo a trovarvi un senso. Le illustrazioni colorate di *Pierino Porcospino* mi terrorizzavano. I suoi capelli erano rigidi come gli spilli sui davanzali delle finestre della nostra stanza in reparto. Al posto delle dita, nelle mani aveva escrescenze nodose. Cercai di immaginare di starmene lì, mano nella mano con Emmi, sotto i meli, al sole di luglio.

«A volte è meglio non immaginare nulla» disse Herr Berger. «Tutto ciò che pensiamo si sta avverando.»

«Perché ci ha ripulito?» chiese Dieter. «La polvere è come il polline delle api.»

Herr Berger distolse lo sguardo verso l'orizzonte annebbiato. «Nel caso vogliate giocare. Non possiamo sporcare la neve, non è vero?»

Dieter alzò lo sguardo al cielo come a chiedere il permesso. Poi si lasciò cadere sulla neve, fece un angelo della neve e si rimise in piedi.

Herr Berger indicò le nuvole dense e la neve che cadeva e, in un punto imprecisato che separava una foresta dall'altra, la strada che avevamo preso con l'autobus per arrivare a Trutzburg. «Vedete quell'albero? Quel pino alto?»

«Sì, lo vedo» disse Dieter.

«Subito dietro c'è la strada che abbiamo preso per venire qui. Ve la ricordate?»

Dieter annuì.

Herr Berger abbassò la voce. «Se la seguite andando a nord, sempre a nord, arriverete a Stoccarda. Due giorni di cammino.»

«Quando ci andiamo?» chiese Dieter, e poi si voltò a guardarmi. «Torniamo indietro?»

«Il sole tramonterà fra un'ora.»

Dieter scoppiò in una risata nel silenzio ovattato della neve che cadeva. La cenere segnava le crepe sottili intorno alla sua bocca, come una piccola ragnatela incompiuta. «Il dottore ci metterà a posto. Lo ha detto Emmi.»

Una scarica di colpi d'arma da fuoco proveniente da qualche parte nella foresta sotto di noi ruppe il silenzio invernale. Poi un'altra.

«Non voglio andare laggiù» disse Dieter. Mi prese la mano e la agitò come fosse un grosso dado. «Rientriamo, Rainor.»

Herr Berger premette qualcos'altro nel mio palmo, avvolto in un fazzoletto marrone. La sua voce era un sussurro in mezzo ai colpi di fucile. «Nascondilo. Ti aiuterà ad andartene da questo posto.»

Lo respinsi. Perché sarei dovuto andare via, quando Emmi era così sicura che saremmo stati curati? Diceva che sarei stato normale, come gli altri bambini. Un Rainor normale. Un Rainor in grado di portare il pallone al parco e giocare con i genitori e i bambini già lì. Un Rainor normale che non avrebbe dovuto chiedere al padre perché era brutto e non alto e bello come lui, con indosso il suo completo nero e il suo cappello di feltro. Volevo credere a Emmi. Persino allora.

Qualcuno chiamò Herr Berger.

«Prendilo.»

Pensai di lasciar cadere nella neve il fazzoletto marrone che Herr Berger mi aveva messo in mano, ma ecco che, con un secondo soldato, arrivava il sergente Mandl. «Lutz vuole vederti. Il tuo prossimo carico è a Pforzheim.»

Mi infilai il fazzoletto marrone in tasca.

«Abbiamo sentito degli spari» disse Herr Berger. «I ragazzi si sono spaventati.»

Il sergente Mandl ci tirò qualcosa. Una moneta con un foro di proiettile al centro, che Herr Berger prese al volo.

«A che serve avere un fucile se non puoi piantare un proiettile in uno pfennig da cinquanta metri?» disse il sergente.

Herr Berger sollevò la moneta per noi, facendole catturare l'ultima luce del pomeriggio.

«Sembra un occhio» disse Dieter ridendo.

«Il sergente è un ottimo tiratore» disse Herr Berger, e poi aggiunse, rivolto a Mandl: «Li stavo giusto riportando dentro. Avevano finito con la cenere».

«Tempismo propizio» rispose il sergente. «Kanzler ha rimesso in funzione i bruciatori.»

Avevo visto l'espressione che mi rivolse Herr Berger soltanto un'altra volta prima d'allora; sul volto di mio padre quando mi aveva accompagnato all'ospedale. Vati mi aveva permesso di sedere accanto a lui sui sedili posteriori della sua Daimler. Non mi era mai stato permesso di sedere con lui sui sedili posteriori dell'auto, prima. Di solito sedevo davanti, accanto a Jurgen, il nostro autista, e soltanto quelle rare volte in cui io e Vati viaggiavamo insieme in campagna. Mio padre aveva detto che sarei stato in ospedale per un po' (lo aveva chiamato «sanatorio») e che avrei dovuto fare il bravo. Il vaso della sua pipa era premuto sulla sua mascella e, quando aveva lasciato cadere la mano, sulla sua pelle fresca di rasatura c'era un solco simile a una fossetta. «Rainor» aveva detto. La sua voce non era il baritono severo con cui mi parlava di solito. Era un sussurro delicato e umido che mi faceva pensare a quando sfioravo con il carboncino un foglio di carta da disegno. Lo spazio fra le sue iridi era colmo di lacrime. «Dovrai sempre fare il bravo. Dovrai esercitarti con la scrittura tutte le mattine. Dovrai esercitarti a parlare. Vati sarà sempre con te, sempre. Ascolta.» Mi strinse la testa al petto. Era la prima volta, che io ricordassi, in cui ero stato così vicino a mio padre. Profumava di tabacco da pipa, del sapone che la nostra domestica usava per lavare i suoi vestiti e dell'acqua di Colonia che diceva che mia madre, da viva, aveva fatto per lui usando olio di vinaccioli, bacche di ginepro e foglie d'abete. Il suo corpo era caldo come la nostra stufa a legna, ma le sue mani erano come due ghiaccioli.

Quando i due soldati ebbero fatto un po' di strada verso l'edificio principale, Herr Berger indicò di nuovo nella direzione del pino alto, la via che si snodava verso nord. «Non c'è molto tempo» disse a bassa voce. «Andate, prima che...» I soldati si erano fermati, e io sentii l'odore di fumo di sigaretta. Herr Berger si allontanò da noi e cominciò a seguire i militari verso l'ingresso dell'edificio.

«Torniamo dentro, Rainor» disse Dieter.

Feci un passetto verso il pino che Herr Berger ci aveva indicato. Era già il crepuscolo, la luce era fioca. Non c'erano lampioni, soltanto la luna coperta dalle nuvole, e la notte sarebbe stata nera e fredda. Tirai fuori il fazzoletto marrone che mi aveva dato l'autista dell'autobus e lo aprii. Due candele di cera e una piccola scatola di fiammiferi Welthölzer. Li avvolsi di nuovo e me li infilai in fondo al cappotto.

«Ti ha dato qualcosa?» chiese Dieter.

Scossi la testa e gli mostrai il pane e il burro che avevo conservato per Emmi e per la piccola Eva.

«Adesso abbiamo fame, ma ci porteranno la zuppa. Presto saremo soldati.»

Tirai fuori l'orologio. Si era fermato di nuovo. Diedi un

colpetto sul vetro. Caricai il meccanismo, ma l'orologio non ne voleva sapere di ticchettare. Le lancette erano ferme sullo stesso numero. XI.XI.

Un'altra ultima volta.

Diari di Berger
8 febbraio 1940
Trutzburg, Germania

Mi ci volle un'ora per scavare un sentiero intorno all'autobus e un'altra mezz'ora per scoprirlo. La neve si staccava dal parabrezza sotto la mia scopa come aveva fatto la cenere da quei due ragazzini. Scaldai le candele a incandescenza dell'autobus e accesi il motore. Il riscaldamento sciolse la brina dai finestrini. Volevo che quei ragazzini se ne andassero. Che camminassero verso nord, che tornassero a Stoccarda e continuassero a camminare, ma avevano attraversato la porta principale subito dopo di me. Non ce l'avrebbero mai fatta vestiti in quel modo. Troppo freddo, troppo spiazzante in quel torrente di neve, troppo... Sarebbe stato meglio se fossero morti assiderati nella neve, piuttosto che asfissiati dal monossido di carbonio. Fargli trasportare la cenere era stata un'idea di quel maledetto di Jochen Mandl. La valvola del gas aveva una perdita, si era incendiata per i colpi delle pale contro i mattoni e gli uomini di Kanzler si erano ustionati. Mandl mi aveva dato del codardo, dicendo che avevo esaurito tutto il coraggio nella Grande Guerra. Non sono ragazzini, aveva detto, non sono bambini. Sono troppo debole per questo lavoro di purificazione.

Ingranai la prima e procedetti con lentezza verso il garage di acciaio ondulato accanto all'ospedale. Potevo parcheggiare l'autobus lì per la notte, andare via l'indomani mattina all'alba. Magari sarei potuto passare da casa per vedere Suzanne e i bambini per qualche ora. Un tre tonnellate era già parcheggiato nel garage. Imprecai. La neve era fitta, e scendendo dall'autobus scivolai. Mi misi a gridare perché qualcuno spostasse l'autocarro, ma non venne nessuno. Erano tutti nel refettorio a mangiare zuppa e pane. Le chiavi erano nel quadro, perciò accesi le candele a incandescenza e contai lentamente fino a venti. Quella era la linea di demarcazione fra la vita e la morte. Ero in grado di contare fino a venti, abbastanza a lungo perché le candele riscaldassero il collettore. Il ragazzino, quello più alto, non era stato in grado di contare oltre il dieci quando gli avevo chiesto quanti anni avesse la sorella e, quanto al ragazzino con il volto sconnesso, non aveva detto nulla.

Avrei potuto aiutare quei ragazzini? Nasconderli sull'autobus e riaccompagnarli in città? Il regime sapeva quando fare un appello, come registrare le presenze e l'assenza di quei ragazzini dal reparto si sarebbe notata. C'era un telone accanto al crematorio con gli ultimi sei bambini sotto, perché Kanzler non era riuscito a portare i forni a temperatura. Hansi aveva detto a Lutz che mancavano sei bambini all'appello nel reparto nove. Così, il dottore minuto aveva fatto cenno a Mandl, e il sergente aveva scansato il telone coperto di neve e aveva mostrato alla direttrice tutti e sei i bambini disposti in una fila ordinata. «Presenti.» Era scoppiato a ridere. Hansi aveva preso nota sul suo blocco: nomi, numeri, totali che sarebbero stati registrati su un foglio più grande con tutte le cifre. I due ragazzini coperti di cenere che avevo aiutato avrebbero anche potuto essere santi che non avevano ancora compiuto miracoli, ma non essendo in grado di contare non potevano lavorare, e quindi non avrebbero ottenuto un certificato che gli avrebbe permesso di vivere. Guardai le ultime cinque compresse di morfina e ne presi una per l'emicrania, un'altra per riuscire a vivere un po' più a lungo nei miei panni.

Parcheggiai l'autocarro in retromarcia accanto al garage e poi l'autobus al suo posto. Aprii il serbatoio del carburante e tolsi l'ugello dalla grossa tanica di gasolio che Kanzler teneva nel garage per i camion di rifornimento. Pensai di riempire il serbatoio solo a metà e di rifare il pieno a Stoccarda, ma l'autobus sarebbe stato vuoto a parte me e Bonse, e mi sarebbe servito il peso in più nell'asse posteriore. Kanzler aveva detto che avrebbe mandato lo spazzaneve a sgombrare la strada quella notte prima della mia partenza, ma con due uomini ustionati e i bruciatori che funzionavano a malapena, non credevo che se ne sarebbe ricordato. Avevo anche le catene alle ruote. Sarebbe dovuto bastare. Avrei fatto sedere Bonse in fondo e avrebbe potuto cantare a squarciagola la sua parte nel *Flauto magico*. Aveva detto di essere stato l'attore supplente nel ruolo di Tamino. Anch'io ero un supplente, come lo eravamo tutti, del dio della contabilità.

Incontrai Gussi che veniva dal refettorio. «Ho trascorso la mattinata a riparare le ammaccature della sua macchina» dissi. «Si notano appena. Il dentifricio in polvere è ottimo anche per i graffi alla vernice.» Come estrema penitenza, le descrissi l'intera scena: io, nel garage freddo che colpivo delicatamente la parte inferiore del cofano della sua Volkswagen con un mazzuolo di gomma o che spingevo le ammaccature con le dita. Il dentifricio inumidito e uno straccio per lucidare, io che illuminavo con la torcia a un angolo di quarantacinque gradi per scovare tutti i graffi. Non avevo mai visto Gussi con l'aria di stare per mettersi a piangere; avevo sentito il Mastino nella sua voce, come valeva per tanti altri in quel luogo. Era una dei pochi, insieme alla direttrice, ad aver affermato di non avere bisogno di bere prima che i bambini scendessero dal mio autobus.

Dal refettorio alle sue spalle si levarono applausi e ovazioni. «Gussi?»

«Animali» sibilò. «È un circo. Mandl sta facendo fare il burattinaio a Bonse.»

Senza aggiungere altro, corse su per le scale di servizio verso gli alloggi delle infermiere.

Doveva esserci qualcosa di davvero sbagliato se Gussi aveva obiettato. Pensai di correrle dietro, di incalzarla. Avrei dovuto soltanto andare in camera mia e dimenticare il mio stomaco. Non mangiavo dal giorno prima. E invece varcai le porte del refettorio. Non mancava nessuno, in tutta la loro folla assetata: Lutz, Hansi, Kanzler, Mandl, infermiere e soldati, uno degli assistenti ustionati dell'ingegnere, con braccio e viso avvolti in strati di garza. Riuscivo a sentire l'odore della zuppa di cavolo densa, del grasso di manzo, del pane di segale compatto sfornato da poco. Non vidi Bonse finché non lasciai che le porte si richiudessero alle mie spalle. Era seduto su una panca nel punto ambìto accanto al caminetto, in mezzo ai due ragazzini che avevo spazzato quel pomeriggio. Gli avevo consigliato di andare via. Gli avevo indicato a nord verso il pino e avevo detto: «Via, camminate, scappate». Mi ero separato da loro e avevo sperato. Avevo provato, al di sotto del mio orrore, la stessa bella sensazione di leggerezza di quando aiutavo mia madre, ormai anziana, a scendere da un taxi e a entrare in casa. Avevo lasciato quei due ragazzi alla loro fuga e poi mi ero immaginato in un processo penale per gente come me. Non ero come chi ci comandava e i loro seguaci striscianti; il Mastino non parlava con la mia voce. Ne avevo aiutati due a scappare. Sì, ne avevo aiutati due a scappare. Quante centinaia ne avevo aiutati ad arrivare?

Bonse teneva la nuca di ciascuno dei ragazzini, una per mano. Gli voltava la testa di qua e di là, e parlava al posto loro, come un ventriloquo che avevo visto una volta in un cabaret parlava al posto di un pupazzo di Paul von Hindenburg. Il pupazzo aveva ruttato «Iddio salvi l'Imperator Francesco!» e il pubblico aveva schernito il grasso prussiano reazionario.

«Bacini, bacetti!» Bonse aveva una voce per ognuno dei due, un falsetto acuto per il ragazzino più alto e un brontolio basso per quello più minuto e deturpato. «Voglio dare un bacio all'infermiera Gussi» disse in falsetto. «No, stasera è mia» rispose nella voce del ragazzino più minuto. In un botta e risposta, una discussione su chi dei due potesse baciare Gussi mentre il dottor Lutz non guardava. Tutti nella sala ridevano alla parodia di Bonse, che prendeva in giro la vedovanza di Gussi. Il dottor Lutz rideva più forte di tutti, una risata goffa e nasale. Il volto del ragazzino più alto brillava di stupore: era la sua prima umiliazione pubblica, e non sapeva come reagire. Ma era evidente che il ragazzo più grande, invece, sì. Guardava dritto davanti a sé come se non stesse accadendo, con la testa che si muoveva a ogni spostamento della mano di Bonse.

Infermiere e inservienti, soldati e ingegneri, scoppiarono tutti in un lungo e fragoroso applauso. Si misero a ridere e fischiare, e tutto di quella stanza umida era come un piccolo incubo che non avrei mai dimenticato. La cosa giusta da fare sarebbe stata _____. Avrei potuto salvare quei ragazzi, e poi la Gestapo se la sarebbe presa con mia moglie e i miei figli. Era quello il baratto: i miei principi morali inariditi in cambio dei miei figli. Bonse voltò la testa del ragazzino più minuto verso di me. «Saluta Herr Berger.» Poi gli lasciò andare il collo, agitò il suo braccio molle a mo' di saluto e disse nella sua voce: «Come ha potuto distruggere la macchina di Frau Gussi in quel modo? Aspetti solo che impari a leggere e scrivere! È in arrivo una lettera all'editore del *Der Stürmer*!» Dopo mise in piedi il ragazzino più alto e gli fece alzare i pugni serrati contro di me. «La colpirò in quella sua boccaccia! Spaventare così la mia ragazza!»

Mandl mi si era avvicinato. Mi diede una pacca sul fianco. «Porti qui la scopa, Berger. Quei piccoli degenerati gliela faranno vedere!»

Raggiunsi la porta a fatica. Non riuscivo a respirare. Che cos'eravamo diventati? Era una domanda idiota. Eravamo sempre stati questo, era sempre stato dentro di noi, aspettando il momento giusto per scivolare fuori dalla porta di una chiesa ormai buia.

Lutz mise a tacere la sala con un gesto della mano.

«Grazie, Bonse, per l'intrattenimento estemporaneo di stasera. È un omaggio alla formazione operistica tedesca. L'altra sera ho brindato a mille; mille trattamenti al mese. Siamo di nuovo sulla buona strada. L'ingegner Kanzler ha riparato i bruciatori e siamo tornati a lavorare a pieno regime. Signore e signori, siamo di nuovo operativi.»

Esplose un'altra ovazione. Il tintinnio di boccali pieni di vino caldo.

Lasciai la sala fragorosa e umida e mi trascinai lungo il corridoio, con il respiro corto e affannoso.

Quando Gussi mi aveva parlato qualche minuto prima, non avevo sentito alcuna traccia del Mastino nella sua voce.

Come se il Mastino l'avesse abbandonata.

Sparito.

Ma dov'era andato?

Bonse. Aveva preso Bonse adesso?

Rainor
3 novembre 1953
Costanza, Germania Ovest

Mi alzai dal mio letto di paglia, con le gambe un tantino contratte. Avevo i capelli rigidi e coperti di brina per aver sudato durante la notte, e il mio respiro vorticava fino a uno squarcio frastagliato sul soffitto del fienile. Mi stirai per sentire un rumore di passi nel silenzio invernale assopito. Qualcosa di piccolo si mise a correre sulle travi e fece cadere bucce di semi sulla mia coperta. Scartai i miei ultimi due tozzi di pane, ma segale e burro erano congelati, quindi li ruppi in piccoli pezzi e lasciai che mi si ammorbidissero in bocca. Avrei aspettato per un'ora e poi mi sarei fatto strada attraverso la neve fino a casa di Jasper Lange. No, ne avrei aspettate due, perché non volevo disturbare la colazione del mago.

«C'è qualcuno lì dentro?» chiese una voce, bassa e roca.

Sbirciai attraverso un buco nelle assi di legno del fienile. Un uomo con una lunga tonaca scura e un cappello di lana teneva un carico di legna in un braccio e agitava l'altro a mo' di saluto. «Le orme si fermano alla parete.»

L'unica via di fuga era uscire da dove ero entrato. Ripiegai la coperta e, molto lentamente, la infilai nello zaino, poi mi infilai gli spallacci.

«Sì, sono io, padre Goetz. Siamo di fronte alla mia chiesa. E tu sei... Forse sei morto assiderato e avrò un problema in primavera. Torno dentro a preparare la colazione, tu puoi unirti a me o restare nel fienile per tutto il tempo che ti serve. C'è una porta nell'angolo più distante dalla canonica. Forse non l'hai notata al buio.»

Attraverso il buco nelle assi, lo guardai farsi strada a spallate attraverso la neve fitta verso la canonica e poi entrare con la legna. Qualche minuto dopo, sbuffi di fumo grigio si alzarono dal comignolo. Pannelli di legno deformato erano appoggiati alla porta del fienile e, spingendoli da parte, potei aprirlo abbastanza da guardare un cumulo di neve alta. Mi ritrovai di nuovo nel passato: la vecchia fattoria abbandonata, i materassi di paglia, i cumuli di neve alta, i colpi di fucile incessanti dei soldati. Ma lì c'era soltanto il silenzio del mondo coperto di neve, l'odore freddo e catramoso del fumo nel vento e, un attimo dopo, il profumo di salsiccia in padella. Salii sul cumulo farinoso, mi richiusi la porta alle spalle, e sgattaiolai intorno all'estremità opposta del fienile. Non c'era interruzione nelle siepi coperte di neve che circondavano la chiesa, così sarei dovuto andare via da dove ero venuto. Camminai carponi sotto la finestra alta della canonica e, al sicuro dall'altra parte, mi precipitai verso il cancello.

«Avrai fame, no?» Padre Goetz era in piedi sui gradini

d'ingresso della chiesa con un tegame di ghisa in cui sfrigolava qualcosa.

Mi avvolsi la sciarpa intorno al viso.

«Ho visto un film di cowboy una volta e i rapinatori di banche facevano tutti la stessa cosa con i fazzoletti che indossavano intorno al viso. Siamo fortunati che questa non sia una banca.»

Feci altri due passi verso il cancello.

«Indossi uno di quei cappotti del tempo di guerra. È da un bel po' che un soldato non passava di qui. Non so che cosa sia successo a tutti. Dio forse li ha curati o li ha chiamati a sé; con clemenza, non lo so. Un tempo passavano di qui o sostavano a decine. C'erano così poche città e piccoli centri in cui tornare. Forse avevano perso tutti i loro familiari. Forse avevano perso la strada di casa. Mi piace pensare che abbiano trovato qualcuno che li accogliesse. Fa molto più caldo vicino alla stufa.»

«S-s-s-sono qui p-p-per un uomo in f-fondo alla s-s-trada» gracchiai, assetato. Non avevo bevuto che neve.

«Herr Lange, il mago? Soltanto lui vive in fondo alla strada in questa zona. Con la sua infermiera.»

Mi voltai per guardare padre Goetz. Era tornato dentro, ma aveva lasciato la padella sul davanzale basso sopra i gradini. C'erano cinque salsicce cotte, anelli di cipolla fritti e una forchetta di legno. Aspettai che Vati mi dicesse di non fidarmi di quel prete, che mi dicesse di proseguire, di scappare. Gli chiesi cosa avrei dovuto fare e, quando non rispose, portai la padella di nuovo nella canonica. La porta si aprì facilmente, nonostante il freddo, e mi ritrovai in un ingresso stretto con cappotti e cappelli appesi a ganci di legno. Bussai alla porta interna.

Padre Goetz mi prese la padella di mano e la posò sulla

sua stufetta panciuta. «Questa è l'unica stanza che mantiene il calore in inverno.»

La stanzetta era sobria, si vedeva che chi ci viveva aveva bisogno di poco. C'era il suo letto appoggiato alla parete di fondo e dall'altra parte una scrivania con carta e calamaio. Una grossa Bibbia era aperta su un piedistallo alto in quercia sotto una di due sole finestre e, quando padre Goetz notò che lo guardavo, mi disse: «Devo stare in piedi per leggere. Mi fa male la schiena se sto troppo tempo seduto». Un crocifisso era appeso a un chiodo piantato nell'ammattonato sopra la stufetta.

Il prete mi fece sedere al tavolino con due sedie. Un piatto apparve davanti a me con sopra salsicce e cipolla, poi un uovo fritto venne sistemato accanto alla carne. Mi mise una tazza di tè in mano.

Padre Goetz mi scrutò attraverso il velo delle sue cataratte; non so come facesse a vedere alcunché. «Posso?» chiese, allungando una mano vicino alla mia sciarpa. «Ci vedo sempre meno.»

Avrei voluto scappare e nascondermi, ma fino a quel momento padre Goetz non era stato altro che gentile con me. Così abbassai la testa, e cominciò a srotolare la mia sciarpa, con la stessa lentezza con cui l'avrebbe fatto se avesse seguito la velocità di un orologio scarico, e io rimasi lì seduto davanti a lui, tremante e a volto scoperto. «Ora mangia» disse. «Prima che debba riscaldare di nuovo tutto.» Non mangiavo di fronte a un altro essere umano, a parte gli altri ospiti della casa alloggio, da Trutzburg. «Non vergognarti. Sei una delle creature di Dio. Sei venuto da Stoccarda per vedere Jasper Lange?»

Annuii. Era facile stare seduto davanti a lui, orbo com'era.

«Sua moglie... È il termine giusto per descriverla? Non era facile sapere come chiamare Zenzi Paulus. È sepolta nel mio cimitero, là fuori, sotto la terra ghiacciata. Jasper temeva che non sarebbe andata in paradiso se non fosse stata seppellita in una chiesa. Sai com'è con gli atei superstiziosi. È morta subito prima dell'armistizio. Una ferita d'arma da fuoco al petto. L'ispettore della polizia lo ha dichiarato un suicidio. Alla testa o in bocca, ci sarebbe da aspettarselo, ma al petto? Era forse una Van Gogh per spararsi in quel modo? Non in un campo di grano, d'accordo, ma sul lungofiume? Era uscita con la sua gatta; la portava dappertutto, come se fosse un cane. Hanno trovato Zenzi con un colpo d'arma da fuoco, la rivoltella in mano e la gatta accucciata su di lei.»

La zia Zenzi di Emmi. Suo padre l'aveva mandata a Berlino per stare con lei e il marito mago nei mesi precedenti al suo arrivo all'ospedale di Stoccarda. Emmi parlava spesso di Jasper, il suo amico Jasper, e molto poco di Zenzi, tranne per dire che era orribile e che il suo gatto era orribile e che sarebbe andato tutto bene, se solo Zenzi fosse andata via. Ma era stata Emmi a venire rispedita nell'appartamento del padre sopra la sua libreria di Stoccarda.

«Immagino che adesso vorrai vedere Jasper.» Si mise un cappotto di lana e stivali invernali pesanti. «Sono l'unico a fargli visita di questi tempi, quindi potrai bussare e bussare e non ti farà mai entrare. Vado a trovarlo spesso il pomeriggio e lui fa giochi di prestigio per me. Sicuramente aiuta il fatto che io non possa vederlo tremare adesso.»

Rainor Schacht! Non ti ho detto e ripetuto di non parlare mai con i preti? Non ti ho raccontato di come non fanno che soddisfare sé stessi in nome del loro Dio? Come fa a sapere che il mago trema, se non può vederlo?

Padre Goetz mi aspettava sulla porta, ma io non mi ero mosso dal tavolo. Vati, pensai, padre Goetz mi ha dato da mangiare; avrebbe potuto chiamare la polizia e mi avrebbero arrestato per violazione di proprietà privata. Invece mi ha accolto. Forse ha visto le mani di Jasper Lange anchilosarsi prima di perdere buona parte della sua vista?

«Sarà sveglio ormai» disse padre Goetz.

Mi misi in piedi con lo zaino. Avevo ancora indosso il cappotto, gli stivali.

«Puoi lasciarlo qui, se vuoi. Tornarlo a prendere prima di andare via.»

Mi avvolsi la sciarpa intorno al viso e mi infilai gli spallacci.

«È tutto ciò che hai, non è così? Molto bene.»

Eravamo di nuovo fuori al freddo, con la neve che turbinava, spinta da una brezza leggera. Padre Goetz camminava avanti a me di qualche metro. «La benedizione delle cataratte in inverno è che nulla sembra innaturale. Tutto è già bianco fin dall'inizio. Siamo tutti ciechi qui.»

Ci mettemmo dieci minuti a trovare il cancello di Jasper Lange e il suo occhio di Horo. Padre Goetz li superò entrambi, finché non arrivammo a una quercia bassa. C'era un varco stretto nella siepe e, impresse nella neve, le impronte vecchie e sbiadite di chiunque l'avesse percorso prima di noi.

«Ha comprato questo posto dopo la morte di Zenzi, dopo essere stato scagionato dall'accusa di omicidio. La donna gli ha lasciato un'eredità in una banca svizzera, abbastanza per vivere senza far apparire l'oro dal nulla.»

Padre Goetz mi condusse a una porta sul retro, e di lì a poco eravamo in piedi in un'anticamera stretta, vuota eccetto che per un cappotto, un cappello da pescatore e un bastone da passeggio in frassino. Il prete si sfilò stivali e cappotto e mi chiese di fare lo stesso. Camminammo lungo un corridoio corto e buio con un profumo dolce che non riconobbi. «Gelsomino» disse padre Goetz. «Ordina gran quantità di incenso da un posto da qualche parte a Delhi.»

Il prete afferrò la ringhiera delle scale e cominciò a salire lentamente. In cima, abbassò lo sguardo verso di me, che ero in preda a una paura umida.

«Non dovresti spaventarti. Si arriva a un'età in cui sai che morirai comunque. Se impari questa lezione presto, che cosa c'è da temere?»

Scomparve dalla mia vista lungo il corridoio. I soffitti erano molto alti, e mi sentii infinitamente piccolo. Alle pareti erano appesi dipinti di paesaggi intorno al Reno e al lago di Costanza. Lo Gnadensee e l'Untersee. L'isola di Reichenau, la sua antica chiesa. Fotografie in bianco e nero. Il mago in varie pose. Sul palco con indosso un lungo mantello, con le braccia sollevate da un lato e lo sguardo rivolto al cielo come se stesse invocando un dio. Mentre faceva apparire oggetti da un cappello di fronte a una sala piena di bambini meravigliati. L'ultima mi lasciò di sasso: Lange, con i capelli scuri pettinati all'indietro, i baffi spuntati fino allo spessore di un tratto di carboncino, le mani davanti a sé, allungate verso l'osservatore nel gesto di un ipnotista. Avvicinai le mani alla foto, nella speranza che, in qualche modo, potesse dirmi tutto ciò che avevo bisogno di sapere senza dover incontrare l'uomo in carne e ossa; un altro sconosciuto che avrebbe potuto farmi del male. C'era un'ultima fotografia. Di una giovane donna davanti a una staccionata scura coperta di fiori di bouganville. Indossava pantaloni marrone chiaro e una camicetta bianca. Non l'avrei riconosciuta, vestita come nella fotografia. Non avevo mai visto Emmi indossare altro che il camice da ospedale grigio. Doveva essere stata scattata prima che il padre la mandasse all'ospedale di Stoccarda. Sfiorai la foto e desiderai che farlo mi trasportasse in quel mondo, desiderai di apparire accanto a Emmi e di stare con lei finché la fotografia fosse esistita.

La mia mente era annebbiata quanto gli occhi di padre Goetz. Non volevo sapere davvero che cosa ne fosse stato di Emmi. Non era questo che cercava di dirmi, Vati? Non c'era niente di buono nella mia vita a parte il ricordo di Emmi. Quella dolce nostalgia, quella piccola luce nella cella buia della mia esistenza; sapere che cosa ne era stato di lei l'avrebbe spenta. In quella fotografia, c'era Emmi quasi alla stessa identica età in cui la ricordavo. Era arrivata in ospedale una settimana dopo di me. L'avevo sentita gridare contro gli inservienti mentre la portavano su per le scale. Alcuni bambini arrivavano legati o sedati su una lettiga o, come me, lasciati davanti all'ingresso con una valigetta, un modulo firmato e una busta di marchi.

Gli inservienti avevano dovuto portare Emmi di sopra, avvolta in un grande tappeto persiano. L'avevo sentita gridare: «Merito di tornare a Berlino! Non ho fatto niente di male. Zio Jasper! Che cosa ne hanno fatto delle mie carte e del mio lavoro a maglia? Aspettate che il Führer scopra come trattate chi gli è fedele, cazzo!» I due inservienti avevano appoggiato il tappeto per terra, e si era contorto e dimenato come un verme su una strada bagnata. Poi erano arrivate due infermiere. Una dottoressa con un bastone e una siringa. La dottoressa, una donna alta con un caschetto di capelli argentei, aveva rivolto agli inservienti un cenno del capo, e loro avevano dato un calcetto al tappeto avvolto quel tanto che bastava per far srotolare Emmi di fronte a noi.

Emmi era spiegata ai miei piedi. Aveva sorriso e mi aveva porto la mano. «Puoi avvicinarti a me, non preoccuparti» aveva esordito. «Quell'uomo ha detto che non posso avere un bambino. Per i miei pensieri sconvenienti.» Quell'uomo. Era così che Emmi si era riferita al padre. «Quell'uomo mi ha ripudiata perché non mettessi in imbarazzo i suoi amici del Partito. Tradire la sua unica figlia così, cazzo.» Il dottore le aveva afferrato il braccio, aveva trovato una vena e aveva fatto l'iniezione ipodermica. La mano di Emmi si era unita alla mia. Era calda e morbida e, nonostante il sedativo, si era stretta attorno al mio palmo. Il dottore aveva ordinato agli inservienti di legarla al letto fino all'indomani, così avevano preso il suo corpo molle e l'avevano messa a sedere su una sedia a rotelle. Mentre la spingevano verso il reparto delle ragazze, avevo cercato di camminare con loro e continuare a tenerle la mano, ma uno degli inservienti mi aveva spinto via ed ero rimasto di nuovo solo. L'infermiera Hilde mi aveva detto di unire le mani a coppa. Mi aveva versato sui palmi dell'alcol denaturato e mi aveva detto di fingere di stare lavando via la malattia più tremenda nota al genere umano. «Schi-zo-fre-ni-a.» Aveva pronunciato ogni sillaba separatamente, e ripetuto l'intera parola come se non l'avessi sentita la prima volta. «Sei un bravo ragazzo, Rainor. Non saprai mai di cosa sto parlando, ma meriti carità.» Si era lavata le mani anche lei e poi aveva passato l'alcol agli inservienti.

Jasper Lange era seduto sul suo letto, appoggiato a una pila di enormi cuscini di piuma. La sua pelle chiazzata era tesa e attaccata a tendini e ossa. Padre Goetz più tardi mi avrebbe detto che quella condizione non era dovuta alla sua dieta a base di vodka e latte, ma a una massa maligna nell'intestino, che non poteva far svanire in una nuvola di fumo. Aveva ancora i capelli pettinati all'indietro, ma ormai argentati. Il suo sguardo era giovane proprio come nella fotografia sulle scale. Luminoso e attento. Il prete era in piedi accanto a lui, e stava scegliendo una carta da un mazzo disposto a ventaglio nelle dita tremolanti e ingiallite di Jasper Lange.

«Guardala» disse Lange.

«Non ho portato la lente d'ingrandimento» scherzò padre Goetz.

«Mostrala al ragazzo.»

Era la regina di picche: una donna con un vestito verde scuro e lunghi guanti neri, con la mano destra stretta intorno a un pugnale. Guardava verso il lato sinistro della camera da letto di Lange, uno specchio in cui il mio riflesso si ritirava un po' più vicino alla parete.

«Il fante di cuori» annunciò Jasper Lange.

Guardai la donna sulla carta. Da un momento all'altro, mi aspettai di sentirne il pugnale fra le costole.

«Ebbene?» mi chiese padre Goetz.

Scossi la testa.

«Nella tua tasca, ragazzo» disse Lange.

Toccai la tasca interna del cappotto dove tenevo il fazzoletto. Avrei voluto gridare per la sorpresa. Tirai fuori la carta. Il fante di cuori. Una mano guantata di nero sollevava un pugnale dietro il fante ignaro.

Jasper Lange e padre Goetz scoppiarono in una risata.

Arrossii, e i capelli sulla mia nuca formicolarono per il sudore.

«Un vecchio trucco» disse padre Goetz.

«Adesso ho un complice ecclesiastico.»

Porsi la carta insieme al biglietto che avevo scritto sul treno a padre Goetz, che lo lesse e lo porse a Jasper Lange.

«Il ragazzo ha perso la voce durante la guerra.»

Jasper Lange lanciò a malapena un'occhiata al biglietto e scosse la testa. All'improvviso mi sentii piccolo e stupido per non aver abbandonato la ricerca di Emmi. Quanti di noi avevano perso qualcuno durante la guerra e avevano smesso di cercarlo da anni? Perché io invece non mi ero arreso?

«Ho visto Emmi per l'ultima volta nel 1945. Il giorno in cui hanno trovato Zenzi sul lungofiume.»

«Gliene ho parlato, Jasper» disse padre Goetz.

Jasper Lange mi guardò come se fossi un libro di cui poteva voltare le pagine per rileggere i suoi passi preferiti.

«Spero tu riesca a trovarla. È nobile, no, padre? L'amore.»

Il prete non disse nulla.

«Emmi era una ragazza problematica. La polizia non è mai riuscita a dimostrare che era stata lei a sparare a Zenzi. Ma Zenzi non era il tipo da suicidarsi. Ho sempre pensato che sarebbe morta per mano di qualcun altro. Per un periodo, della Gestapo. Per un po', mia. Amanti spezzati; come me e Dio solo sa quanti altri.»

Mi schiarii la voce e mi sforzai di far venire fuori le parole. «Em-mmi, non avrebbe m-mai fatto del m-male a una m-mosca.»

Jasper Lange tese le mani come se mi stesse offrendo

qualcosa di piccolo e invisibile. «Ci avrebbe consegnati al Reich.»

Scossi la testa. Emmi non avrebbe mai fatto del male a niente e a nessuno. Si prendeva cura dei bambini del reparto, persino quando soffriva la fame.

Padre Goetz mi mise una mano sulla spalla. «Ha subìto molti colpi nella sua vita.»

«Non abbastanza da sapere che non dovrebbe beatificare Emmi Kleist. Il ragazzo è semplice come sembra.»

Padre Goetz scoppiò in una risata. «Sei assurdo, Jasper. Lei ha portato e protetto quella bambina per mesi quando nessun altro...»

Jasper emise un sibilo per zittire l'anziano prete, e io sprofondai nella poltrona accanto al suo letto.

«Jasper, merita di sapere» disse padre Goetz.

Il mago scosse la testa. Il prete gli porse la mano, ma Lange la rimise di scatto sotto la trapunta.

«Vieni, Rainor» lo invitò padre Goetz. «Jasper ha bisogno di rimuginarci su.»

Mi aspettò sulla soglia della camera da letto. «Tornerò domenica per una benedizione, Jasper. Una bevuta e trucchi con le carte, va bene?»

Avrei voluto supplicare il mago di dirmi ciò che sapeva. Guardai il mio taccuino; avevo riempito la pagina di *per favore*.

«Rainor, andiamo.»

Non ricordavo di aver seguito padre Goetz. All'improvviso ero accanto a lui, sulla soglia della camera da letto di Jasper Lange, come se fossi arrivato fin lì a tentoni nel sonno.

«Troverai un altro modo» disse.

Non avevo niente: nessun altro indizio su che cosa ne

fosse stato di Emmi. Vati aveva ragione, come sempre riguardo al mio giudizio: avevo sprecato tempo a Costanza.

«Torniamo alla canonica. Preparo un'omelette.»

La mia voce venne fuori prima che potessi frenarmi. «E-e-e-mmi diceva di essere s-s-stata con v-voi a B-b-b-erlino.»

Arrossii al tremendo suono gracchiato delle mie parole. Abbassai lo sguardo al pavimento. Avrei voluto nascondermi. Non riuscivo a credere di aver detto alcunché a un uomo come Jasper Lange.

Padre Goetz mi tirò perché me ne andassi. «Un'altra volta, Rainor. Per adesso...»

L'anziano mago mi fissò, come se non riuscisse ancora a credere che la mia gola fosse in grado di produrre parole. Dapprima, la sua voce sembrò provenire dal corridoio verso cui padre Goetz mi aveva tirato. «La conoscevamo tutti come Zenzi» disse. «Kreszenz Paulus, la straordinaria stella intorno alla quale ruotavano le vestigia dell'avanguardia berlinese, mentre il Reich ci dava la caccia. Mentre dava la caccia agli artisti che classificava come degenerati.»

«Non c'è bisogno di infliggerti ulteriori sofferenze con queste storie, Jasper» disse padre Goetz.

«Non sarò io a soffrire.»

«Far soffrire questo giovanotto non riporterà in vita Zenzi.»

«Forse no.»

«Forse no? Non essere così egoista.»

«Sei stato *tu* a dire che meritava di sapere.»

Non mi importava che cosa potesse succedermi. Superai il prete, mi avvicinai in fretta al letto di Jasper Lange e scrissi sul mio taccuino una sola parola: *Berlino.*

Il mago guardò il soffitto e poi me. «Un giorno, il padre di Emmi ha chiamato Zenzi e le ha detto che la figlia doveva allontanarsi da Stoccarda, soltanto per un mese. Le sarebbe stato utile un assaggio della Berlino di zia Zenzi, per capire quant'era buono suo padre con lei. A suo dire, non faceva che mettersi nei guai, dopo il suo primo ciclo. Emmi aveva quello stesso non so che di Zenzi; una resistenza che lui non riusciva a spezzare, come se fosse fatta per questo: per essere mandata in frantumi, come un vaso da fiori contro la parete della sua chiesa. Zenzi poteva incanalare l'energia di Emmi verso qualcosa di utile, soltanto per qualche mese? Deviare il fiume nella direzione giusta? Erano tutte sciocchezze. Probabilmente aveva ricevuto una soffiata su quello che Hitler aveva in serbo per le ragazze come Emmi. Così ho suggerito a Zenzi di rifiutare la richiesta del fratello, le ho detto che permettere alla figlia devota di un uomo dell'NSDAP di vivere nel nostro appartamento, pieno di opere d'arte modernista e artisti di passaggio verso la Spagna, la Svizzera o l'America, sarebbe stata la nostra rovina.

Ma Zenzi odiava le idee politiche di Christoph. Nel trentatré, mentre lei mandava banconote da cinquanta marchi al suo contatto nel Partito comunista di Germania, Christoph si era messo con l'NSDAP. Lui stampava opuscoli del Partito, e Zenzi scriveva articoli con lo pseudonimo di Hanna Muller per *Gegen den Strom*. La Gestapo avrebbe potuto fare irruzione in un giorno qualunque e avrebbe trovato Zenzi e un appartamento pieno di degenerati che si scambiavano pagine del suo ultimo articolo. Voleva riempire la testa di Emmi di simpatie comuniste per dispetto al fratello e, a quanto ne sapessi, per farla pagare a Hitler.

Ma il suo piano per Emmi era perso in partenza; la ragazza era fanatica tanto quanto il padre. Faceva a maglia calzini per Hitler nel nostro salotto mentre Zenzi ascoltava Radio Mosca sulle onde corte. La settimana successiva ci furono altri arresti. Gli ultimi della nostra cerchia, i più esterni, in realtà. Eravamo gli unici rimasti a Berlino, e non so perché quelle bestie non avevano ancora bussato alla nostra porta. Di certo uno dei nostri amici ci aveva tradito per salvarsi. Se non uno dei nostri amici, temevo che sarebbe stata Emmi a sgattaiolare via per allertare la Gestapo.

Avevo memorizzato gli orari dei treni diretti a sud. Tutte le volte che un treno partiva senza di noi, mi si stringeva la gola. Mi faceva male ogni articolazione del corpo. Zenzi diceva che era per i miei trent'anni di spettacoli di magia, in cui mi liberavo da camicie di forza, corde, manette, slogandomi questa o quell'altra articolazione per ottenere l'applauso. Poi mi ha mostrato la rivoltella calibro 32 che teneva sotto il cuscino o in borsa, e mi ha detto che non avevo niente da temere dal Reich.

Molti pensieri mi tenevano sveglio. Emmi sembrava notare ogni atto di tradimento che Zenzi commetteva contro il regime. Tutte le persone che passavano da casa nostra con documenti falsi. Ogni volto, ogni nome che Zenzi faceva. Emmi mi chiedeva di loro, dei loro nomi completi, delle loro vite. Mi sforzavo di distrarla insegnandole semplici trucchi, che usavo per mantenere intatta la mia memoria muscolare. Come miscugli e passaggi di carte, trucchi con il fazzoletto, magie con la palla. Le basi, nel caso avessi dovuto ricorrere a lavorare a un tavolo da gioco in una stazione dei treni svizzera per qualche franco. Un giorno, mi ha chiesto come sapessi che la carta successiva sarebbe stata l'asso di picche e poi la regina di cuori e, alla fine, il fante di quadri.

"Dipende tutto da come mescoli il mazzo" le ho detto. Cosa importava se conosceva i miei segreti? Li avrebbe portati nella tomba, come il resto delle mie confidenze. Così le ho mostrato come mescolare il mazzo in modo semplice, e quanto fosse in realtà complesso da eseguire alla perfezione. "Vedi come le mie dita possono mancare le carte? No, il metodo Erdnase è il migliore, semplici sporgenze e separazioni." Le ho mostrato come mischiare a due carte, le basi della manipolazione. Lavorare a maglia un flusso infinito di calze per il regime aveva conferito alle sue dita un'ottima destrezza e, nel giro di due ore, è riuscita a darmi esattamente le carte che voleva in gruppi da due o tre.

Le giornate nel nostro appartamento trascorrevano così. Uscivamo a malapena. L'aria si riempiva di un tanfo marziale quando osavo aprire una finestra o accostare la porta d'ingresso. Olio e lucido da stivali e zaffate di polvere da sparo. L'animosità cadenzata e ringhiosa di un cane incatenato che aspetta di essere slegato. La Gestapo è arrivata per il vecchio Mansell dall'altra parte della strada, un pittore paesaggista dal discreto talento durante la monarchia. Fuori dalla porta di casa sua, ha sfilato una parata delle sue tele incorniciate. È stato come vedere la bobina di un film svolgersi: sulle tele sono passati fiumi, montagne e campagne dalla porta d'ingresso, lungo il marciapiede, fino al bagagliaio di una berlina nera. A seguire, il pittore con due bastoni e un agente della Gestapo per lato. Doveva avere ottant'anni al momento del suo arresto. Un artista più di là che di qua, che dipingeva paesaggi nostalgici per l'imperatore Guglielmo e gli Junker. È andato dritto dal sedile posteriore dell'auto nell'oblio del quartier generale della Gestapo su Prinz-Albrecht-Strasse. Se erano capaci di arrestare una persona inoffensiva come Mansell, ho pensato che saremmo certamente stati i prossimi.

Per un po', le mie distrazioni sembrarono funzionare: Emmi mi seguiva in giro per l'appartamento. Ovunque fossi io, c'era anche lei. Voleva vedere i trucchi di magia. Mi chiedeva di raccontarle storie dei miei spettacoli, dei numeri di escapologia, dell'ipnosi scenica. Una volta, mi ha domandato se la magia fosse reale. O si trattava di un'illusione e di una manipolazione come i trucchi con le carte? Mi ha detto che doveva essere reale. E, se lo era, doveva esserci una magia che l'avrebbe fatta assomigliare a una di quelle ragazze bionde sulla copertina di *Das Deutsche Mädel*. Dovevo conoscere un incantesimo per farlo. Se ero capace di liberarmi dalle catene in una vasca piena d'acqua, di certo sarei stato capace di trasformarla. Poi ha aggiunto che per mesi un uomo era andato a trovarla mentre era a letto, mettendole dentro parti meccaniche.

A quel punto, ho capito perché il padre l'avesse mandata da noi. Christoph Kleist, un uomo dell'NSDAP che gestiva le operazioni locali dalla sua libreria, con una figlia problematica che parlava a voce troppo alta delle sue allucinazioni. Che faceva disegni in cui aveva parti meccaniche nel busto, e li mandava al suo medico corredati da lettere in cui richiedeva un intervento per sostituire quelle mancanti. Con una figlia come Emmi, avrebbero inevitabilmente finito per trovarsi sotto i riflettori del Reich.»

La voce di Jasper Lange gracchiò; poi fece un colpo di tosse.

Scrissi un altro biglietto per Jasper e glielo porsi: *Emmi diceva che era stato lei a mandarla via, non sua zia.*

«Zenzi non voleva ascoltare le mie paure su sua nipote. Il giorno del mio cinquantunesimo compleanno, ho trovato una lettera nel cappotto di Emmi. Era indirizzata al quartier generale della Gestapo su Prinz-Albrecht-Strasse. Rivelava tutte le attività di Zenzi: gli articoli illeciti, l'aiuto agli artisti per farli uscire illegalmente dal Paese. Diceva persino che Zenzi chiamava Hitler un bifolco austriaco e uno stupido fottutamente inutile. La sua lettera nominava anche me, ma soltanto per dire che ero innocente: un uomo amorevole incantato dal fascino di una simpatizzante. Quel pomeriggio, sono andato a fare una passeggiata con Emmi, le ho versato di nascosto qualche goccia di sonnifero nel tè che le avevo comprato in un bar e l'ho messa su un treno per Stoccarda. Le ho infilato un biglietto nella tasca del cappotto con l'indirizzo di Christoph sopra, con scritto che era diventata violenta nei confronti della zia. Poi ho detto a Zenzi che la nipote era tornata dal padre di sua spontanea volontà; non riusciva più a sopportare di vivere con dei degenerati comunisti. Quanto alla lettera che Emmi aveva scritto alla Gestapo, l'ho tirata fuori dalla sua tasca alla stazione, l'ho fatta a pezzi, e li ho gettati in un tombino.

La mattina dopo, io e Zenzi siamo andati nell'appartamento del vecchio Mansell dall'altra parte della strada per cercare di salvare qualcuna delle sue opere. La polizia aveva lasciato la finestra della cucina aperta, così sono riuscito a entrare scavalcando il lavandino e poi ho aperto a Zenzi dalla porta sul retro dell'edificio. Abbiamo guardato dalla finestra di Mansell mentre la Gestapo martellava sulla nostra porta e chiamava a gran voce Zenzi. Le sue opere d'arte si sono accumulate sulla strada in una pila. Un paio di Frieda Hoch, gli acquerelli e i collage di Jacob

Böchle, i quadri a olio di Magda Zetkin. Era una miniera d'oro di opere degenerate. Zenzi era furiosa: era convinta che Emmi ci avesse tradito, e giurò vendetta. Era determinata ad andare a Stoccarda e puntare la rivoltella contro il fratello e la nipote finché, in qualche modo, non avremmo ripreso in mano le nostre vite. Avevo i nostri documenti falsi nascosti nella fodera del cappotto e abbastanza fascino da convincere Zenzi a scappare. Siamo riusciti a malapena a fuggire da Berlino verso il confine svizzero e, quando gli svizzeri non ci hanno voluto, ci siamo nascosti a Costanza, sul confine meridionale.»

«Jasper» disse padre Goetz «il ragazzo ha scritto un'altra domanda. È stata quella l'ultima volta che hai visto Emmi?»

Jasper si lasciò scappare una risatina nasale. «Avrebbe dovuto essere così, ma ci ha ritrovati due anni dopo; ha bussato alla porta della nostra casetta, come se qualcuno le avesse dato l'indirizzo. Vivevamo ancora sotto false identità: Otto Herzog e Claudia Schmitz, impiegati di Stoccarda, in cerca di asilo dalla guerra. Emmi a quell'epoca aveva diciassette anni e le era già cresciuta una ciocca di capelli grigi. Aveva perso un paio di denti, e una cicatrice sottile a uncino le attraversava il dorso del naso. Riuscivo a sentire sui suoi vestiti l'odore di foglie vecchie, di terra, e dell'aceto di mele che diluiva per trattare l'eczema sulle sopracciglia e sul cuoio capelluto della bambina. Sì, Emmi aveva con sé una bambina, una piccola di due anni che portava sulla schiena in un congegno a mo' di zaino.

Zenzi era fuori di sé. "Hai avuto il coraggio di tornare, maledetta."

"Zia Zenzi" è stata l'unica risposta di Emmi. Aveva la bambina, era affamata. Sembravano denutrite.

"Non ci ha traditi lei" ho detto a Zenzi.

"Dove sono le mie tele? E quelle della mia amica Frieda? E di Jacob? Mia nipote lascia Berlino, e il giorno dopo arriva la polizia! È stata lei a consegnarci, Jasper!"

Non ho osato fare parola della lettera di Emmi alla Gestapo, di come temevo potesse mandare altre lettere al Reich. "Sono io ad averla mandata via."

"Mandata via?"

"Per evitare che fosse arrestata con noi e gettata in un cazzo di campo."

Zenzi ha guardato la bambina, che aveva la testa coperta da un berretto di lana. "È tua? È per questo che l'hai mandata via da Berlino?"

Ho stretto in mano la moneta da due marchi che stavo facendo ruotare fra le dita e l'ho premuta con forza. Le domande di Zenzi non potevano essere serie: diventava perfida quando ripensava di aver dovuto abbandonare la sua amata Berlino. "Emmi non ha un posto dove andare" le ho risposto.

"Christoph le ha instillato il veleno nell'anima; ci tradirà."

Sono scoppiato a ridere. "Tradire noi? Ma se non siamo che un ricordo di Weimar. Nullità degenerate."

La bambina che Emmi aveva con sé era bruna e taciturna, come lei. Non diceva niente, ci rivolgeva a malapena la parola, e lo stesso faceva con sua... con Emmi. Ecco, stavo per dire "con sua madre". Ma la verità è che Emmi scoppiava a ridere ogni volta che avanzavo l'idea che potesse aver messo al mondo qualcuno che non fosse il figlio biondo e con gli occhi azzurri di un ufficiale delle SS. Per quanto avessi dei sospetti, mi mancavano le energie per andare a fondo. Emmi non mi aveva raccontato molto. Diceva di essere scappata dal primo bombardamento di Stoccarda e di essersi imbattuta nella bambina e nella madre in un fienile, dove erano state nascoste per due notti. Il padre della bambina era morto e sua madre aveva un frammento di proiettile nel fianco. Emmi aveva promesso di prendersi cura della bambina finché non ne avesse trovato i nonni in Spagna.

Aveva raggiunto Costanza a piedi, dormendo perlopiù durante il giorno in fattorie abbandonate, e mettendosi in cammino durante la notte. Diceva di avermi sentito dire a Zenzi, a Berlino, che avrei voluto scappare in Svizzera e quanto fosse bella Costanza sul versante tedesco del confine. Un inverno, i miei genitori avevano portato me e Zenzi a Bodensee in vacanza, e per la notte di san Silvestro avevamo fatto un giro in barca sul lago. Emmi aveva una mia fotografia e aveva chiesto in giro per Costanza se qualcuno conoscesse l'uomo nella foto e, di lì a poco, qualcuno si era ricordato di avermi visto con Anschell, l'anziano agricoltore che possedeva la fattoria in cui vivevamo. Emmi aveva ancora il mazzo di carte che le avevo dato a Berlino. Oh, quelle carte erano lacere e consumate, ma erano diventate un'estensione della sua mano. Ci giocava nervosamente, mescolandole e tagliandole con una mano sola senza neppure guardarle.

Una mattina, mentre Zenzi era ancora a letto, mi sono seduto con Emmi e la bambina, Leni, ed Emmi mi ha mostrato tutti i suoi trucchi: la carta vagante, i fanti acrobatici, il bastone da rabdomante; trucchi che non le avevo mai mostrato, ma che in qualche modo aveva imparato. Era così che aveva guadagnato qualche soldo lungo la strada, nei posti che l'avevano accolta per qualche giorno: intrattenendo i soldati in cambio di monete al gioco delle tre carte, abbastanza per comprare cibo per sé e la bambina, e a volte per pagare un posto in cui dormire. Quando non faceva trucchi con le carte, prevedeva il futuro utilizzando un mazzo di tarocchi francesi che aveva trovato nel taschino della giacca di un cannoniere di Panzer morto. Doveva fare molta attenzione a capire chi voleva solo divertirsi e chi voleva conoscere il proprio futuro. I vittoriosi volevano divertirsi, gli sconfitti sperare.

La nostra casetta era un fronte disgraziato. Zenzi si rifugiava in camera da letto per dipingere. Non c'erano tele, così aveva preso una pila di grosse assi nel fienile di Anschell e le aveva segate in quadrati da trenta centimetri. Ci dipingeva sopra scenette sovversive e lasciava i suoi quadri in giro per Costanza la notte, perché la gente li trovasse. Hanno persino pubblicato una fotografia di uno dei suoi dipinti sul giornale locale: ritraeva rotoli di filo spinato su una vetrata rotta della finestra di una chiesa. *La tirannia rende liberi!* era il titolo scelto da Zenzi. La polizia aveva offerto una ricompensa di cento marchi per chiunque fosse in grado di identificare il colpevole.

Non avevamo bisogno di preoccuparci del vecchio Anschell, perché non sapeva leggere. Eravamo noi a leggergli il giornale in casa sua dopo cena. E Zenzi aveva saltato la parte in cui si parlava del dipinto e lasciato cadere quella copia del giornale nel caminetto.»

Mentre l'uomo parlava, padre Goetz aveva preparato del tè. Jasper ne prese un sorso, adesso. Poi chiuse gli occhi, e per un istante temetti si fosse addormentato.

«Molto presto, Leni prese a giocare e cantare in una lingua che non comprendevo. Le leggevo dalle opere dei fratelli Grimm e dalle copie segrete di Thomas Mann di Zenzi. Leni parlava ancora di rado: qualche parola isolata rivolta a Emmi, e poi tornava taciturna. La parte più incoraggiante di Leni erano i suoi disegni; a tre anni, era in grado di disegnare semplici volti con uno dei carboncini di Zenzi. Disegnava sempre su qualunque supporto le permettessimo di usare, il che, in tempo di guerra, quando non c'era carta, significava disegnare sulle assicelle che rivestivano il fienile di Anschell con pezzi di carbone della stufa a legna, a cui avevo fatto la punta con il coltello. A Zenzi non importava nulla di Leni: quando si gettava sulla sua gamba, lei si limitava a darle colpetti sulla testa. Una volta, ha guardato il viso schiacciato di Leni e ha detto: "Chi è il padre? Un minotauro iberico?"

Emmi allora ha sbottato, accusando Zenzi di essere il vero mostro, ma si è interrotta a metà frase, con la stessa rapidità con cui aveva cominciato a parlare. Sapeva che era meglio non concludere l'accusa verso sua zia, rischiando di essere cacciata di casa. Zenzi, dal canto suo, non ha tenuto a freno la lingua: si è domandata ad alta voce se la storia dell'incontro con Leni non fosse altro che una bugia, e se Emmi non avesse in realtà rapito la bambina per compensare i propri difetti.

Mi ero preparato all'eventualità che le parole di Zenzi portassero Emmi a consegnarci alla polizia locale. Persino nel 1944, benché la guerra per il Reich si mettesse male su due fronti, alla polizia sarebbe comunque bastata qualche parola della figlia di Christoph Kleist per arrestarci. Ogni paio di giorni, mentre giocava all'aperto con Leni, frugavo fra le cose di Emmi – il lettino che avevamo approntato per lei e la bambina, la sua borsa di stoffa, l'angolo della stanza dove dormiva – in cerca di un'altra lettera indirizzata alla polizia.

La terza volta, Emmi mi ha sorpreso a frugare sotto il

suo letto. "Sto cambiando le lenzuola" ho mormorato, anche se non l'avevo mai fatto prima.

Se Emmi aveva qualche sospetto nei miei riguardi, non l'ha dato a vedere. Lei e Leni avevano trovato delle prugne, e me ne ha data una borsa piena. Così le ho detto che avrei preparato un crumble per dessert, dato che avevamo dell'avena e un po' di miele dell'ultimo alveare rimasto ad Anschell. Mentre versavo le prugne in una terrina, Emmi ha cominciato a parlarmi di un ospedale, probabilmente a Stoccarda, dove in tanti erano morti. Non l'avevo mai sentita parlare di un ospedale prima, e le ho chiesto se suo padre fosse stato malato e avesse avuto bisogno di cure lì. Per un attimo terribile, è sembrato che stesse per scoppiare in singhiozzi. Non avevo mai visto Emmi Kleist piangere, nel suo periodo con noi. Dubitavo che fosse in grado di farlo. Così, le ho chiesto se suo padre fosse morto in quell'ospedale, se fosse per quello che non avevamo saputo più nulla di lui.

Emmi si è rifiutata di aggiungere altro e, quando le ho chiesto di nuovo dell'ospedale l'indomani mattina, ha scosso la testa e ha portato Leni fuori a giocare.»

«Sai il nome dell'ospedale? Potrebbe dare un indizio a Rainor» disse padre Goetz.

Jasper Lange scosse la testa.

«Rainor, ti ha mai parlato di un ospedale? Potrebbero esserci ancora dei registri.»

Ma scossi la testa anch'io. Sapevo già a quale ospedale si riferisse Emmi e non avevo il coraggio di pronunciarne il nome.

«Qualunque cosa le fosse successa» proseguì Lange «credevo che forse Emmi avesse soltanto bisogno di tempo per confidarmelo. Sono trascorsi mesi. Alla fine della primavera del 1945, Costanza ha accolto gli americani, i britannici e qualche canadese. Le bandiere del Reich sono sparite dalle finestre e al loro posto sono arrivati i colori alleati. Noi degenerati, ha annunciato Zenzi, potevamo uscire dall'ibernazione. Andavamo a passeggio quasi tutti i giorni lungo una parte più isolata del Reno. Era quella la prova del nove, per vedere se era tutto vero e se potessimo uscire senza temere di essere arrestati. Zenzi ha insistito affinché mi rasassi la barba, che mi tagliassi i capelli e che li oliassi come facevo a Berlino. Ha cominciato a parlare del futuro: saremmo tornati a Berlino una volta che americani e russi si fossero accordati su un confine. Avremmo rimesso insieme la nostra vecchia cerchia, con chiunque fosse sopravvissuto o riuscito a scappare; le nostre vite sarebbero tornate a prosperare. La nuova Germania avrebbe avuto bisogno di noi; consumata dall'odio, pronta alla contrizione, avrebbe avuto bisogno di uno specchio che riflettesse il suo passato. E noi degenerati saremmo stati quello specchio!

Eravamo appena tornati alla fattoria di Anschell, quando Zenzi ha dichiarato tutto questo ed Emmi ha assunto tutta l'aria di volerla aggredire verbalmente. Qualunque cosa fosse successa a Emmi, non riuscivo a immaginare che non fosse ancora devota al suo defunto Führer. L'ho fermata prima che potesse sputare fuori qualcosa per provocare sua zia, e ho detto a Zenzi che con Berlino avevo chiuso. Volevo aprire una piccola scuola di magia qui a Costanza e insegnare a chiunque volesse imparare. Magari avrei dato una ripulita al fienile di Anschell e fatto lezione lì.

"Sei diventato piccolo" ha detto Zenzi. "Ti sei lasciato sconfiggere."

Le ho risposto che Berlino era stata rasa al suolo, e tutto ciò che amavamo e per cui avevamo vissuto non c'era più. Zenzi allora ha cominciato a gridare: avremmo ricostruito le nostre vite esattamente com'erano a Berlino. Avremmo cominciato da piccole esposizioni. Con tutti i nostri vecchi amici. Ne ha elencati una ventina; gli avrebbe scritto oggi stesso! Molto tempo dopo, ho trovato i loro nomi sulle liste dei giustiziati, degli imprigionati o degli scomparsi. *Lo sporadico cenotafio.* Un nome scarabocchiato sopra il muro di Berlino con lo spray. Era il momento di essere qualcun altro, qualcos'altro.

Avevamo vissuto sotto false identità per la maggior parte della guerra, ed ero stato qualcun altro abbastanza a lungo da diventarlo. L'Incredibile Jasper era morto durante la fuga da Berlino. Ucciso dalla Gestapo. Gettato in una fossa comune con tutti gli altri degenerati.

Zenzi ha detto che avrebbe fatto i bagagli e sarebbe partita, e io avrei potuto anche marcire lì, in quella campagna nel mezzo del nulla. Una volta allontanatasi abbastanza da non poterla sentire, Emmi si è messa a canticchiare *Il canto di Horst Wessel*, facendo volteggiare Leni intorno alla cucina con un sorriso luminoso come la luna. Poi ha detto alla bambina che, senza la zia Zenzi, lo spazzacamino sarebbe potuto tornare a finire le sue parti interne.

Non l'avevo sentita parlare del suo visitatore fantasma da quando era tornata da noi. Avevo sperato che avesse superato quelle fantasie, che fosse sfuggita a qualunque cosa... Zenzi si è precipitata di nuovo dentro la cucina. Aveva messo tutto ciò che possedeva in due piccole valigie, e mi ha domandato di accompagnarla alla stazione con il furgoncino di Anschell. Lungo la strada, mi ha chiesto di partire con lei. Di tornare alla nostra vera casa.

"Adolf ha sconfitto noi degenerati" le ho risposto.

Per tutta risposta, lei mi ha schiaffeggiato. Mi ha lasciato nel furgoncino, e io sono rimasto lì a fumare le sigarette che avevo comprato da un soldato americano. È tornata indietro tre ore dopo; avrei dovuto sapere che il suo ritorno sarebbe stato un problema. Zenzi Paulus, *quella* Zenzi Paulus, che non mi lasciava per Berlino! Avrei dovuto rendermi conto che il pentimento di Zenzi era la sconfitta delle sconfitte. Mi sono infuriato con lei, le ho detto di andarsene via, a resuscitare tutti i degenerati morti! Di portare una carriola e di smuovere le macerie ed essere fedele a sé stessa. Di dire a Stalin di andare a fanculo.

Zenzi non ha detto niente. Niente. E io l'ho odiata per non aver detto niente, per non essere andata via. Ha fatto un guinzaglio di corda per Kundry, la gatta rimasta orfana che si era unita alla nostra famiglia, e quando non pioveva portava l'animale con noi a passeggio. C'erano sempre meno rifugiati dalle città e dai piccoli centri distrutti che passavano da Costanza per raggiungere il confine. I soldati britannici e americani erano scomparsi dalle strade. Si parlava di come dividere il Paese, dopo tutti quei mesi. Berlino non era altro che tensione fra britannici, americani e sovietici; si preparavano Berlino Est e Berlino Ovest. Il nostro vecchio appartamento, quello da cui eravamo scappati per andare al sud, era a est, la zona bramata da Stalin.

Zenzi aveva cominciato a passeggiare da sola lungo il Reno con Kundry. Quel venerdì mattina, le ho chiesto di che umore fosse, perché più di una volta, da quando stavo con lei, si era lamentata di essere depressa da settimane e che io – l'Incredibile Jasper con la visione mesmerica – non avevo notato la sua mestizia. Non che Zenzi apparisse mai in alcun modo depressa: teneva tutto dentro, e io avrei dovuto predire il suo umore dalle foglie di tè al gelsomino che lasciava nella tazza. Quel giorno, però, gliel'ho chiesto, e lei non ha detto niente. "Sto prendendo in considerazione una nuova cerchia qui a Costanza" ha risposto. "I degenerati di Costanza. No, di Zurigo. Che ne dici, Jasper? Trasferiamoci a Zurigo."

Quell'ultimo giorno, non mi ha permesso di andare con lei. Ha detto di voler fare una passeggiata con Leni e Kundry, ma Emmi non avrebbe mai accettato di lasciare la bambina da sola con Zenzi. Zia e nipote si parlavano a malapena da quando Zenzi aveva deciso di restare con noi. Era la loro tacita tregua: un risentimento silenzioso ed esausto. E così alle nove del mattino sono uscite tutte e quattro. Io ero già in piedi dalle cinque, per mungere e dare da mangiare alle mucche di Anschell. Le sue mani di ottantenne erano diventate artritiche, e io avevo accettato di aiutarlo a fare il burro nella sua zangola a manovella. La panna restava nella zangola finché non raggiungeva la stessa temperatura della zona di mungitura nel fienile, che quell'autunno era abbastanza fredda da far spuntare un sottile strato di ghiaccio lungo i bordi delle pozzanghere. Mi sono seduto su uno sgabello e mi sono messo a girare la grossa manovella finché le pale di legno nel barile non hanno cominciato a rendere il burro più denso. Ho continuato per un'ora, guardando un coleottero strisciare lungo una crepa nel pavimento finché non è arrivato alla porta del fienile. E, quando ha sentito la brezza del mattino, si è voltato e ha strisciato di nuovo verso di me. Sono scoppiato a ridere. Ecco cosa ne era stato dell'Incredibile Jasper! Avevo riempito teatri di Berlino, intrattenuto le élite delle ss e le loro moglie e fidanzate all'Opera. Avevo ipnotizzato Himmler perché si rivolgesse a un ritratto di Stalin come "Mein Führer". Dio, erano così facili da ipnotizzare, quelli! Non ero infelice; c'era qualcosa nell'accettare ciò che ero diventato. Nel non resistergli. In quel momento, alla fine della guerra in Europa, l'Incredibile Jasper faceva il burro in grossi pezzi rettangolari. Sei per Anschell e uno per noi. Era bello usare di nuovo le mani; si erano indurite con il lavoro alla fattoria. Non facevo più sparire le cose; le facevo apparire. Ho posato tutti e sette i pezzi di burro sopra un'asse di legno, al sole della tarda mattinata che filtrava dalla finestra e, con un gesto enfatico della mano libera, mi sono inchinato alla stanza vuota, al coleottero che scappava. "Signore e signori, grazie."

Lo sparo mi è sembrato più vicino di quanto non fosse. Un cacciatore e le sue anatre, ho pensato. Persino dopo la guerra, gli spari non erano fuori dal comune qui, specialmente in autunno. A essere fuori dal comune era non sentirne un secondo o un terzo. Ho pensato che dovesse averle prese in un colpo solo o aver premuto entrambi i grilletti nello stesso momento. Così, ho portato il burro nella fattoria di Anschell e detto all'anziano che avrei mangiato il mio pranzo al fiume. Mi aspettavo di vedere tornare il cacciatore con un paio di anatre o di galli cedroni e un cane da caccia che guaiva. Era il genere di normalità che la pace aveva riportato. Comune caccia.

La strada lungo il Reno attraversa una foresta fitta di alberi e poi, arrivata a un'unica grossa roccia simile a un menhir, si apre sull'acqua. Ho camminato per un po' controcorrente, attraverso la luce screziata, alternando momenti di cecità transitoria. Poi mi è venuto incontro qualcuno, con un respiro quasi asmatico. Una vocina. "Attenta, attenta" e "Non ti voltare". Era Emmi, e aveva Leni in braccio. La bambina aveva pianto da poco, le lacrime le si stavano ancora asciugando sulle guance.

"C'è del latte fresco alla fattoria" ho detto loro. "E burro per il pane. Anschell mi insegnerà a preparare il formaggio."

A volte, in alcuni momenti della mia vita, non riuscivo neppure a credere a quello che stavo dicendo. Cose semplici, gioie semplici. Non c'era più la confusione complicata di Berlino. Latte, formaggio, una passeggiata a mezzogiorno lungo il Reno alla luce autunnale.

Emmi mi è passata accanto di corsa. Si precipitava nella direzione opposta alla mia. Leni si era rimessa a piangere, e io stavo ancora pensando ai piaceri più semplici.

Il sentiero svoltava leggermente dal fiume, e all'improvviso mi sono ritrovato immerso sotto un'ombra intensa e foglie cadenti. Ho sentito il lamento di un gatto.

L'ho trovata seduta con la schiena appoggiata a una grossa quercia, la testa piegata leggermente verso il cielo come se si stesse godendo il sole. La sua rivoltella non era caduta per terra, ma si era impigliata in uno dei bottoni del cappotto vicino al cuore. Aveva la mano ancora stretta intorno all'impugnatura, come se potesse premere il grilletto per un secondo colpo. Kundry dava colpetti alla guancia di Zenzi con la zampetta, come faceva quando voleva essere accarezzata. Poi ha emesso un mugolio e mi ha guardato come a spronarmi a fare qualcosa. Un trucco. Un incantesimo. Un gesto della mia bacchetta magica.

Non c'era alcun biglietto. Perché avrebbe dovuto esserci? Si trattava di Zenzi. C'era una piccola tela arrotolata con chiazze del suo sangue sul retro infilata dentro il suo cappotto. Un dipinto che mi ritraeva di spalle. L'illusionista che incanta il pubblico con un gesto delle mani, e in prima fila c'erano Zenzi, Kundry e Frieda Hoch. L'intero pubblico era formato dalla nostra cerchia di Berlino. Tutti i nostri morti. Non ho mostrato il dipinto alla polizia; l'ho sfilato dal corpo di Zenzi. Ho rilasciato una dichiarazione. Anschell ne ha rilasciata una sulla mia innocenza. Kundry si è aggrappata alla mia spalla.

Quando sono tornato alla fattoria più tardi quel pomeriggio, Emmi e Leni erano già andate via. Aveva portato con sé soltanto le loro cose e un po' di cibo; non aveva neppure lasciato un biglietto per dire dove sarebbe andata. Emmi era l'unica altra persona in vita ad aver conosciuto Zenzi a Berlino.

Mi piace pensare che sia riuscita ad arrivare in Spagna. Mi piace pensare che abbia trovato la pace.»

Rainor
8 febbraio 1940
Trutzburg, Germania

Il fiato del sergente Mandl aveva lo stesso odore di quello di Vati a san Silvestro, e si disperdeva di fronte al suo cappotto umido come gas mostarda. Disse che io e Dieter avremmo dovuto fare qualcosa di divertente dopo aver trasportato tutta quella cenere: perché tanta fretta di tornare al nostro reparto disgustoso? Scossi la testa, ma Dieter sorrise e rispose di sì, che a lui piacevano le cose divertenti. Così, il sergente Mandl ci portò nel refettorio caldo, che era pieno di uomini e donne che lavoravano a Trutzburg. L'odore del fiato del sergente fu rimpiazzato da quello di carne cotta e cavolo bollito e, da qualche parte, di una candela tremolante che veniva accesa con un fiammifero. Ci mise a sedere accanto a Herr Bonse e gli disse di esibirsi per tutti in uno spettacolo di marionette, come aveva fatto la sera prima con i cani. Allora il sergente Mandl fischiò e annunciò: «Ecco arrivata l'occasione del nuovo spettacolo di Herr Bonse, cazzo! Applaudite» e, un attimo dopo, Herr Bonse muoveva le nostre teste con le mani e diceva cose strane e tutti ridevano così forte che il pavimento si scurì di lacrime. Dieter rideva insieme a loro, ma io sapevo che era meglio non farlo, perché le loro risate erano come pugni. All'inizio, non ero certo che stessero ridendo di noi, ma poi Vati me lo disse. All'inizio avevo sorriso, mentre Dieter rideva insieme a tutti gli altri.

E poi Vati si era infuriato, mi aveva detto di smetterla di sorridere. *Stanno ridendo del mio unico figlio!* Mio padre mi aveva spesso gridato contro, ma non aveva mai riso di me. Non aveva mai fatto battute sul mio aspetto o sul mio modo di esprimermi o pensare. Un inverno, molto prima della guerra, degli ospiti erano venuti a cena, e io ero sceso dalla mia camera al tavolo da pranzo, circondato da dieci persone in completi raffinati e abiti eleganti, e Vati mi aveva presentato come suo figlio, Rainor. Il tavolo era illuminato dalle candele e dal luccichio dell'argenteria. La sala si era riempita di silenzio e dell'odore di fagiano arrosto. Non c'erano state risate come quelle del refettorio a Trutzburg, ma un silenzio cortese, anche se non avevo nascosto il viso con la sciarpa. Ero pur sempre il figlio di Vati, e lui aveva chiesto al maggiordomo di portarmi in cucina perché mangiassi la mia cena lì.

«Bonse!» esclamò qualcuno.

Herr Berger raggiunse a fatica il nostro tavolo attraverso la coltre di risate, ma il sergente Mandl lo bloccò. Berger ci indicò e cominciarono a discutere. Un attimo dopo l'autista se ne andò sbattendo la porta del refettorio. Herr Bonse ci sollevò le braccia, e io riuscii a sentire la sua mano umida tremare contro il mio polso. Dieter rideva e saltava su e giù come se avesse vinto le cento iarde a scuola. Vati era furioso, usava parole che non gli avevo mai sentito usare prima. *Come cazzo osano... Chi cazzo si credono... La cazzo di barbarie di questi ignoranti...* Il dottor Lutz mi diede un colpetto sulla testa e disse a Herr Bonse che il suo spettacolo era adatto al Circo Busch di Berlino, poi scrutò il punto in cui mi aveva dato il colpetto e tastò uno dei miei bitorzoli con le punte delle dita. Uno dei piccoli bernoccoli che avevo ai lati della testa, circa cinque centimetri sopra le orecchie.

Dieter tornò nel nostro reparto, e io dovetti attraversare con il dottor Lutz una porta sul retro del refettorio e poi un lungo corridoio. Il dottore bussò a una seconda porta ed esclamò: «Lenz. Devo mostrarti una cosa». L'uomo di nome Lenz aprì la porta del suo dormitorio. C'erano un letto, un tavolo e delle sedie, e il giovane stava mangiando lo stesso cibo degli altri nel refettorio. Dalla sua radio il suono indistinto di un servizio sulla Francia.

«Mi scusi, dottore» disse Lenz. «Ho appena finito il mio giro visite. Kanzler dice che siamo pienamente operativi.»

Un cane venne fuori da sotto il tavolo dove Lenz stava cenando. Era un bassotto tedesco fulvo a pelo lungo, e le sue zampe posteriori erano sospese in un carrellino di legno. Abbaiò due volte.

«È ora della nanna, Munti?» chiese Lenz al cane. Slacciò due cinghie di pelle sul suo carrello e il bassotto tirò in avanti e si trascinò le zampe posteriori zoppe sul pavimento, per poi lasciarsi cadere su un cuscino ai piedi del letto di Lenz. «Non abbaiare. Abbiamo ospiti.» Sorrise a Lutz. «Da questa parte, dottore.»

Lenz ci condusse in un altro ufficio. C'era un'ampia scrivania in legno e scaffali di libri e, in una seconda stanza attigua, una sala visite. Il dottor Lutz mi disse di sedermi sul tavolo di metallo.

«Tocca» disse a Lenz. «In questo e quest'altro punto.»

Lenz indossò spessi guanti di gomma, e le sue dita sottili toccarono i bitorzoli sulla mia testa. Attorno, sopra, più e più volte. Poi guardò il dottor Lutz. «Posso?»

«Sì.»

Il giovane abbassò gli occhiali sul dorso del suo grosso naso, accese un rasoio elettrico e rasò i capelli intorno ai miei bitorzoli. Altra luce. Una lente di ingrandimento.

«Osteofiti. Un ispessimento del cranio nella parte superiore dell'osso temporale. Il bilateralismo è curioso.»

«Sono come i piccoli bozzi su quel cervo che Jochen ha abbattuto la settimana scorsa.»

Avevo sempre portato i capelli più lunghi, ed ecco che cadevano per terra, mentre Lenz mi rasava l'altra parte della testa. Il dottor Lutz mi fece delle fotografie. Di profilo, di fronte e di dietro.

Mi fecero togliere cappotto e maglione, e anche la camicia. Mi misi a tremare mentre passavano le dita lungo i bitorzoli della mia colonna vertebrale. Il dottor Lutz scattò altre foto. «Sorridi, piccolo Pan» mi disse. «Dopotutto, sei speciale.»

All'ospedale di Stoccarda, venivo visitato due volte

l'anno, ma non mi avevano mai tagliato i capelli. Non ero mai stato fotografato, a parte il giorno del mio arrivo. Avrei voluto piangere, ma dissi a me stesso di non farlo. Chiesi a Vati che cosa fare, ma rimase in silenzio.

Lenz prese il martelletto che si usava per le ginocchia e passò lo strumento freddo lungo la mia colonna bitorzoluta.

«Lo mettiamo in lista per un...» Lenz mi lanciò un'occhiata «...esame?»

Sentii un torpore al cuore, e mi sembrò di soffocare. Avrei voluto piangere, ma non sapevo il perché.

«Un piccolo dio stupido, condannato a finire i suoi giorni in questo corpo afflitto» disse il dottor Lutz. «Presto ti libereremo. Assumi una forma superiore e torna a trovarci.»

«C'è la possibilità di un trattamento per quelli come lui. L'Istituto di ricerca psichiatrica ha parlato di un farmaco, della categoria dei barbiturici. Potrebbe restare con noi, mentre lo... I viventi sono soggetti così impeccabili. Risultati nuovi che...»

Il dottor Lutz scosse la testa. «Non devi dimenticare questo ragazzo, Lenz.» Strappò un pezzo di carta spessa, ci scrisse qualcosa sopra e lo appuntò sul davanti del mio cappotto. Non capivo le parole, così ne memorizzai la forma. Le tracciai più volte con il dito, così che, a tempo debito, potessi scriverle una per una: *Per ordine del dottor Lutz: esame post mortem.*

«Ci vediamo domattina» mi disse Lutz.

Passai di persona in persona. Da Lutz a Lenz al sergente Mandl e, finalmente, arrivai da un inserviente dall'aria stanca che aveva l'odore dello stesso vino servito a cena. Mi aprì la porta del reparto.

«Ho sentito che ti chiamavano Rainor» disse. «La mia Sonja è incinta. Se è un bambino, vuole chiamarlo Rainor. È davvero un bel nome.»

«Rainor?» sussurrò Emmi.

Allungai la mano e mi mossi a tentoni nell'oscurità, finché non trovai il letto e la mano di lei.

«Rainor, dove sei stato? Dieter è tornato un'ora fa. Ha detto che vi hanno dato del pane. Vi hanno già curati?»

Le strinsi due volte la mano. Il nostro segnale per il no.

«Siamo rimasti solo in dieci adesso. Hanno curato gli altri, e domani saremo curati noi. Non è meraviglioso? Sarò bella come le altre ragazze. Sposerò il mio ufficiale delle ss. Non sei contento, Rainor?»

Le strinsi la mano una volta. Sì. Sì e sì.

«Rainor, perché non fai nevicare?»

Pensai alla neve, a una tormenta, a una leggera brezza marzolina. «Cadi, cadi, cadi adesso» pensai. Notai il primo fiocco che vorticava al chiaro di luna.

E il secondo.

E il terzo.

«Ne ho sentito uno sulla guancia!» esclamò Emmi.

I fiocchi di neve turbinarono nell'aria fredda che filtrava nella stanza. La neve si mise a cadere su ciascuno di noi.

«Ha un profumo così dolce» disse Emmi. «Marie, se sei sveglia, senti il profumo della neve fresca.»

Sognai l'inserviente che mi aveva portato in reparto. Sua moglie, Sonja. Entrambi al battesimo del loro bambino neonato. «Come si chiama il piccolo?» chiese il prete.

«Rainor» sussurrò la moglie dell'inserviente.

Lasciai che la neve cadesse su di loro, sul bambino, sul prete anziano. Sorrisero e poi distolsero lo sguardo.

Diari di Berger
8 febbraio 1940
Trutzburg, Germania

Bonse era sdraiato a pancia in giù sulla branda nella stanza assegnata a me. Riuscivo a sentire l'odore di vino e liquore. Quel disgraziato scoreggiava e russava. Se gli avessi premuto la testa nel cuscino, tenendola ferma, chi avrebbe potuto saperlo? Mi lasciai cadere sulla sedia accanto al piccolo scrittoio e... niente. Non feci nient'altro che stare seduto lì con la mano sul viso e pregare. Pregare. L'ultima volta che avevo pregato, pregato davvero, come se non avessi più nulla da perdere, guidavo la mia ambulanza vicino al fiume Vistola, il serbatoio di benzina praticamente vuoto e una trentina di chilometri ancora da percorrere per l'ospedale da campo, con sei feriti e un paramedico che invocava un angelo di misericordia.

L'indomani mattina, sarei dovuto andare a prendere altri bambini. La neve continuava a cadere. Un'ora prima, Hansi mi aveva detto che un semicingolato sarebbe arrivato da Stoccarda per spazzare le strade, perciò il viaggio di ritorno avrebbe dovuto essere liscio come quello su un trenino giocattolo. Dove trovava Lutz tutti quei bambini? Svuotavo un ospedale, e la settimana dopo era di nuovo pieno.

Doveva esserci qualcosa di giusto in tutto questo. Se i Lutz del mondo, con la loro istruzione, dicevano che era la cosa migliore per la Germania, allora chi ero io, un autista di autobus, per dissentire? Il giorno prima, a colazione, Lutz aveva parlato dello scienziato inglese Darwin e di un frate della Slesia, Mendel, e della sua ricerca sui piselli. Purezza! Quante volte Lutz aveva ripetuto quella parola!

Dobbiamo liberarci dei fallimenti, aveva dichiarato. Dei nostri piselli impuri.

«Bonse» gli dissi mentre dormiva ancora. «Presto ci saranno soltanto barbari come noi, proprio così, quelli che ridono di ragazzini storpi.»

Mi avvicinai a lui con la sedia. La mia copia di *La morte a Venezia* aveva una copertina falsa sopra, dal titolo *Aeronautica tedesca pratica*. Lessi a Bonse mentre era sdraiato in dormiveglia. Lessi lentamente, a voce bassa, perché sentisse ogni parola. Era l'una di notte, ed ero arrivato soltanto a metà quando socchiuse gli occhi.

«Che cos'è?» biascicò.

«La purezza della parola scritta, Bonse. Lutz vuole che siamo puri.»

«Chi ha scritto questo orribile...?»

«Thomas Mann. Non l'hai mai sentito? È scappato in Svizzera.»

Ricominciai a leggere.

«Smettila. Questa non è purezza.»

«Smetterla? Tu hai smesso, stasera, con quei ragazzini?»

«Non volevo farlo, Berger. Mandl mi ha detto che, se non mi fossi esibito con quei ragazzini, Lutz mi avrebbe mandato in Polonia.»

«Se Mandl ti aveva minacciato, allora perché sembrava che ti stessi divertendo?»

«Ha detto che avrebbe consegnato la mia Liesa alla polizia. La tua lettura di questo libro scatenerà l'ira di Lutz.»

«Sì, non passerai inosservato. Come ha fatto la mente di Herr Bonse a darsi improvvisamente ai romanzi spinti? Era un servo del Reich così leale e obbediente. Come fa a conoscere tante cose sugli omosessuali?»

Dalle sue palpebre chiuse cominciarono a scorrere le lacrime. «Te l'ho detto: è stato Mandl a costringermi. Voleva uno spettacolo. Anch'io ho una famiglia, Berger. Un giorno un bambino.»

Il suo respiro si rilassò e la sua testa ciondolò da un lato. Lessi fino all'ultima parola, finché ogni cosa nella mia stanza non sembrò triste e possibile allo stesso tempo.

«Berger» mormorò Bonse. «Ho sognato che mi stavi uccidendo.»

Non c'era traccia del Mastino nella sua voce, e non ne capivo il perché. Era proprio come me. Qualunque cosa pur di sopravvivere.

Rainor
9 febbraio 1940
Trutzburg, Germania

«Rainor, sono qui per il nostro trattamento.»

Emmi si alzò impettita, con tanta fame e sete quante ne avevamo noi, e sorrise raggiante, come se stesse per accogliere san Nicola ai piedi del caminetto del padre. Si passò in fretta le mani fra i capelli e si lisciò le pieghe del camice sporco. «Ho il viso pulito?» chiese. Era felice come i martedì in cui Opa Louis ci lanciava i cioccolatini e ci faceva ascoltare le *Gymnopédies.*

Un ciuffo dei suoi capelli vorticò sul pavimento, sospinto dalla corrente d'aria fredda.

«Tutti in piedi!» esclamò Emmi. «Stanno venendo a curarci.»

La maggior parte dei letti a castello era vuota. Eravamo rimasti soltanto in dieci: Dieter, Marie, Emmi, Eva, qualcun altro di cui non ricordavo il nome. Emmi annunciò che noi rimasti eravamo tutti speciali, che avremmo ricevuto un trattamento unico. Il Führer aveva un posto speciale per noi. Un castello fortezza nelle Alpi austriache, con cani da caccia e presto Croci di Ferro appuntate alle giubbe che ci avrebbero dato.

«Dieter, in piedi!» esclamò Emmi. «Eva, anche tu!»

La stanza puzzava dei nostri secchi di escrementi, di zuppa di cavolo semidigerita, del fumo che grattava le finestre. Le mosche si erano messe in fila lungo le sbarre del mio letto a castello come una serie di Messerschmitt pronti al decollo. La brina sui vetri delle finestre era un giardino di fiori sbiaditi. Chiesi a Vati che cosa significasse tutto ciò. Le mosche, i fiori, il silenzio sotto una coltre di fumo sempre più denso.

Marie scoppiò in singhiozzi. La presi per il polso e la aiutai a mettersi seduta. Aveva la voce talmente roca da non poter parlare più che in un sussurro: «Tutti hanno così tanta paura. Dappertutto».

La porta si aprì, ed ecco Frau Gussi, due inservienti e il sergente Mandl con il suo fucile. Non ci fu bisogno che dicessero niente. Una rapida occhiata di Frau Gussi fu sufficiente. Gli inservienti ci allinearono in fila per uno, come con tutti gli altri bambini che avevano portato via dal nostro reparto per il trattamento. Ero vicino al fondo della fila con Marie, che si appoggiava a me per restare in piedi. Eva era troppo esausta per camminare, perciò Dieter esclamò: «Tutti a bordo!» e si mise in ginocchio per lasciare che gli salisse sulla schiena. Quanto agli altri bambini, si sforzarono di far stare i loro corpi sull'attenti come avevano visto fare ai soldati.

Emmi fece il saluto a Gussi e disse che noi, i bambini

del reparto sei, eravamo pronti al trattamento. Volevamo servire il Reich. Il nostro gruppo di bambini denutriti e assiderati non vedeva l'ora di indossare l'uniforme della Wehrmacht o della Croce Rossa tedesca. A prestare servizio in Polonia e in Belgio e presto in Francia. A superare il muro, a ululare insieme agli Stuka mentre facevano bruciare, sanguinare o esplodere il territorio nemico. A puntare, sparare e morire per la Germania. Santo cielo, eravamo pronti.

Il sergente Mandl stava ridendo. Era chinato su uno dei secchi per terra, pisciando una nuvola di vapore sbiadito. Pisciando e pisciando e ridendo così tanto che il suo piscio andò sul pavimento e sul materasso di Marie. Rise per così tanto tempo che il suo busto si mise a contorcersi e tremare, e dovette appoggiare entrambe le mani sulla pancia come se gli avessero sparato. Gocciolava vapore.

«Jochen!» sbottò Frau Gussi. «Sei di nuovo ubriaco fradicio?» Nel freddo della nostra stanza, il suo fiato era una nuvola più leggera. Aveva un odore dolce come le mele, eppure tutto a un tratto le mosche ci si lanciarono dentro e ronzarono.

«Andiamo» disse. «Subito.»

Il sergente Mandl e uno degli inservienti ci condussero fuori dal nostro reparto, con Emmi e Dieter subito dietro di loro. Dieter emise il lento scoppiettio di un treno che acquista velocità. «*Ciuf ciuf*! Stiamo lasciando la stazione, Eva. Il sergente è la locomotiva e Rainor la carrozza in coda al treno.»

Non fui la carrozza in coda per molto; il secondo inserviente e Frau Gussi furono presto dietro di me. «Muoviti» sibilò l'inserviente, e poi mi spinse con il pugno.

Spostai a poco a poco il piede in avanti, per non pestare

le scarpe a Marie. Indossavo ancora gli stivali invernali che il sergente Mandl aveva ordinato a Dieter di darmi dalla pila nel locale dei bruciatori. A chi erano appartenuti quegli stivali? Erano di un bambino che era stato lì, ma non riuscivo a ricordarne il nome. Era importante il fatto che me ne fossi dimenticato, ma non sapevo ancora il perché. Che cosa riuscivo a ricordare? Le carriole di cenere che io e Dieter avevamo spinto erano pesanti persino dopo un carico. Ci facevano male le gambe, ci tremavano le braccia, ma avevamo trasportato nove carichi. Il sergente Mandl aveva dovuto annotare quel numero nel suo piccolo taccuino. «Bravi muletti» aveva detto. Io e Dieter eravamo stati utili, e io avevo degli stivali e avevamo mangiato del buon pane con gli inservienti. Eravamo inclusi per la prima volta nella gestione di un ospedale. Non eravamo semplici pazienti. Eppure, ero spaventato per il nostro trattamento. Avevo le mani intorpidite, e il mio ventre si era ritirato contro le costole. Scossi la testa. Cercai di ricordare cosa ci avesse detto Emmi pochi minuti prima. Avevamo tutti paura di cambiare, di lasciarci alle spalle i nostri io inutili e di trasformarci in bravi tedeschi. Eravamo come uova rimaste nel nido, settimana dopo settimana, fino a puzzare. E i nostri gusci stavano per essere rotti dal dottor Lutz.

La nostra truppa si trascinò lungo un corridoio e poi su una seconda scalinata che non avevo mai visto. Sperai che Vati potesse vedere come sarei cambiato dopo il mio trattamento. Tutte quelle volte in cui mi aveva gridato contro perché non ero capace di leggere ad alta voce e perché non avevo mai capito come sommare tre più tre. Era quella la prima cosa che avrei fatto dopo il trattamento. Avrei chiesto un libro; qualunque libro, magari un libro con un aeroplano in copertina come quello che avevo visto a Herr Berger. Mi piacevano gli aeroplani, il ronzio del loro volo sulla città la notte mi faceva prendere sonno, come se mio padre mi stesse leggendo qualcosa in un lieve sussurro. Avrei chiesto tre mele e tre cucchiai e li avrei contati e avrei detto a Vati quanti erano. Avrei potuto lavorare. Forse io e Dieter avremmo potuto essere impiegati come scaricatori di cenere. Non mi sarebbe importato se le infermiere, gli inservienti e i soldati avessero riso di nuovo di noi nel refettorio. Presto avrei fatto anch'io parte dello sforzo bellico. Sarei stato invisibile.

Davanti a noi, in fondo a un'ampia scalinata, il sergente Mandl aprì una porta spessa che dava verso l'esterno dell'ospedale. La luce riflessa sulla neve calpestata mi fece male agli occhi. Un vento gelido agghiacciò la mia pelle scoperta. Strinsi Marie un po' più forte a me per tenerla al caldo, e lei iniziò a sussurrare, un grido soffocato. «Riesco di nuovo a sentirlo. Com'è forte.»

Si strinse a me, e l'inserviente dietro di noi mi pungolò nella direzione della porta aperta.

Avevo così tanta fame, volevo soltanto sedermi sulle scale e dormire. Abbassai lo sguardo sui miei vestiti sudici; il pezzo di carta che il dottor Lutz aveva appuntato sul mio cappotto la sera prima non c'era più. Guardai Frau Gussi e le indicai lo spazio vuoto sul mio petto. Se fossi stato in grado di parlare, le avrei detto che non era stata mia intenzione perdere il foglio. Che sarei tornato al reparto e l'avrei cercato. Avrei voluto piangere; Vati, non ero neppure riuscito a tenere al sicuro un pezzo di carta!

Marie strillò e cominciò ad agitarsi contro di me, e io mi sforzai di tenerle ferme le braccia.

«Resta in fila!» mi gridò contro l'inserviente, per poi alzare il pugno per colpirmi.

Non avrei dovuto lasciare andare Marie, ma mi voltai per bloccare il colpo dell'inserviente con il braccio. Marie lo superò di corsa e risalì le scale, usando le mani per sentire velocemente eventuali ostacoli davanti a sé. L'inserviente mi spinse contro la parete, si lanciò maldestramente verso Marie e cadde giù per le scale, fino ad arrivare al punto in cui il sergente Mandl si trovava sulla porta aperta.

Non sapevo di essere in grado di parlare. Di poter balbettare il nome di Marie in un colpo di tosse roco. «M-m-m-marie!»

Il sergente Mandl mi gridò di tornare in fila.

Eva urlò da sopra la schiena di Dieter.

Le scarpe di Marie battevano sulle scale di pietra sopra di me, e io superai di corsa Frau Gussi per andarle dietro. Marie salì sempre più su e poi svoltò lungo un corridoio stretto e vuoto che non avevo visto prima. Non capivo come potesse correre senza vedere. Correva veloce come Jesse Owens aveva fatto alle Olimpiadi. Correva con le braccia allungate in avanti verso una finestra in fondo al corridoio. Il blocco era rotto, e la finestra si apriva e richiudeva leggermente per il vento freddo. Due piccioni sul davanzale spiccarono il volo nell'aria pungente.

«M-m-m-marie, f-f-finestra.»

Non si fermò. Le sue ginocchia sbatterono contro il davanzale. Le sue mani trovarono il telaio della finestra, lo toccarono, e lo spinsero verso l'esterno.

Gettai un grido.

Le sue urla riecheggiarono lungo il corridoio. «Rainor, morte!»

Non ebbi l'opportunità di dire altro. Marie salì sul davanzale e si lanciò dalla finestra. Vati, non si fermò! Marie salì e si lanciò e, in un istante confuso, svanì.

Corsi verso la finestra. Il davanzale era inspessito da cacca di piccione incrostata.

Il sergente Mandl gridò: «Fermo! Fermo, sgorbio!»

Mi voltai. Aveva il fucile appoggiato alla spalla. La canna si accese come un fuoco d'artificio, e il corridoio stretto risuonò per lo sparo. Il vetro si spaccò sopra di me.

Salii sul davanzale. Una distesa bianca due piani sotto di me e, un po' più in là, Marie che si trascinava nella neve fitta verso gli alberi.

Un altro colpo. Un altro proiettile.

Saltai.

Caddi come se stessi cullando Emmi fra le braccia. Sentii l'odore di cacca di piccione stantia e Dieter che imitava il suono del fischio di un treno. Qualcosa successe al tempo. Mi sembrò così lento, come se qualche secondo potesse contenere ore. Ma non c'era abbastanza tempo perché io ed Emmi ci stringessimo la mano sotto la coperta. Gettai un grido. Sbattei sulla neve profonda che si era ammonticchiata contro la parete dell'ospedale. Il terzo proiettile squarciò la neve accanto a me. Dalla mia bocca e dai miei occhi cadde la neve. Il limite degli alberi era a circa il doppio della distanza da dove ero caduto, e mi misi a correre in quella direzione, dietro a Marie. Sentii altri due colpi di fucile. Il mio nome in un grido.

Mi trascinai nella foresta. Marie era accasciata contro il tronco di un pino, con le braccia avvolte intorno all'albero come se lo stesse tenendo in piedi. La neve le arrivava alle cosce. La sua spalla era ancora tiepida sotto la mia mano. «M-m-m-marie» dissi.

Il proiettile le era uscito dalla gola un paio di centimetri sopra la clavicola. Il sangue colava sul davanti del suo camice. Il foro nel collo fumava e gorgogliava sangue come sapone. Aveva la testa china come se stesse pregando.

Il fucile sparò di nuovo, un proiettile squarciò il tronco dell'albero sopra Marie. Mi spinsi più in profondità nella foresta. Non sapevo dove stessi andando. Sentii di nuovo gridare il mio nome. Era Emmi. Adesso stava attraversando di corsa la breve distesa, con Dieter ed Eva dietro di lei. Il fucile sparava e sparava.

«Rainor!» esclamò Emmi. «Torna indietro! Il trattamento!»

Dieter era steso sulla neve. Eva stava piangendo. Corsi fuori per prenderla. Il sergente Mandl era appollaiato alla finestra alta da cui io e Marie eravamo caduti, con il fucile puntato su di noi. Si mise a gridare. Un proiettile colpì Dieter alla schiena. Mi strinsi Eva al petto e ricominciai a correre di nuovo verso gli alberi, mettendomi al riparo dietro il tronco sotto cui Marie adesso era stesa nella neve rosa.

Emmi si mise a correre accanto a me. Non potevo guardarla. All'improvviso la odiavo. Marie e Dieter erano morti. Cullai Eva fra le mie braccia e continuai a trascinarmi nella foresta.

«Rainor!» Emmi indicò alle nostre spalle in direzione dell'ospedale. «Dobbiamo tornare indietro!»

Un altro colpo di fucile. Emmi gridò. Mi voltai. Stava correndo verso di me, con il camice squarciato all'altezza della spalla.

Un cane abbaiò, e poi un altro.

Vati, sembravano persone che ridevano.

Rainor
3 novembre 1953
Costanza, Germania Ovest

Dalla canonica di padre Goetz, riuscii a ricostruire il percorso che Jasper, Zenzi, Emmi e Leni avevano intrapreso lungo il Reno durante la guerra. Il prete insistette affinché restassi da lui almeno per la notte, ma mentii dicendo di dover prendere il treno per Stoccarda di lì a poco. «Fai attenzione con il ghiaccio sul fiume» disse dal cancello della sua chiesa, mentre mi salutava con un gesto della mano. Presto trovai la vecchia fattoria con la casetta sul retro, dove i quattro avevano abitato durante la guerra, e seguii la strada coperta di neve lungo il sentiero che costeggiava l'acqua. C'erano vecchie impronte per terra, stivali grandi e piccoli, orme di cane. Niente di recente. Camminai per circa un'ora nella neve fitta che ricopriva la strada, più o meno parallela al fiume, finché non trovai quella che non poteva che essere la quercia descritta da Jasper. Un'incisione a forma di cuore era stata iscritta sulla corteccia grigia.

Rainor Schacht! Sono persone tremende, tutti loro! Anime corrotte e depravate! Feccia di Weimar! Lasciali stare, torna a casa e dimentica tutte queste sciocchezze.

Alzai lo sguardo verso la chioma di quella quercia, verso il cielo offuscato color ardesia. Il ghiaccio sul fiume si crepò per poi spezzarsi. Uno scricciolo entrò e uscì in fretta da un intricato nido di arbusti. Pensai a Emmi, al fatto che era stata nel punto esatto in cui mi trovavo io, che aveva toccato il tronco ruvido della quercia. Pensai ai fiori lasciati sulla tomba di Christoph Kleist. Avevo sorvegliato quella tomba per settimane, giorno e notte, e non era venuto nessuno.

Una ragazza ti ha dato la mano, la stessa ragazza ti ha baciato. Dimenticala! Cresci! Ce ne saranno sempre altre. Magari una donna che ti troverà attraente per le tue virtù. Ascolta il tuo Vati, per una volta!

Era tardo pomeriggio quando mi allontanai finalmente dall'albero e dalla riva del fiume e mi costrinsi a tornare a casa di Jasper. Sgattaiolai dal varco nella siepe da cui ero entrato quella mattina con padre Goetz. Le luci erano ancora accese, e il fumo lasciava il camino in uno sbuffo scuro. Non riuscii a controllare il mio stomaco: crollai in ginocchio e vomitai. Poi mi pulii il viso con una manciata di neve e cercai di respirare.

La porta sul retro era irrigidita dal freddo, e dovetti spingere delicatamente il corpo contro l'uscio per entrare adagio. Lasciai gli stivali nel piccolo ingresso accanto a una fila di scarpe, quelle di Jasper e altre che sembravano da donna. Tremai ai piedi delle scale. Mi misi ad ascoltare la vecchia casa. Le fotografie sopra la scalinata erano silenzi ingabbiati e antichi. Le scene di Costanza, Jasper Lange, mago e ipnotista. Emmi con addosso pantaloni marrone chiaro e camicetta, probabilmente ritratta subito prima che Christoph Kleist la mandasse all'ospedale in cui l'avrei conosciuta sei mesi dopo. Sembrava così giovane, così... piena di speranze, ma che cosa ne sapevo io di speranze? Avevo ventisei anni, ero senza lavoro e abitavo in una casa per derelitti di guerra per concessione del cancelliere Adenauer. La vecchia casa sussurrò qualcosa troppo piano perché potessi capirlo. Scricchiolò; il legno umido scoppiettò in una stufa da qualche parte. Jasper doveva essere ancora di sopra a letto; non andava mai lontano, aveva detto padre Goetz. Viveva fra il letto, la poltrona e il gabinetto.

Il suono metallico di una pentola. Percorsi con lentezza il corridoio buio fino a una porta chiusa. Sentii un rumore d'acqua che riempiva una pentola. Misi la mano sul pomello; il metallo era freddo. Non riuscii a mollare la presa per quelle che mi sembrarono ore. Delicatamente, socchiusi la porta e sbirciai dentro la cucina calda e umida.

Mi dava le spalle. Una ragazza con capelli neri e un cardigan di lana rosso. Capii subito che era giovane dalla sua postura. Stava lavando i piatti e poi riponendo quelli puliti su una rastrelliera in legno in un secondo lavandino. Alzò lo sguardo verso la finestra di fronte a lei, che era opaca per il vapore. Sbigottita, si voltò a guardarmi mentre sbirciavo attraverso la porta socchiusa.

«Oh» esclamò. «Oh, lei è l'uomo che è venuto con padre Goetz. L'ho vista arrivare stamattina dal vialetto posteriore. Herr Lange sta dormendo, padre Goetz è ancora con lei?»

I capelli scuri le arrivavano alle spalle. Il suo viso mi ricordava moltissimo quello di Emmi. Immaginai potesse avere circa tredici o quattordici anni. Fu la sua voce bassa a convincermi: quel timbro grave che aveva Emmi. Avrei voluto che pronunciasse il mio nome, e sono certo che, se lo avesse fatto, sarei scoppiato in singhiozzi.

«S-s-sei L-l-leni» dissi.

«Sì, e lei Herr Schacht. L'uomo che è venuto a trovarci da Stoccarda. Herr Lange mi ha parlato di lei.»

«Leni K-kleist?»

«Leni Lange. Herr Lange mi ha adottata molti anni fa. Mia madre...»

«...e-e-era Emmi K-kleist.»

Diari di Berger
9 febbraio 1940
Trutzburg, Germania

Mi svegliai sulla poltrona al suono di colpi di fucile. Credevo di averli sognati, ma l'ultimo sparo riecheggiò per l'ospedale. Qualche idiota a caccia, alla volpe magari, per la bacheca dei trofei di Lutz.

Sentii bussare alla porta. Indossavo ancora i vestiti della sera prima, e il mio letto era vuoto.

Era Bonse con una tazza di vero caffè. «Kanzler ha detto che le strade per Stoccarda sono libere.» Mi passò un piccolo involto di fette di pane con burro e marmellata.

Un altro colpo di fucile. Guardai Bonse.

«Piattelli. I soldati si esercitano una volta al mese.»

«Alle sette del mattino?»

«Il nemico attacca sempre nel momento più adatto?»

Lasciai che il caffè mi penetrasse nelle ossa.

«Stanotte ho sognato di essere in Egitto, fra le piramidi. Sai, come nei film muti? Le piramidi e io che pagavo un arabo perché mi permettesse di arrampicarmi sul pinnacolo. Mi sedevo in cima e allungavo le mani al cielo. Tornato giù, correvo fra le braccia di quell'arabo e gli davo un bacio sulle guance. Ci tenevamo per mano.»

Scoppiai a ridere, mentre uscivamo nell'aria gelida dell'alba. Sentii le narici pizzicare dal freddo: il termometro in vetro accanto alla porta segnava ventidue gradi sotto lo zero. Le nostre teste emisero vapore e il mio caffè si raffreddò nell'universo.

Quattro soldati con indosso pesanti cappotti attraversarono di corsa il complesso con due dei cani più grossi.

«Fuggiaschi!» gridò il soldato più vicino a noi. «Fra questi ci sono anche le tue due marionette, Bonse.»

Gettai il resto del mio caffè nella neve. Le marionette di Bonse. Era meglio che avessero cercato di scappare, piuttosto che essere asfissiati con il gas come degli animali, giusto? Scappare aveva una dignità, anche se il tentativo falliva. Chi l'aveva detto? Un fottuto ufficiale polacco, probabilmente, subito prima di essere sbattuto contro un albero e fucilato. Li avevo portati io tutti lì.

Non potevo dare l'impressione che me ne fregasse qualcosa dei bambini in fuga, con i soldati e gli inservienti che correvano di qua e di là, e Lutz che probabilmente osservava la scena dalla finestra. Tenni gli occhi fissi sulla neve calpestata mentre camminavamo verso il cortile.

«Bonse?» Era uno degli inservienti che si trovava nel refettorio la sera prima a chiamarlo. La sua risata di fronte allo spettacolo delle marionette era simile al gracidio di una rana. «Riparti, allora?»

Bonse annuì. «Per Stoccarda» rispose con una voce piatta e roca. Di norma, avrebbe potuto anche cantare qualche testo inventato su Stoccarda in inverno, sempre più calda della torrida Polonia, o qualcosa di ugualmente stupido, per nascondere il proprio senso di colpa. Ma quella volta si limitò a mormorare: «Spero troviate quei bambini».

«Se non li troviamo, il sergente dice che ci manderanno tutti a Cracovia.»

Alzai lo sguardo verso l'ospedale, una parte di me dando per scontato di vedere Lutz. Un volto giovane e scarno alla finestra più alta ci scrutava. Le sue labbra si muovevano, e indicava in lontananza, in direzione di Stoccarda, un orizzonte fitto di nubi che prometteva altra neve. Sì, piccola, saremo sommersi da altra neve. La bambina indicò noi, e io abbassai lo sguardo e contai le nostre ombre. Una e mezzo. Quella di Bonse, lunga e scura; la mia, più corta e sbiadita. Bonse aprì la portiera dell'autobus, e la bambina sbatté i pugni contro la finestra e indicò dritto verso di me. Sì, sì, sono io; porto io i bambini qui. Sì, sì, per denaro.

Lasciai che le candele a incandescenza del motore a gasolio si riscaldassero e poi lo accesi. I miei pensieri vagarono attraverso le strade infangate che avevo percorso più di mille volte. Che cosa avrebbero pensato Suzanne e i bambini? Se qualcuno di loro fosse sopravvissuto. Se qualcuno di loro fosse sopravvissuto al riarmo di inglesi e russi. Il Führer l'avrebbe avuta vinta forse per uno o due anni, ma poi sarebbe arrivata – com'è che la chiamavano? – la giusta punizione dei crucchi. Un giudice avrebbe dichiarato ad alta voce i miei crimini. Sarei comparso davanti al tribunale degli Alleati e avrei detto che mi servivano i soldi, che alla mia famiglia servivano i soldi per mangiare. Il marco era senza valore e comprava cibo senza valore; con del denaro in più mia moglie incinta e i miei figli non sarebbero morti di fame. Una volta, mentre combattevo sul fiume Vistola, ero rimasto senza viveri per due settimane. Bevevo l'acqua da una trincea e guidavo la mia ambulanza avanti e indietro, così affamato e stanco da venire pedinato da una persona ombra, che mi ricordava quanti uomini erano morti perché non ero stato in grado di guidare abbastanza in fretta. Dopo due settimane in quelle condizioni, avrei preferito che mi sparassero piuttosto che morire di inedia.

Sussurrai a Suzanne che sarei tornato presto a casa, perché la prossima nevicata non era prevista prima di quel pomeriggio sul tardi. Bonse prese posto accanto a me e io mi allontanai con lentezza dall'ospedale. Superammo la slitta decorata con le bandiere del Partito e scalai di marcia mentre ci avvicinavamo alla prima salita. Davanti a noi, la strada spazzata aveva il colore bianco bluastro di un arto congelato.

«Trenta gradi sottozero.» Bonse lesse il termometro attaccato all'angolo esterno dell'autobus.

Non appena accennò alla temperatura, si mise a straparlare della sua piccola collezione di radio. Ne possedeva sei, ma la sua preferita era una Roland Brandt che aveva ereditato da uno zio. Era la radio che ascoltava per addormentarsi. Abbassava il volume, così da non sentire altro che il suono caldo dei tubi a vuoto, il crepitio delle frequenze, come fossero le note di basso dell'universo. «Dovrei portare una radio a Trutzburg, per dormire meglio. Non riesco a dormire più di cinque ore a Trutzburg. Non è abbastanza, non credi, Berger?»

Guidammo per mezz'ora così, con Bonse che parlava e io che pensavo a quella bambina alla finestra. L'ombra che mi seguiva sul fiume Vistola mi aveva parlato della fame nella mia anima. Il Mastino non aveva più la voce di Gussi; le era successo qualcosa. Allora c'era speranza, no? Se il Mastino poteva abbandonare uno di noi, forse avrebbe potuto abbandonare mio figlio.

«Berger, dopo la fine della guerra, qual è la prima cosa che farai? Io stavo pensando di mettere su una casa a Heidelberg.»

Il puntino scuro in lontananza sulla strada mi sembrò, dapprima, un orso. L'idea mi fece ridere. Un orso! Avrebbero dovuto essere tutti in letargo ormai. Forse era un orso polacco che cercava una riserva nelle profondità oltre le linee tedesche. Scrutai attraverso il parabrezza, ma il puntino non si mosse. Allora era un albero? Una pietra?

«Bonse. Guarda laggiù.»

«Berger, sei cieco. È un piccolo mammut. Sono di nuovo attivi nella Valle Sveva. La settimana scorsa raccontavo ai bambini dei mammut...» La sua voce si fece ansiosa. «Lutz vuole che torniamo stasera con un altro carico. Dobbiamo fare in fretta.»

Rallentai l'autobus, accesi i tergicristalli per spazzare via i pezzettini di neve che si erano appiccicati al vetro.

«È una coperta su un cespuglio» disse Bonse.

Rallentai fino a fermare l'autobus.

«Adesso siamo diventati un taxi, Berger?»

Uscii nella mattina gelida. La ragazzina mi dava le spalle, con una coperta di lana grigia avvolta intorno alla testa. C'era una macchia di sangue su un angolo del tessuto.

«Sei ferita» dissi.

Si voltò. Era una ragazza, poteva avere quindici o sedici anni, con un viso ampio e pallido, reso cereo dal freddo. Indossava il camice amorfo dell'ospedale. Era la ragazzina con il ferro da calza, che aveva aiutato quella cieca. Era la figlia di Kleist, Emmi.

«Rainor sta arrivando» disse. «È subito dietro di me.»

«Sull'autobus c'è un po' più caldo.»

La ragazza inciampò in avanti, e io la presi prima che potesse cadere sulla neve. La feci sdraiare lungo uno dei sedili dell'autobus.

La voce cantilenante che Bonse usava con i bambini sembrava afflitta, come se non fosse per niente contento di aver trovato una fuggitiva. «Possiamo riportarla indietro. È la cosa giusta da fare, no? Mandl sarà contento, e anche Lutz. È nostro dovere farlo, Berger.»

Stesi il mio cappotto di lana sopra Emmi. Aveva la pelle ghiacciata e gemeva. «Aspettate Rainor.»

«Vedi se arriva qualcun altro» dissi a Bonse.

«Ha Eva con sé.»

«Non è arrivato nessuno» rispose Bonse. Poi si chinò sopra Emmi e le disse: «Signorina, perché eri qui? Perché non hai attraversato il ponte di ghiaccio per non tornare più?»

Il sangue sulla coperta non era di Emmi. Era illesa, a parte essere quasi morta di freddo e di inedia. Il suo volto si riscaldò un po', e sulla sua bocca si formò un sorrisino, come se stesse sognando una giornata calda e gradevole. Una giornata primaverile, fiori primaverili. Fuori, una neve leggera aveva cominciato a cadere. I fiocchi avevano un aspetto strano, sembravano quasi petali di margherita.

Vidi il ragazzino, Rainor, quello che aveva aiutato a spostare la cenere, che ci veniva incontro. Portava qualcuno in spalla, con le mani allungate dietro per sostenerne il corpicino.

Bonse scese di nuovo dall'autobus e li raggiunse. «Berger, a questa hanno sparato!»

La bambina che Rainor portava sulle spalle era stata colpita da un proiettile, a metà schiena, e il suo sangue aveva cominciato a coprirsi di brina. Il ragazzino mi guardò, e io staccai da lui il corpo irrigidito della bambina e la tenni in braccio.

Rainor mi guardò come se potessi fare qualcosa.

«Vieni, vieni» gli disse Bonse. «Lascia che Papageno ti aiuti. Potrai stare al caldo per un po'.»

Il ragazzino non volle prendere la mano di Bonse.

«Porta due coperte» dissi.

Avvolsi Rainor nella prima coperta e lo misi a sedere vicino a Emmi, che stava dormendo. La bambina che Rainor aveva portato in spalla non poteva avere più di sei anni. I suoi capelli castani formavano una lunga treccia, e la punta era coperta di sangue, sembrava un pennello. Stesi la seconda coperta per terra e appoggiai con delicatezza la bambina al centro, per poi avvolgerla con i quattro angoli del tessuto. Dio, era così leggera; come se stessi trasportando un sacco di piume d'oca.

«Berger, è morta?»

Lo fissai; non era ovvio, maledizione?

Bonse si fece rosso in viso. «Perché erano qui? Perché dobbiamo vederlo? Posso fare il nostro lavoro se non devo vedere tutto questo...» Mi mostrò le macchioline di sangue sulle sue dita, erano quelle della bambina. «Non posso...» Scosse la testa, come se si stesse riprendendo da un improvviso stordimento. «Che cosa sto dicendo? Dobbiamo riportarli indietro. Ho la mia Liesa, e tu hai la tua Suzanne.» Si asciugò il viso con la manica e scese dall'autobus. «Dobbiamo fare dietrofront.»

«Avresti dovuto solo continuare a camminare verso nord» sussurrai a Rainor. «Alla fine, avresti incrociato la strada. E io sarei già a metà percorso per Stoccarda in questo momento, cazzo. Ho una moglie incinta e due figli.»

Misi in moto l'autobus. Bonse era in piedi sul ciglio sinistro della strada, quasi nel cumulo di neve che il semicingolato aveva spazzato su entrambi i lati. Mi stava facendo segno di cominciare a fare inversione e tornare nella direzione dell'ospedale.

«Non ci siamo!» gridò Bonse. «Fai marcia indietro.»

Frenai di colpo. L'autobus tremò, poi cigolò. La strada

per Stoccarda si strinse in un puntino bianco sotto un cielo grigio e plumbeo. Sono sacrificabili, non è così? Il ragazzino, Rainor? La figlia di Kleist? I soldati avevano fatto bene a sparargli. Lutz faceva bene a gasarli. Non aveva forse ragione l'orribile regime? I deboli andavano uccisi. La natura lo faceva al posto nostro, lo faceva ogni giardiniere. I germogli che attecchivano, si mantenevano. Gli altri non superavano mai il vassoio da germinazione. Andavano staccati. Noi non eravamo altro che pollice e indice di Dio, il Grande giardiniere.

«Berger, fai marcia indietro!»

In quel momento, pensai a quando avevo guidato vicino al fiume Vistola, dove c'era stata un'interruzione del fuoco d'artiglieria. Il mio sergente mi aveva ordinato di guidare l'ambulanza il più vicino possibile allo scontro e prendere quanti più feriti potessi. Il fango era scuro e denso, e gli uomini erano seduti o sdraiati su barelle sudicie tra i resti di un boschetto di salici. Il terreno fumava al sole del mattino. Ne trasportammo otto nei vani barella. C'era un cavallo con una ferita lunga e triangolare sulla zampa posteriore. Un ufficiale di cavalleria russo era accasciato in avanti sulla criniera del cavallo e ci guardava, senza potersi muovere. «E il russo?» chiesi al tenente di cavalleria, un uomo pettoruto con occhi che assorbivano ogni parola. «Ginevra.»

Il tenente estrasse la sua Mauser e si avvicinò al cavallo. Piantò un proiettile subito sotto l'orecchio dell'animale, che crollò per terra sul posteriore ferito. «Ginevra» sibilò il tenente. Un attimo dopo, era sul suo, di cavallo, e gridava alla sua compagnia di seguirlo verso le grandi zolle di fango e vapore.

Ero da solo, a parte il mio paramedico, i morti e i moribondi, e un improvviso arrivo di corvi. Andai dall'ufficiale russo. Era ancora vivo, sebbene immobilizzato sotto il cavallo morto. «Facciamolo salire.»

Il mio paramedico cominciò a obiettare. «Il tenente...»

«Ha sparato al cavallo, non all'ufficiale. Vuoi che ti faccia un disegnino?»

Annuì e fece il segno della croce.

«Se sopravviveremo, avremo fatto la cosa giusta. In caso contrario, non lo sapremo mai.»

Bonse ripeté, un po' più forte: «Berger, fai marcia indietro!»

Rainor
9 febbraio 1940
Nei pressi di Trutzburg, Germania

Herr Bonse correva accanto all'autobus in movimento. Iniziò a perdere velocità e poi, all'ultimo secondo, afferrò il telaio della portiera con la mano guantata, salì sul predellino ed entrò dalla portiera aperta. Non c'era traccia di tristezza nella sua voce, ormai, soltanto paura. «Riportaci indietro, Berger. Lutz ci...»

Herr Berger fissava la strada verso nord davanti a sé attraverso la neve. La sua pelle non riusciva a contenerne le emozioni. Vennero fuori a onde increspate che distorcevano Bonse come l'aria emanata da una calda strada estiva.

«Berger!» La voce di Herr Bonse era bassa e penetrante. «La conclusione di tutto questo è l'arresto. La prigione senza la mia Liesa.»

Il viso di Emmi era ghiacciato, ma sotto il freddo il suo

sangue continuava a pulsare, caldo e a ritmo regolare. Eva era stesa sotto le coperte sul sedile dietro di me, silenziosa e immobile. Avevo supplicato Dio. Non avrei potuto correre più velocemente! Le mie gambe corte erano così pesanti nella neve alta! Non vedi, Vati? Mi hai dato gambe che non erano lunghe abbastanza! Un colpo di fucile e poi un altro, e poi le indicazioni ansanti di Eva – a quell'albero a sinistra, a quel ceppo a destra, più in fretta, ti prego, più in fretta – smisero. Ma non smisero di affollare i miei pensieri; ti prego, ti prego, più in fretta; laggiù, a sinistra, alla salitina, verso... Rainor... Scivolai giù per una collinetta seguendo Emmi. Un'ampia striscia rossa nella neve mi seguiva, come se stessi indossando un mantello color cremisi. «Eva, il m-m-momento più b-b-bello. Quando abbiamo g-g-giocato a d-d-dama. I-i-ieri. Eva?»

L'autobus slittò e strisciò contro un cumulo di neve vicino alla strada.

«Berger, fai inversione!» gridò Herr Bonse. «Smettila con questo scherzo folle.»

Herr Berger passò a una marcia superiore. Gli alberi venivano divelti al nostro passaggio.

«Berger, Lutz ci...»

Oh, come il tempo e la vita si capovolsero. Come se la pellicola in un proiettore si fosse inclinata sulla diagonale. Le luci si spensero e poi si riaccesero. La strada innevata sferzò l'autobus come una mazza spessa. Herr Berger colpì Herr Bonse con una grossa chiave inglese. Lo colpì più e più volte, e guidò l'autobus sotto la strada bianca pendente.

Rainor Schacht, ancora le tue bugie! Guidare l'autobus sotto una strada! Non esiste un posto sotto la strada!

Sì, invece! Il davanti dell'autobus si immerse come una

barca in un fiume veloce, sobbalzammo di nuovo su e l'autobus rotolò e scivolò giù per una banchina lunghissima attraverso la foresta, finché non colpimmo un albero sull'orlo di un precipizio. L'autobus fece cadere tutta la neve dai rami, che venne giù in una tempesta di minuscole schegge cristalline. Emmi era sdraiata accanto a me, schiacciata contro il finestrino che, quando l'autobus era sulle ruote, si trovava di fronte a noi. Eva era sopra di me, ancora avvolta nella sua coperta. Combattei il sonno e desiderai che tu, Vati, mi tirassi su. Rimasi sdraiato in quel modo, in attesa che tu venissi ad aiutarmi. Non eri venuto a prendermi all'ospedale e nemmeno a Trutzburg. Non eri venuto quando avevo supplicato che mi aiutassi, mentre il sergente Mandl ci scagliava contro i suoi proiettili.

Figlio traditore! Come osi accusare il tuo Vati di averti abbandonato! Sono sempre stato con te!

Aiutai Emmi a mettersi seduta. «Dov'è l'ospedale?» chiese.

La testa di Herr Berger era appoggiata al volante, come se stesse dormendo su un banco di scuola. Herr Bonse stava peggio; il suo corpo non era un'immagine che avrei mai potuto disegnare. Il suo braccio attraversava il parabrezza fino a un muro di neve. La sua testa era piegata all'indietro e il sangue gli sgorgava da orecchie e naso, e da un foro nella guancia. Gli coprii il volto con il berretto di lana, così che Emmi non fosse costretta a vedere i suoi occhi scrutarci dallo specchietto retrovisore. Cercai di sentire il polso di Herr Berger come aveva fatto mille volte l'infermiera Hilde con me. Niente. Non mi piaceva il mondo senza Herr Berger. Desiderai che un ritmo di musica riprendesse a pulsare nel suo sangue, come era sempre stato con Opa Louis quando veniva a cambiare le nostre lenzuola all'ospedale. Tamburellai il ritmo del flusso del sangue sul cruscotto dell'autobus con l'unghia. *Tap-tap*, *tap-tap*, *tap-tap*.

Sentimmo dei cani abbaiare tutt'intorno a noi. Dissi a Emmi che dovevamo andarcene, afferrai due coperte e la misi in piedi. L'unica via d'uscita dall'autobus era attraverso il parabrezza rotto, perciò mi misi a scavare verso l'alto nella neve che ci bloccava la strada. Aprii un varco con un pugno e mi spinsi fuori. Dietro nuvole cariche di pioggia spuntava il sole, e riuscii a sentire il profumo di neve fresca e di aghi di pino e un leggero odore di legna bruciata. Chiamai Emmi per dirle di venire fuori.

«Herr Berger sta parlando» disse lei.

Venne fuori dal varco che avevo scavato e poi, un minuto dopo, sgusciò fuori anche Herr Berger. Aveva con sé il suo piccolo sacco da montagna e una fiaschetta di metallo. La stappò e bevve un lungo sorso. «A Bonse questa ormai non serve più, non è così?» Aveva un lungo squarcio che gli attraversava il viso dalla tempia alla punta della mascella, ma non sanguinava più. La ferita si era cicatrizzata per il freddo, e il sangue fuoriuscito gli era schizzato fra i capelli.

Sparì di nuovo dentro il varco che avevo scavato. Passò molto tempo, tanto che ricominciò a nevicare, e l'abbaiare dei cani si fece così vicino da farmi credere che da un momento all'altro sarebbero corsi verso di noi giù per il pendio. Tirai Emmi per un braccio per andarcene, ma Herr Berger spinse fuori Eva dal varco. Aveva avvolto tutto il suo corpo in una coperta e l'aveva assicurata con una corda. Sembrava un grosso pacco; un regalo di Natale che avrei potuto scartare e, una volta scartato, sarebbe saltata fuori ridacchiando fra le mie braccia. Distolsi lo sguardo verso gli alberi. Avrei voluto di nuovo piangere: un largo ovale di sangue al centro della coperta di Eva era sbiadito a causa della brina.

Herr Berger venne di nuovo fuori dal varco con una seconda coperta e la diede a Emmi. Disse che nessuno di noi, nemmeno Eva, doveva essere ritrovato fra le lamiere dell'autobus, o il dottor Lutz avrebbe pensato che ci avesse aiutati a scappare. La nevicata avrebbe nascosto le nostre tracce.

«Camminate soltanto sulle mie orme» disse Herr Berger, stringendo Eva fra le braccia. Lo seguimmo su per il pendio in fila indiana finché non incrociammo la strada. Ormai era tardi, perché era buia quanto la foresta. I cani abbaiarono da qualche parte alle nostre spalle; erano vicini.

«Stoccarda è da questa parte» disse Herr Berger, indicando lungo la strada. «Verso nord.»

«Dobbiamo tornare indietro» esclamò Emmi. Aveva la voce carica di dolore. «Il nostro trattamento.»

Herr Berger scosse la testa. «Va' da tuo padre.»

Emmi si staccò da me e fece un passo indietro in direzione di Trutzburg.

«Se torni indietro, morirai.»

«A Marie hanno sparato perché ha cercato di scappare. Ha infranto le regole. Non avremmo dovuto seguirla. Chiederemo scusa. Dobbiamo essere utili.» Emmi si rivolse a me. «Rainor, vieni.» Mi tirò per la mano.

Guardai il fagotto che Herr Berger si stringeva al petto con un braccio. Eva.

L'autista si avvicinò a Emmi. «Tuo padre ti vuole bene.»

Emmi si voltò e cominciò a camminare nella direzione opposta. Muoveva le gambe lentamente, rigida, prima una e poi l'altra, come se fossero trampoli. Prima che Herr Berger potesse afferrarla, mi misi davanti a lui, così l'autista mi spinse verso Emmi e io le caddi addosso. Lei non strillò né si dimenò sotto di me; sembrava di nuovo dormire, come poco prima sull'autobus. Il sangue sulla sua tempia si era seccato lungo la guancia, e quello sulla mascella di Herr Berger era sgorgato per poi seccarsi fra i suoi capelli.

Herr Berger mi porse Eva, poi prese in braccio Emmi e se la appoggiò su una spalla, in modo tale che le sue gambe gli penzolassero lungo la schiena. «Seguimi, Rainor. Non abbiamo molto tempo.»

La luce si fece fioca, e la notte fredda si abbatté su di noi con la sua neve. La foresta su entrambi i lati della strada era silenziosa. Si sentivano soltanto i nostri passi, soltanto il rumore dei cani in lontananza. Tenni Eva stretta a me. L'infermiera Hilde diceva che Eva era arrivata all'ospedale con una valigetta di vestiti e qualche giocattolo di legno. Non le risultava che avesse alcun parente; i pacchi che Eva scartava davanti a me non riportavano mai l'indirizzo del mittente. A chi si poteva dirlo? La neve si accumulò sulla sua coperta. Così, mi accovacciai, mi appoggiai Eva sulle ginocchia e spazzai la neve dalla coperta. Cercai di canticchiare il motivo delle *Gymnopédies* attraverso i denti che mi battevano. Opa Louis aveva detto che Eva era la sua bambina preferita, e non la faceva mai sgomitare con noi per raccogliere i cioccolatini: a lei li dava e basta.

E-m-mmi? pensai. Non riesco a ricordare le *Gymnopédies*. Non riesco a ricordare il viso di Opa Louis. È tutto così lontano!

Camminai un po' più in fretta per potermi avvicinare a

Herr Berger e vedere i piccoli sbuffi del respiro di Emmi venire fuori dalla sua bocca mentre dormiva.

Herr Berger disse che dovevo riposare, mettere giù Eva sulla neve, ma io scossi la testa. Avrebbe avuto freddo; crollai e la strinsi di nuovo fra le braccia. Herr Berger si accovacciò accanto a me con Emmi appoggiata al fianco per tenerla al caldo.

«Conosci la parola *rimuginare*?» mi chiese. «Significa pensare troppo a qualcosa. Non fa bene rimuginare sui tuoi amici. Era così sul fronte orientale. Non potevi rimuginare sugli amici perduti. Dovevi ricordare che le persone che amavi erano mortali. Dovevi ricordare gli amici che sarebbero venuti, non quelli che andavano via. Emmi riprenderà presto conoscenza.»

Restammo accovacciati sulla neve per non so quanto tempo. Quando cominciai a tremare, Herr Berger si tolse il cappotto, si sfilò il maglione oltre la testa e me lo porse. «È troppo grande per te, ma per il momento può andare.» Il maglione mi arrivava fino a metà gambe, e le maniche ben oltre le mani. Odorava di vecchio fumo di tabacco e caffè di ghiande. Qualche minuto dopo, ricominciai a riscaldarmi.

«Ascolta» disse Herr Berger. «Veicoli. Togliti dalla strada.»

Ci inoltrammo nella foresta e ci sedemmo in un boschetto di pini. Un attimo dopo, dei fari percorsero il banco di neve di fronte a noi. Un autocarro ci passò accanto lentamente, seguìto da un'altra auto. Un cane abbaiò dal retro dell'autocarro.

«Soldati» sibilò Herr Berger. «Probabilmente ti stanno ancora cercando. Se hanno trovato l'autobus, staranno cercando anche me.»

I veicoli si fermarono una decina di metri più in là sulla strada. Il cane abbaiò di nuovo, stavolta un po' più forte. Herr Berger aveva ragione; Emmi cominciò a divincolarsi e a gemere accanto a lui. Così, le premette la mano sulla bocca e lei iniziò a gridare e scalciare.

Un soldato scese con cautela lungo la strada con un cane che tirava il guinzaglio.

«Non respirare, ragazzo» sussurrò Herr Berger.

Il cane annusò la zona della strada che avevamo percorso qualche istante prima e alzò le orecchie. Qualcuno gridò.

«Ancora un momento» urlò di rimando il soldato con il cane.

Emmi scalciava e scalciava, e io non osai respirare né dirle di fare silenzio. La mia mano trovò la sua nell'oscurità e la strinsi. Lei la spinse via e mi venne da piangere. Dalla strada, la luce della torcia del soldato passò sui rami degli alberi che avevamo di fronte, per poi avvicinarsi lentamente verso di noi. Il cane ansimò. Il soldato si aprì il cappotto, si sbottonò i pantaloni e orinò una nuvola di vapore. Emmi continuò a scalciare e poi si fermò di colpo, come se si fosse addormentata di nuovo. Mi fece male la gola, e sentii il dolore fino allo stomaco. Strinsi talmente tanto Eva a me che mi vennero i crampi alle braccia.

Il soldato tornò indietro insieme al cane verso l'autocarro. Il motore rombò, i freni stridettero e il veicolo se ne andò, lasciandoci soli.

Herr Berger sollevò una mano sotto il naso di Emmi. «Respira ancora» disse. «Dobbiamo muoverci adesso. Verranno a cercare te e la ragazza, e poi daranno per scontato che siate morti assiderati e smetteranno di farlo. Ma continueranno a cercare me. Andranno nel mio appartamento e diranno a Suzanne dell'incidente, della ricerca del marito ferito. Diranno al padre di Emmi che è scappata, che è morta. E tu, hai famiglia?»

Abbassai lo sguardo. Avevo Vati. Non avevo altri parenti, che io sapessi. Avevo il maggiordomo e la domestica, e a volte il dottore italiano che veniva a visitarmi gli occhi e il cranio e mi faceva una puntura nel braccio e diceva: «Ciao ciao, mostriciattolo». Avevo Emmi, avevo Eva.

«Nessuno?» disse Berger. «Adesso il mondo è così e basta. Era peggio durante la Grande Guerra. E potrebbe peggiorare di nuovo. Crescerai e sarai un giovanotto perbene e avrai figli tuoi. Niente dura, nemmeno il Reich millenario. Hitler non durerà cinque anni.»

Vati aveva detto che non avrei mai avuto figli. Il dottore italiano gli aveva detto che avevo un difetto genetico che mi avrebbe impedito di concepirne. La mia sterilità era un fatto positivo. C'era un limite al numero di fenomeni da baraccone al mondo. Il Reich stava liberando il mondo dai mostri, stanando i troll sotto i ponti, i nani nelle montagne e i cani a tre teste alle porte dell'Ade. Vati avrebbe dovuto spedirmi da qualche parte, aveva detto poi il dottore italiano. Non avevo mai sentito mio padre gridare contro qualcuno a parte me, neppure alla domestica quando faceva cadere un vassoio pieno di bicchieri di champagne. Ma aveva gridato al dottore di andarsene. Di andarsene e non tornare mai più.

«Siamo quasi arrivati» disse Herr Berger, mentre si alzava con Emmi per ricominciare a camminare.

Non sapevo che cosa intendesse l'autista dell'autobus; mancavano ore per arrivare a Stoccarda, sempre che i soldati non ci avessero trovato prima.

«Vi sto portando in una vecchia fattoria. Non c'è nessuno lì.» Gli alberi sul lato sinistro della strada avevano lasciato il posto a una staccionata di legno. La cima dei pali sporgeva dalla neve. Herr Berger trovò un punto in cui la staccionata era crollata e lo scavalcò.

«Tu ed Emmi vi nasconderete qui, per il momento. È meglio che non vi trovino insieme a me. Vi porterò da mangiare.»

Avanzammo a tentoni nella neve per un'altra ora. Il chiaro di luna si diffuse lungo un campo ondulato che culminava in una baita dal tetto a punta appoggiata a una collinetta. «Mio padre ci portava qui a comprare sottaceti e castrato. Comprava sacchi di lana per il filatoio a mano di mia madre. I proprietari sono fuggiti in America.»

Battemmo i piedi sulla muratura vicino alla porta. Herr Berger tirò il chiavistello in metallo, e la porta, deformata dal freddo, si aprì con un sussulto. «C'è qualcuno?» esclamò Herr Berger e, quando nessuno rispose, entrammo dentro. L'autista appoggiò il corpo addormentato di Emmi su una sedia reclinabile e accese entrambe le candele che mi aveva dato prima. Eravamo in un salotto. Mobili in legno grezzo con cuscini di crine. Libri che contenevano illustrazioni di satiri, centauri e dèi greci, cosa che avrei capito più in là. Foto di famiglia sulla parete di fronte alle finestre: genitori, nonni, tre bambini. Un fonografo su cui era appoggiato un disco, che più tardi Emmi mi avrebbe detto essere di Django Reinhardt. In cucina, sullo scolapiatti accanto al lavandino c'erano delle stoviglie. Nelle due camere da letto vicino al retro della casa, i letti erano rifatti come se la famiglia potesse tornare da un momento all'altro. In fondo alla cucina si trovava l'ingresso di una cantina, una porta sbarrata che dava sulla collinetta ghiacciata a cui era appoggiata la fattoria. Herr Berger aprì la cantina; l'aria all'interno sapeva di chiuso, ma non di marcio come il pesce andato a male. La cantina era abbastanza calda da evitare che le poche patate, cavoli rapa, barbabietole, rape e carote si ghiacciassero. C'era un'unica corda di salsiccia appesa alle travi, e un barattolo d'argilla di crauti e sottaceti. Forse abbastanza per due settimane.

Herr Berger mi mise una mano sulla spalla. «Verrò fra qualche giorno a portarvi delle provviste. Per il momento c'è abbastanza cibo. Non dovete accendere il fuoco durante il giorno, capito? O i soldati vedranno il fumo. Emmi non deve tornare a Trutzburg.»

Herr Berger si chinò per prendere Eva, che era ancora in braccio a me. «C'è un posto per lei» disse.

Non volevo lasciarla andare. Se l'avessi fatto, avrebbe significato che Eva non sarebbe più tornata.

Rainor Schacht! Dagliela! Che cosa ne farai di un cadavere? Quest'uomo ti sta salvando, o sbaglio?

Le braccia mi sembrarono vuote dopo aver tenuto Eva per tanto tempo. Herr Berger accese una lampada a olio e uscì per andare in un piccolo fienile, e persino da dentro la fattoria riuscii a sentire il raschiare di una pala sul terreno duro. Scavò a lungo, e poi tornò senza il corpo di Eva. Mi porse la lampada a olio, e lo guardai allontanarsi nel campo verso la foresta, ripercorrendo la strada da cui eravamo venuti.

Emmi stava ancora dormendo, perciò la appoggiai sul letto spazioso e la coprii con un pesante piumino. Andai nel piccolo fienile e trovai il luogo in cui Herr Berger aveva sepolto Eva. Un rettangolo di terra minuscolo. Avrebbe dovuto esserci un cippo di pietra, no? Tutte le lapidi avevano il nome della persona inciso sopra, per poterla trovare. Recuperai un pesante mattone uno degli stalli, e con un'unghia ci incisi sopra *Eva*. Era la prima parola che scrivevo da anni. Non conoscevo le lettere, se non per copiarle. Avevo visto il nome di Eva cucito sul suo camice, riuscivo a ricordarne la forma. C'erano anche delle date sulle lapidi. Le date di una vita, per quanto breve. Non sapevo come scrivere numeri o date, perciò guardai il mio orologio da taschino e incisi VI sul mattone. Eva avrebbe per sempre avuto sei anni.

Giunsi le mani e mi feci il segno della croce. Pregai perché Eva non conoscesse mai più il terrore. Perché non le sparassero e non la facessero mai più morire di fame. Supplicai Dio di prendersi cura di lei, come mi ero sforzato di fare io, fallendo.

Passai le dita sulla sua tomba finché petali di lavanda non caddero dove giaceva.

Diari di Berger
[illeggibile] febbraio 1940

Persone che il Mastino ha ghermito:
Hitler e i suoi bastardi del Tiergarten
Lutz
Hansi
~~Gussi~~
Mandl
Thomas. Persino mio figlio.
Come posso fare in modo che il Mastino abbandoni il mio Thomas?

Rainor
3 novembre 1953
Costanza, Germania Ovest

«Non so chi fosse mia madre» disse Leni a voce bassa. «Non l'ho mai conosciuta.» Le sue piccole mani scomparvero in uno strofinaccio e si strinsero intorno alla gola di un essere piccolo e invisibile. «Devo portare a Herr Lange la sua medicina.» Provò a riempire una tazza con acqua bollente e ne versò la metà nel lavandino. Aggiunse una polvere color crema da un barattolo alto alla tazza, e poi versò altra acqua calda nel lavandino.

Gettò uno sguardo alle parole che le mostrai sul mio taccuino. Aveva gli occhi di Emmi, le avevo scritto, l'atteggiamento delle labbra di Emmi quando era turbata. I suoi stessi capelli scuri. Emmi Kleist l'aveva portata lì prima della fine della guerra.

«Lei è venuto qui con una fantasia. Sono arrivata a Costanza con mia zia. Herr Lange mi ha detto che poi si è molto ammalata, e non l'ho più vista. È stato Herr Lange a crescermi.»

«Tua zia era E-m-mmi...»

«Non ricordo quasi nulla di mia zia. I suoi capelli e i suoi vestiti profumavano di foglie secche. A volte cantava per me. Herr Lange mi ha detto che ha sacrificato davvero molto per aiutarmi.» La tazza d'acqua bollente sbatté su un vassoio d'argento. La sua voce si fece più acuta. «Adesso per favore se ne vada.»

Le scale scricchiolarono mentre portava a Jasper Lange la sua bevanda medicinale. Ero da solo. Un volto ripugnante riflesso sulla finestra della cucina. Perché qualcuno avrebbe dovuto dirmi anche una sola verità? Emmi

Kleist, dove sei? Quando ero innamorato, ero capace di far cadere petali di lavanda dalle travi della fattoria. Ero capace di riscaldare le persone, ero capace di creare musica su cui ballare. Ormai non riuscivo più a fare tutte quelle cose.

Tornai all'ingresso per rimettere gli stivali. La Germania intera mi trovava brutto. Vivevo in una casa per derelitti di guerra. Nessuno mi avrebbe mai dato un lavoro. Lutz aveva ragione a ucciderci. Herr Berger aveva torto: diceva che non avrei dovuto rimuginare sulle cose. Che sarei cresciuto e avrei avuto figli miei. Ho ventisei anni e non è cambiato niente per me a parte il calendario.

Autocommiserazione, Rainor Schacht! Ti ho forse insegnato a sguazzare nella tua disgrazia? Esci da questa casa e fa' qualcosa della tua vita. Torna a Stoccarda. Tagliati i capelli e trovati un buon lavoro come bracciante. Entrambe le mani sulla carriola mentre svuoti i porcili.

Tornai a farmi lentamente strada dall'ingresso al corridoio con gli stivali in mano. Mi allontanai in punta di piedi dalla cucina ed entrai in un altro corridoio buio. Era una piccola biblioteca con una grossa poltrona e una scrivania appoggiata alla parete opposta sotto un'altra finestra. Chiusi la porta il più silenziosamente che potei. Il mio respiro divenne corto e affannoso, e i miei palmi si fecero madidi di sudore. Mi rintanai sotto la scrivania e respirai il più sommessamente che potei, coprendomi la bocca con le mani. Sentii Leni tornare giù per le scale e chiudere il chiavistello della porta dell'ingresso. Mezz'ora più tardi, la sentii superare la biblioteca e aprire un'altra porta. Dell'acqua cominciò a riempire una vasca da bagno.

Il corridoio era buio, eccezion fatta per la luce tremolante di una lampada proveniente dal bagno. Salii gli scalini uno per volta. Mi presi il viso fra le mani e inspirai ed espirai così, per attutire il suono dei miei respiri. Feci un altro passo felpato, in ascolto. La camera di Jasper Lange era buia. Entrai di soppiatto. Il suo respiro era lento, sommesso, un leggero sibilo. Mi sedetti sulla poltrona di fronte al suo letto su cui padre Goetz si era seduto quella mattina. La vecchia casa si andava raffreddando, fra scricchiolii e crepitii. Mi misi in ascolto per sentire eventuali interruzioni del suo respiro; avrebbero significato un possibile risveglio. Rimasi così per ore. Ascoltai, aspettai, tremai quando la casa raggiunse il picco di freddo, poi mi appisolai per qualche istante. Riuscii a sentire mio padre sul punto di gridarmi contro: il figlio di un avvocato di spicco che viola la legge! Non hai mai amato, Vati? È questo che pensai. Soltanto una volta io, Rainor Schacht, sono stato amato. Tuo figlio, soltanto una volta. E neppure da mia madre. Non l'ho mai conosciuta; è morta. Anch'io sarei dovuto morire; l'ha detto il dottore, l'ha detto l'ostetrica. Un tempo, i bambini come me venivano esposti in foreste isolate. Volpi, orsi e puma accoglievano quelli come me, ci allevavano. Tu hai convenuto con il dottore e l'ostetrica sul fatto che non avrei vissuto a lungo, Vati. Me l'hai detto da ubriaco.

Jasper Lange ansimò e poi emise un verso nasale. Frugò a tentoni sul piccolo comodino accanto al suo letto, accese un fiammifero e poi una sigaretta, la cui estremità era come un occhio severo nell'oscurità.

«Ti ho sentito di sotto» disse tossendo. «L'hai vista, non è vero?»

Annuii, stupidamente, senza rendermi conto in quel momento che con ogni probabilità non poteva vedere il mio gesto.

«Inevitabile. Sapevo che un giorno qualcuno come te

sarebbe venuto. Qualcuno che era affezionato a Emmi.»
Rimase in silenzio per un momento. «Te l'ha detto?»

«D-d-detto?»

«Leni? Se sospetti di sapere chi è, di certo gliel'avrai chiesto?»

Lo guardai perplesso.

«Se sapeva chi fosse la madre.»

«N-n-no.»

Un altro fiammifero, un'altra sigaretta. «Non lo sa, e io non vorrei che lo sapesse. Non dopo la follia di Emmi. Non dopo quello che è successo a Zenzi. Dev'essere protetta da tutto questo. Le ho detto che i suoi genitori sono morti in guerra. Durante il bombardamento di Stoccarda. Che era una di quei bambini che si sono salvati per miracolo e sono finiti sulla soglia di qualcuno. Fa dei sogni. A volte crede di ricordare Emmi. Quei suoi capelli castani. Un barlume del suo viso. Uno sparo. Si sveglia gridando. Riesco a sentirla. Quando ero in grado di camminare, andavo di sotto a consolarla.»

«L-l-lo sa.»

«Dove si trova Emmi? No. Leni vivrà con me finché non morirò. Ho lasciato la casa a lei. Può farsi strada nel mondo. C'è il figlio di un falegname che la accompagna al mercato quasi tutti i giorni, e al ritorno porta le sue borse per lei. Zenzi lo detesterebbe: troppo sempliciotto. D'altro canto, detesterebbe anche Leni. Troppo... stavo per dire troppo simile a sua madre, ma tutto perde i contorni. Ogni ricordo si dissolve nel successivo. Zenzi ed Emmi diventano una cosa sola.»

Colpì qualcosa sul comodino con la mano, e una lampada elettrica si accese con un guizzo, emanando un bagliore continuo e soffuso.

231

«Guardami. Se il tuo amore è totalizzante come il tuo aspetto stravolto dà a intendere, allora devi amare anche questo momento, questo futuro in cui Emmi non esiste. Ho incontrato il logico Rudendorf una volta, all'Università di Friburgo. Emmi e non-Emmi. Devi amare entrambe le cose, se intendi amare veramente.»

Per la maggior parte della mia vita, avevo conosciuto il non-Emmi. A eccezione degli otto mesi fra l'ospedale e Trutzburg, non avevo conosciuto che la sua assenza. Volevo riavere Emmi, così com'era stato a Stoccarda.

Tirai fuori taccuino e penna.

«Non riesci a dirlo con la tua balbuzie? Devi scrivere la tua brillante intuizione, Rainor Schacht?»

Strappai la pagina dal taccuino per mostrargli ciò che avevo scritto. Lo lesse a colpo d'occhio.

«Così mi insulti. Come riesco a sopportare di esistere con il non-Zenzi? Dovrei pensare in termini di perdita come fai tu? Il non-Zenzi? C'era un'impronta dei piedi di Zenzi ed Emmi sul fango nel lungofiume. Ho aspettato che il terreno si ghiacciasse, poi ho tagliato quella spessa zolla di terra e ci ho costruito attorno una cornice di legno e l'ho verniciata. Sai che sciocco sono stato a pensare in questo modo, a preservare quell'impronta dei passi di Zenzi? L'ho conservata per anni, finché non mi sono reso conto che c'è del magico in tutto questo andare e venire. Io faccio sparire gli oggetti sul palco; il Grande mago da qualche parte lassù fa sparire noi. Ma se la mia capacità di far apparire e sparire non è che un'abile distrazione, un gioco di prestigio, allora lo è anche questo: una grande illusione, ma comunque un'illusione. Zenzi e non-Zenzi, è tutta un'unica illusione.»

Accartocciò il mio foglietto di carta e lo lanciò contro la parete.

«Ho dato a Leni quella piccola zolla di terra incorniciata con le impronte di Emmi e Zenzi. La conserva sotto al letto. È una delle poche cose che possiede di Emmi, che l'ha portata a sud, via dalle fauci della guerra. Un'impronta del suo piede conservata nella terra, da cui deve immaginare la donna che l'ha lasciata. Era troppo piccola per ricordare granché di Emmi.» Fece un colpo di tosse, coprendosi la bocca con le mani. «Lascia fuori Leni da questa tua follia.»

Mi rimisi in piedi a fatica.

«Vieni qui.»

Invece mi voltai per andarmene.

«Rainor Schacht.» Pronunciò il mio nome con lo stesso tono severo di Vati. Mi porse la mano, e io feci un passo avanti, sollevando il mio palmo freddo e tremante. Lui mi prese la mano e mi tirò verso di lui con una forza che non mi aspettavo. Le sue labbra mi sfiorarono un orecchio.

«So dove Emmi è stata. E questo è tutto.»

Mi appoggiò la mano sulla spalla e mi diede una leggera pacca.

Annuii; certo che sapeva dov'era stata. Lì a Costanza, e poi in non-Costanza. Era andata via senza Leni. Via.

Sarei tornato a Stoccarda a marcire nel mio alloggio, insieme agli altri che morivano a poco a poco dopo la guerra. Era l'alba, mi chiusi la porta di casa di Jasper Lange alle spalle e mi misi a camminare sulla neve, cercando la via d'uscita attraverso la siepe. Passai dietro a un albero e mi frugai nella tasca interna del cappotto in cerca del mio fazzoletto per asciugarmi il collo. Non mi restava più alcun indizio; niente. Emmi aveva lasciato Leni con Jasper ed era sparita. L'ultima volta che l'avevo vista, mi aveva accarezzato i capelli e mi aveva detto che sarebbe restata con me per sempre. «Rainor, presto ci guariranno. Le nostre vite cambieranno così tanto. Dopo potrai venire a trovarmi con indosso una bella uniforme nuova.» Non significa niente, non è così, quando la gente dice queste cose? Ci rassicurano per lasciarci, per sentirsi meglio con loro stessi.

C'era qualcos'altro nella mia tasca, a parte il fazzoletto: della carta, una busta aperta da molto tempo. Era una busta celeste con un timbro svizzero sbiadito del 1951, due anni prima. Era indirizzata a Jasper Lange a Costanza. Sul lembo c'era l'indirizzo del mittente: *E. Kleist*. Un albergo a Gottlieben, in Svizzera, appena oltre il confine.

L'anziano mago mi aveva infilato la lettera in tasca.

Diari di Berger
10 febbraio 1940
Stoccarda, Germania

Un caporale mi prese a bordo della sua Horch sulla strada per la città. «Ti stanno cercando tutti, Berger. Jochen ha trovato delle tracce, ma questa cazzo di neve le smerda.»

La sua radio gracchiò e tacque, e poi lui gracchiò al suo comandante che mi aveva trovato per strada. Mi muovevo bene ed ero cosciente. Dei bambini nessuna traccia. Lutz si era fatto quell'idea? O Jochen? Che avessi in qualche modo incontrato i bambini e li avessi portati da qualche parte?

Conoscevo il caporale. Nella sua voce c'era il Mastino. Non avevo modo di evitare di sopportarlo per tutta la strada fino a Stoccarda. Stavo seduto accanto a lui con le braccia strette intorno allo stomaco, come se dei vermi mi stessero lentamente divorando dall'interno. Avevo cercato di evitare chiunque avesse il Mastino in gola: Lutz, Jochen, svariate guardie e infermiere. Avevo evitato tutti tranne mio figlio, e lui aveva evitato me unendosi alla Gioventù hitleriana.

«Non hai visto gli autocarri prima, Berger?»

Risposi che avevo perso più volte conoscenza. Che mi ero svegliato coperto di neve, credendo di essere morto e sceso nell'ultimo girone dell'Inferno dantesco. Che avevo comunque continuato ad andare avanti barcollando.

«Non hanno preso quegli ultimi tre che sono scappati. Li troveremo in primavera, eh? Peccato per Bonse. Il tempo dei re non è sempre clemente con il giullare di corte.»

Fece discorsi di quel tenore per l'insostenibile ora seguente in direzione Stoccarda. Mi diede la tisana al tiglio più profumata che avessi mai bevuto. La madre lo coltivava nella sua serra, persino nei mesi invernali. Aveva cataste di legna essiccata per mantenere la temperatura della serra alta come quella di un paradiso tropicale. Coltivava erbe. Orchidee di montagna. Un'unica pianta di tabacco come antiparassitario. Tutte le estati, il caporale trucidava il suo recinto di maiali con una pistola captiva e un machete.

Mi portò in ospedale, dove un giovane dottore con gli occhi iniettati di sangue mi esaminò in una stanza piena di brande vuote. Mi suturò il taglio sul sopracciglio, poi mi diede una fialetta di morfina in polvere. Dormii finché il caporale che mi aveva portato lì non tornò con un sergente di polizia. Il sergente aveva sottili baffi neri e tutta l'aria di essersi appena svegliato da un sogno inquietante. Mi fece domande per un'ora, e per un'ora continuai a ripetere la mia storia, secondo cui l'autobus doveva essere andato a sbattere contro del ghiaccio per poi slittare sulla banchina. Ricordavo pochissimo. Avevo battuto la testa sul volante. Lui mi chiese che cosa ne avessi fatto dei bambini. Erano sull'autobus, no? Era quello che stavo facendo, stavo aiutando i bambini a scappare? Avevo simpatizzato con alcuni di loro, lo avevano notato, un paio di maschi e una femmina. «Non è così, Herr Berger?»

«Sta ancora sognando.»

Il sergente sospirò. «Ha tradito il Reich. È solo questione di tempo prima che...»

Il caporale scoppiò a ridere. «Chi, Berger? Mostragli la tua Croce di Ferro, Berger. Raccontagli che cosa hai fatto ai russi.»

Avevo spazzato attentamente le tracce dei bambini attraverso la foresta con il ramo di un albero. La nevicata avrebbe sistemato il resto. Non c'era niente che potesse essere ricondotto a loro. Il sergente mise la sciarpa che Emmi stava facendo a maglia per Hitler accanto a me sulla brandina. A tenerla insieme un solo ferro da calza di legno. L'altro era ancora nella tasca interna più lunga del mio cappotto, dove a volte tenevo cacciaviti o una chiave inglese.

«Questa l'abbiamo trovata sull'autobus. È di sua moglie? O forse sua?»

«L'aveva lasciata lì una bambina. Bonse l'ha trovata e...»

Il sergente mi mostrò l'altro ferro, quello che mi ero infilato nel cappotto, sollevandolo come la bacchetta di un direttore d'orchestra. «Questo le è stato trovato addosso.»

«Sì» dissi «certo. Ho trovato il ferro due giorni fa, e poi Bonse ha trovato il lavoro a maglia.»

«Il lavoro a maglia lo aveva Lutz. Era nel refettorio, dove l'aveva lasciato.»

«Bonse deve averlo preso da lui e riportato sull'autobus.»

«Dà la colpa delle sue azioni a un uomo morto. Mi dica che cosa ne ha fatto dei bambini.»

Il caporale scoppiò in un'altra risata. Per un istante, non riuscii a sentire il Mastino nella sua voce. «Mia moglie sta leggendo i romanzi su quel detective inglese» disse. «Lord Wimsey. È il Lord Wimsey del Reich, sergente. Senza l'eleganza e il vino, però. Berger è un eroe di guerra.»

Il sergente se ne andò. Il caporale disse di dover tornare a Trutzburg. Il Mastino aveva fatto ritorno: «Dopodomani ci sarà un nuovo autobus per te, Berger. Ricomincerà tutto quanto da capo».

La mattina seguente, un'infermiera mi restituì i miei effetti personali; i vestiti, il cappotto e l'orologio. E il lavoro a maglia di Emmi con entrambi i ferri. «Dev'esserci un errore» dissi.

«Nessun errore» rispose l'infermiera. «Il sergente ha detto che appartenevano a lei.»

«Ha detto nient'altro? Sulla sua indagine?»

«C'era fumo, sì, ma nessun segno di arrosto.»

Un taxi mi riportò a casa. Suzanne mi abbracciò. «Eravamo preoccupati per te» mi disse. «È venuta la polizia e mi ha raccontato dell'incidente.»

Mi diede uova e salsiccia che aveva conservato negli ultimi giorni, una tazza di vero caffè da un pacchetto di grani che Hensel, il droghiere, le aveva messo da parte perché il mio lavoro di trasporto viveri per lo sforzo bellico era davvero essenziale. Anni era a scuola e Thomas stava facendo le esercitazioni sul campo con la Gioventù. «Weiss non ti darà la settimana libera? Per riprenderti?»

Misi il lavoro a maglia di Emmi in fondo alla mia borsa di tela. Avrei dovuto gettarlo dal finestrino del taxi su un cumulo di neve lontano dall'appartamento. Era stupido portarlo con me. Alla polizia o ai militari sarebbe bastato perquisirmi e l'avrebbero trovato subito. Avrei detto che lo stavo riportando indietro al dottor Lutz. A me a cosa sarebbe servito?

Suzanne pulì i taglietti che avevo su schiena e braccia con un panno e una bacinella di amamelide. Poi mi passò su spalle e collo un po' della crema analgesica che sua sorella le aveva mandato l'anno prima da Tolosa.

«Frau Vogt mi ha raccontato che il suo Matthias è stato mandato in campagna» disse Suzanne. «Il suo medico ha detto che lì hanno un nuovo trattamento per l'epilessia. Così il bambino sarà anche più al sicuro dagli scontri.»

Chiusi gli occhi.

«La tua ferita di guerra?» Tracciò con il dito la cicatrice che, partendo dalla clavicola, percorreva la curva della mia spalla fino alla scapola.

«Non l'ho sentita con questo freddo.»

«Lo sogni ancora?»

Scossi la testa. Non sognavo più l'ufficiale di cavalleria russo ferito, sdraiato sul retro della mia ambulanza, che aveva ucciso con una revolverata l'inserviente seduto accanto a me e mi aveva sparato alla spalla. No, adesso sognavo Bonse. Sognavo il momento in cui l'autobus era andato fuori strada e Bonse si era lanciato sul volante e io lo avevo colpito. Il momento in cui il mio tradimento era diventato evidente. Che cos'era che aveva gridato Bonse prima che l'autobus andasse a sbattere contro il cumulo di neve? *Papageno te lo ordina!* I nostri sguardi si erano incrociati in quell'istante sinistro prima che l'autobus si schiantasse contro la neve. Il busto di Bonse si era piegato in avanti come se si stesse inchinando di fronte a un pubblico invisibile. Avevo scorto con la coda dell'occhio la sagoma grigio fumo dell'autobus che procedeva lungo la strada. L'ombra di me al volante, l'ombra di Bonse sul sedile anteriore del passeggero. L'autobus non smetteva mai di prelevare bambini come Matthias per portarli a Trutzburg. Il veicolo, almeno, conosceva il proprio dovere.

«Dormi, Peter. Vado a prenderti la morfina.»

Mi sdraiai a letto accanto a Suzanne. La neve picchiettava sulla finestra. Il freddo scivolò lungo il pavimento verso di me.

«Peter, ti prego, dormi.»

Papageno te lo ordina.

Rainor
10 febbraio 1940
Nei pressi di Trutzburg, Germania

Io ed Emmi ci svegliammo al suono di una spessa lastra di neve che scivolava giù dal tetto. Era ancora buio, e la fattoria dove Herr Berger ci aveva lasciati era appena un po' più calda rispetto alla temperatura esterna. Ci eravamo addormentati nel letto della camera più grande.

«Dove siamo?» chiese Emmi in un sussurro.

Le strinsi la mano. *Nella fattoria in cui ci ha portati l'autista dell'autobus. Ha seppellito Eva.*

Rainor Schacht, sono le due del mattino! Il momento più freddo della nottata. Se ti riaddormenti, non ti sveglierai più! Fuori ci sono trenta gradi sottozero. E dentro fa quasi altrettanto freddo.

Emmi rimase a letto, e io seguii la luce arancione soffusa della torcia che Herr Berger mi aveva dato finché non trovai la stufa a legna e, sopra, una piccola lampada a olio ottenuta da un barattolo Weck. Il giallo caldo emanato dalla lampada a olio schiacciò le ombre negli angoli. Il mio respiro vorticò per poi affondare. Avevo imparato a cucinare dalla cuoca di Vati, Frau Gisela, che me l'aveva insegnato durante i viaggi di lavoro di mio padre a Berlino. La stufa nella cucina della fattoria era rivestita da piastrelle e aveva un forno adiacente. Così, con un'accetta ricavai un mucchietto di esca dalla legna nello scomparto, poi spezzai uno dei ciocchi fino a farne legna minuta, impilai l'esca nel fornello freddo e intorno ai trucioli feci una tenda di legnetti. La legna secca si accese con il primo fiammifero, e aspettai una fiamma abbastanza grande per aggiungere altri tre ciocchi. Ci sarebbe voluta un'ora prima che la stufa fosse abbastanza calda da poter cucinare.

Frau Gisela ti ha insegnato a cucinare? Menti al tuo Vati.

Come avevo visto fare a Herr Berger al nostro arrivo, rimossi l'asse corta che sbarrava la porta della cantina. Senza l'asse a fare da sbarra e la coperta da cavallo lungo la soglia per tenere fuori la corrente, la porta si aprì da sola. Sentii un odore di terra stantia, la dolcezza degli ortaggi e l'aceto dei crauti. Avrei voluto mangiare ogni cosa, ma sapevo che io ed Emmi avremmo dovuto razionare il cibo fino al ritorno di Herr Berger.

Ebbi un attacco di balbuzie cerebrale. Era così che mio padre chiamava le volte in cui non riuscivo a ricordare che cos'avessi appena fatto. Mi ritrovai all'aperto, a riempire di neve il bollitore in rame che avevo preso dalla stufa, quando ripresi vita. Poggiai il bollitore sul fornello e, quando la neve sciolta cominciò a emettere vapore, preparai il tè con foglie di menta essiccate e feci bollire due patate e tre rape nell'acqua che restava, per poi friggere una salsiccia con le cipolle. Mangiai rapidamente metà di tutto, e conservai l'altra per Emmi, e una rapa per la tomba di Eva al fienile. Eravamo stati a Trutzburg soltanto per tre giorni, ma mi sembrava di averci passato metà della mia vita. Facevo fatica a ricordare tutto quello che ci era successo. Ogni cosa si confondeva con le altre, come quando Vati metteva contemporaneamente più diapositive dei suoi giardini nel proiettore. Diceva che i sogni non erano fatti per essere ricordati. Conosceva un altro avvocato che aveva annotato i propri sogni per sei mesi su un taccuino di pelle che teneva accanto al letto. In quel periodo era caduto preda della follia, incapace di distinguere fra sogni e realtà, e il suo analista lo aveva mandato alle sorgenti termali di Wiesbaden. Una volta tornato a Stoccarda, aveva detto di aver ritrovato il mondo reale, e non aveva perso tempo a votare per il Partito nazionalsocialista nel 1933. L'incubo e il mondo erano diventati una cosa sola, a quanto diceva Vati. Il suo amico avvocato, che per anni aveva votato per il Partito di centro, aveva messo in mostra l'oscurità sempre maggiore della mente tedesca.

La prima luce giallastra dell'alba raggiunse la parete dietro alla stufa. La cucina e il salottino si erano riscaldati abbastanza perché potessi sfilarmi il cappotto. Aprii lo sportello della stufa e separai i ciocchi come mi aveva spiegato Herr Berger, in modo tale che il fuoco uscisse e nessuno potesse notare il fumo durante il giorno e riportarci a Trutzburg.

«Ho sentito odore di cucina» disse Emmi mentre entrava.

Ancora una volta, avevo perso la parola. Eva se l'era portata via con lei nella terra fredda.

Sollevai il coperchio della padella in ghisa e le presentai la colazione.

Il suo sguardo scrutò la stanza spartana: la stufa, la tinozza per il bucato, le sedie e il tavolo fatti di assi grezze verniciate a calce blu che dava loro il colore del cielo di giugno.

«Dobbiamo tornare indietro. Dobbiamo guarire.»

Le presi la mano e le offrii i miei pensieri. *Eva è morta. Seppellita nel fienile. I soldati le hanno sparato. Anche Marie e Dieter sono morti.*

«Abbiamo disobbedito. Abbiamo infranto la legge. Certo che ci hanno sparato. Si fa così durante la guerra.» Le servii la colazione. «Mangerò, e poi torneremo indietro.»

Spezzettò patata e rapa con il cucchiaio di legno grezzo e le mangiò una per volta. «Questa salsiccia ha un sapore strano. Non sa affatto di salsiccia.»

È agnello, Emmi. C'era anche un pollaio sul retro. I polli sono congelati nel ghiaccio.

«Non assomiglia per niente a Stoccarda qui. Non è male. Tranquillo, senza il ronzio delle auto. Vorrei delle tende, però. Tende color indaco abbinate a tavolo e sedie. Eva è davvero morta?»

Annuii.

«E Marie?»

La guardai rassegnato.

«Mi piaceva Marie.» Cominciò a piangere. «Dieter no, perché provava a baciarmi. Marie era simpatica. Ci sdraia-

242

vamo sulla sua branda, e lei mi toccava il viso e diceva che ero bella. Una volta, mentre dormiva, le ho dato un bacio sulle palpebre.»

Non possiamo tornare indietro.

«Non possiamo? È troppo lontano? La strada dev'essere vicina.» Lanciò uno sguardo al tavolo. «Il mio lavoro a maglia è qui? Voglio finire la sciarpa del Führer. Così avrà la gola al caldo persino in inverno e non si ammalerà.»

Volevo che si riscaldasse, così le versai dell'acqua calda in una tazza da tè e trovai un barattolo di fiori di tiglio.

«La tisana al tiglio è la mia preferita. Mio padre la beve al posto del caffè, perché lo rende irrequieto. Rainor, alla stufa serve altra legna.»

Cercai di imitare il movimento del fumo che si alzava in cielo.

«Hai fatto tutto tu. Questo posso farlo io.» Aprì lo sportello della stufa. «Ecco il problema. I ciocchi devono stare vicini.» Prese la barretta di ferro che i proprietari un tempo usavano per spingere i ciocchi l'uno vicino all'altro, ma io le misi una mano sul braccio e feci cenno di no con la testa.

«La tua testardaggine ci farà congelare.»

Feci ancora cenno di no.

«Qual è il problema?»

Vedranno il fumo. Verranno i soldati.

«Allora dovremmo accendere il fuoco più grande che mai.»

Le presi la sbarra di ferro di mano, chiusi lo sportello della stufa, e gliela strinsi. La condussi attraverso la porta sul retro della dispensa e fino al fienile, dove le mostrai l'angolo in cui Herr Berger aveva seppellito Eva. La fossa corta e il mattone che ci avevo appoggiato sopra a mo' di lapide. Posai sulla tomba la rapa che avevo preparato, e accanto una manciata di fiori di tiglio secchi.

«È Eva?»

Annuii.

Finsi di impugnare un fucile e poi di premere il grilletto più volte.

«Non avremmo dovuto seguire Marie. Avresti dovuto lasciarla andare. Eva sarebbe ancora viva.»

Scossi la testa.

«Se fossimo andati a ricevere il nostro trattamento, sarebbe viva, Rainor. Tu saresti in grado di parlare. Dieter di fare pensieri intelligenti, e Marie di vedere. Il dottor Lutz aveva detto così; l'hai sentito anche tu.

Credi che io voglia essere come sono? Stanotte, riuscivo a sentire le rotelle e gli ingranaggi che si muovevano nel mio petto. Simili al ronzio di un motorino che non funziona come dovrebbe. A volte, mio padre dava dei colpi sul motore del suo autocarro finché non riprendeva a funzionare meglio. Ed è quello che ho fatto io stanotte. Mi sono data pugni sul petto per far funzionare bene le mie parti interne. Ho sentito di nuovo mia sorella morta che mi parlava. Non ha fatto che ripetere che il Führer si sarebbe suicidato, così le ho risposto di andare all'inferno e di portarsi con sé le sue stronzate alla Weimar. Il dottor Lutz estrarrà da me questi pezzi, e io potrò gettarli fuori dalla finestra con una risata.»

Cercai di prenderle la mano.

«Rainor, mi piaci ancora. Puoi venire a trovarmi.»

Sentii che mi tremava tutto il corpo. Ricominciai a sparare colpi con il mio fucile immaginario. Poi sollevai le braccia in aria come a indicare il fumo.

«Ci vestiremo pesanti e troveremo la strada.»

Si voltò per andarsene e io trasmisi i miei pensieri alla sua mente: *Ci uccidono. Il dottor Lutz. Bruciano i corpi. Io e Dieter ne abbiamo trasportato le ceneri. Ho trovato gli stivali di Karl. Non l'avevo capito finché non hanno sparato a Eva.*

Emmi scoppiò in una risata. «Sei un ragazzo davvero malato, Rainor. Se credi a questa follia, resta pure.»

Recuperò i suoi stivali, rimasti ad asciugare accanto alla stufa che si raffreddava. In un cassetto, trovò un vecchio maglione che puzzava di naftalina. Desiderai che restasse. Feci piovere petali di fiori bianchi, ma lei ci passò in mezzo come se non esistessero. Si sfilò gli zoccoli che aveva preso in prestito, per poi indossare gli stivali e il maglione sul suo cappotto sottile.

«Dobbiamo essere guariti. È a questo che serve l'ospedale.»

Stavo piangendo. Gettai in aria i miei pensieri. Le mie parole erano una luminosa scritta dorata che, sospesa su di noi, gridava: *Herr Berger ci aveva detto di andare via! C'era una pila con tutti i nostri vestiti e stivali e occhiali insieme alle ceneri. Dieter ha trovato due denti nella carriola.*

Emmi tirò la porta d'ingresso finché non si aprì con un sussulto. La strada da cui eravamo arrivati alla fattoria con Herr Berger attraversava un campo e poi una foresta. Gli alberi si intravedevano in lontananza, ma la nevicata fitta e intensa li rendeva sfocati. Il vento infuriava sul terreno, il campo davanti a noi un oceano bianco ondeggiante. Emmi scosse la testa. Arrancò per tre metri attraverso il campo, e ben presto la neve le arrivò alle cosce. Cadde per terra. Il cielo la spinse nella neve con i suoi leggeri pugni grigi. Si rimise in piedi a fatica, e tirò avanti. Aveva percorso forse dieci passi, e riuscivo già a malapena a vederla. Mi sentii le gambe pesanti mentre avanzavo faticosamente attraverso la neve profonda. La trovai appoggiata a una staccionata, singhiozzante. La neve intensa era diventata una camicia di forza e una cella e un'iniezione piena di morfina.

«Non mi sento più le gambe» disse piangendo. «Aiutami ad arrivare alla strada.»

Me la misi in spalla e la riportai indietro da dove eravamo venuti. La neve mi riempiva gli occhi, e riuscivo a malapena a distinguere la sagoma della fattoria o della collinetta. Lei si dimenò contro di me. «Qui non c'è niente, nulla. È tutto a Trutzburg. Tutto, cazzo.» Mi diede una botta sulla testa, e cademmo entrambi sulla neve. Sentii dei colpi di fucile provenire da qualche parte nella foresta; prima uno, poi due e, dopo un silenzio terribile, il terzo. Marie, Dieter, Eva. Emmi si ammutolì e smise di muoversi. La ripresi in braccio e procedetti a fatica con lei verso la porta. Eravamo deboli. I nostri pensieri non erano nostri. Appartenevano a qualcun altro, perché erano stati... Com'è che diceva Vati agli ospiti che venivano a cena? Lo studio legale era stato infiltrato. «Una spia del Reich è venuta per denunciarci alle autorità. Ce ne siamo occupati.» Se uno studio legale poteva venire infiltrato, allora poteva accadere anche alle nostre menti.

Mandai tutti quei pensieri a Emmi, ma non le arrivarono come speravo. Si contorse nel letto della fattoria e, fra i singhiozzi, disse che l'avevo uccisa, che avevo ucciso la persona che sarebbe stata dopo il suo trattamento. La ragazza del *Das Deutsche Mädel* con le trecce bionde e le iridi color del cielo d'agosto. Se avesse potuto essere qualcun altro, sarebbe andata in un posto che l'avrebbe elevata. Avrebbe potuto essere utile. Avrebbe potuto rinascere all'età di sedici anni. Avrebbe inventato una nuova Emmi Kleist e, sotto le luci brillanti di Berlino, sarebbe scesa da una Mercedes fra le braccia di un uomo dai corti capelli biondi, suo marito, e a braccetto avrebbero percorso la Tiergartenstrasse diretti al teatro dell'opera. Sentì qualcosa scalciare nella pancia.

Poi si addormentò stringendomi la mano.

Quando si fece di nuovo buio, accesi la stufa e preparai una cena a base di salsiccia, patate, cipolle e crauti. Trovai dei semi di cumino e delle bacche di ginepro secche, così li triturai in un mortaio con una pietra stondata finché la loro fragranza non riempì la cucina. In cantina c'era qualche caraffa di vino dolce, perciò ne versai un po' nel tegame, come avevo visto fare a Frau Gisela, e ne lasciai evaporare la maggior parte. Avevo trascorso ore in cucina con Frau Gisela e, quando si era convinta che non avrei rovinato nulla, mi aveva permesso di pelare patate e carote, e ben presto di aiutarla con le pietanze semplici. Mi lasciava tagliare gli *Spätzel* e gettarli in una pentola d'acqua bollente, arrotolare i *Rouladen*, e schiacciare le patate per la *Vichyssoise*. Tutto questo prima che su di noi si abbattessero i razionamenti, e poi le nostre pietanze, come quelle di quasi tutti, si erano fatte più semplici. Vati non si era mai lamentato delle modifiche ai menu. Non aveva mai saputo che aiutavo in cucina: l'unica volta che era entrato, io ero seduto per terra, a gambe incrociate, e guardavo Frau Gisela ai fornelli mentre riduceva la salsa di mirtilli per il petto d'anatra arrosto.

«Rainor, lascia lavorare Gisela.»

Frau Gisela aveva scosso la testa. «Il ragazzo è tranquillo» aveva detto. «Attento.» Aveva detto che un giorno, a guerra finita, anche lui sarebbe diventato un cuoco.

Vati era scoppiato a ridere. «La casa salterà per aria come il Reichstag.»

Finito di cucinare, andai a vedere come stava Emmi. Aveva ancora la mano fredda, perciò la svegliai e indicai la cucina calda.

«Nevica ancora?»

Annuii.

«Devo tornare al più presto. Quelle parti dentro di me hanno fatto così tanto rumore stanotte. Mi sono colpita di nuovo per farle tacere. Rainor; mia sorella...»

La portai in cucina e scostai una sedia per lei, come avevo visto fare a mio padre con i suoi ospiti. Avevo riempito una scodella di *Choucroute*; era così che Frau Gisela chiamava il piatto che preparava per me e Vati una volta alla settimana. Era alsaziano. «I francesi lo hanno preso in prestito, e poi noi abbiamo fatto lo stesso» aveva detto un giorno. «Non c'è una vera differenza fra nessuno di noi. Lo ha detto il dottor Freud.» Frau Gisela non mi aveva mai raccontato dove avesse imparato a cucinare a o citare chiunque fosse il dottor Freud. Era già in casa nostra quando ero nato io e mia madre era morta. Era lì con un'ultima scodella di *Choucroute* per me la mattina in cui Vati mi aveva portato all'ospedale.

Emmi sbocconcellò la sua scodella. «Stai rievocando il passato.»

Annuii. «È questa la differenza fra me e te. Tu ti concentri sul passato, io mi concentro sul futuro. Pensi di nuovo al tuo Vati? O a Frau Gisela, la cuoca?»

Avevo acceso una grossa candela di cera d'api e l'avevo messa sul tavolo in mezzo a noi. Riempii il bicchiere di Emmi con un po' di vino per stimolarle l'appetito. L'avevo visto fare a Frau Gisela con mio padre quando, con l'avvicinarsi della guerra, aveva perso la voglia di mangiare, e il completo gli cadeva come le tende estive. A volte, se Vati non voleva mangiare niente, lei rompeva un tuorlo intero nel vino e gli faceva bere la mistura. Emmi prese un sorso del vino. «È dolce. A papà piacevano i vini più secchi. Ha un pancreas delicato.»

Feci, come diceva Vati parlando di sé stesso, buona mostra di mangiare. Emmi continuò a scrutare fuori dalla finestra buia, per riuscire a vedere il turbinio violento della neve sul campo al chiaro di luna.

«Una notte di fantasmi» disse.

Dieter, Marie ed Eva. Tutti gli altri bambini di cenere.

«Hai visto la piccola tomba accanto a quella di Eva?»

Scossi la testa.

«Sembrava vecchia. C'era un nome inciso su un pezzo di legno. *Ori*. E sotto al nome la scritta *Il nostro amato cagnolino.*»

Emmi mangiò un altro po'. «Non sapevo che cucinassi così bene. Il cibo all'ospedale era peggiorato, non credi? Subito prima che arrivassimo qui. Pane e avena al mattino. Pane e zuppa per pranzo. Pane e cavolo bollito con carne grassa per cena. Il pane sapeva di stantio. L'ultima settimana ci hanno dato solo la cena.»

Mi sentii timido e felice. Misi la mano vicino alla sua. «Vuoi tenermi la mano? Non lo chiedi mai.»

Mi prese la mano nel suo palmo caldo. «Appena smetterà di nevicare, andremo a piedi fino alla strada. Fino a Trutzburg.»

Non potevo scuotere la testa, non con la mano nella sua. Provai a non sentirmi troppo felice. Quando parlava del trattamento, immaginava il suo futuro marito delle ss e della sua vita nel castello di Lebensborn; di come avrebbe superato i suoi geni e si sarebbe guadagnata la Croce d'onore per le madri tedesche per aver messo al mondo così tanti bambini. Se le avessi stretto la mano nel modo giusto, pensai, se fossi stato pudico e generoso, mi avrebbe approvato, si sarebbe distolta dal suo ufficiale immaginario. Sarei potuto diventare padre, no? Avevano soltanto minacciato di operarmi all'ospedale. «Non lasciare che ti taglino le palle, Rainor» mi aveva sussurrato un giorno Opa Louis, dopo che un gruppo di dottori che non avevo mai visto prima era venuto, aveva toccato i bitorzoli sulla mia testa e annunciato che il mio QI di 48 punti era geniale per una capra, ma non per un ragazzino.

Emmi prese un altro sorso di vino. «Perché piangi, Rainor?»

Abbassai lo sguardo e lo posai sulle mie gambe grosse e corte nei pantaloni insanguinati e strappati.

«Non essere triste. Potremo venire qui in visita dopo il nostro trattamento. Come fosse una vacanza. Tu potrai cucinare. Io ti insegnerò a giocare a carte. Straccia camicia è il mio gioco preferito.»

Appoggiai il viso alla mano libera, e lei mi tirò a sé e mi baciò la cima della testa. «Non vuoi che io sia felice? Che abbia una bella vita?» Cominciò a canticchiare le *Gymnopédies*.

Non avrei mai pensato di sentire di nuovo le *Gymnopédies*. Le note delicate al pianoforte, quella bellissima tristezza. Non era stata Eva a chiamarle così? «Opa Louis ci sta facendo di nuovo ascoltare la bellissima tristezza.» Emmi canticchiò fino alla parte in cui le note sembrano quasi fondersi con il silenzio, per poi cambiare e andare un po' più veloce. Poi ricominciò da capo. Mi fece alzare in piedi, mi prese per mano e si mise a ballare al ritmo della musica, mentre guardavo le sue calze di lana scivolare avanti e indietro sul pavimento di legno. «Non è che non puoi, Rainor. Ma non devi piangere.» Mi tirò leggermente per farmi muovere. Non avevo mai ballato prima. Ero un albero, una quercia bassa e vecchia incurvata dalle circostanze, un albero attorno al quale le altre persone ballavano. Emmi canticchiava sempre più forte finché le note non fecero talmente rumore da vibrarmi nel petto, e non mi sembrò che nel mio stomaco ci fosse un alveare pieno d'api. Sentii un formicolio risalirmi su per la schiena e poi scivolare di nuovo giù.

«Ecco, così» disse. «Ho visto i tuoi piedi che si muovevano.» Mi lasciò andare e si mise a volteggiare intorno a me. Girando e girando, in senso orario, come se una seconda lancetta avesse in qualche modo accelerato. Rideva e mi diceva di ballare anch'io. Così, mossi i piedi avanti e indietro. Alzai le mani e le agitai verso il soffitto, come salutandolo. Ciao, ciao, ciao. Vati mi disse che ero un maledetto sciocco a muovermi come un girasole in preda al vento, ma non m'importò. Saltellai avanti e indietro, e mi sventolai le mani davanti alla faccia. Le lacrime cominciarono a scendermi lungo le guance, inumidendo gli incavi sopra le mie clavicole. Poi scoppiai a ridere; quand'era l'ultima volta che avevo riso? Non era stato il giorno prima, quando avevamo giocato a dama nel reparto? Non avevo riso, allora? Mio padre aveva detto che ridevo come un vecchio rottweiler, e Frau Gisela aveva risposto che potevo ridere quanto volevo nella sua cucina. Così risi, una risata fragorosa e sonora, ed Emmi volteggiò intorno a me, come se io fossi la Terra e lei la Luna. Vati beveva il suo vino e mi leggeva ad alta voce il suo libro di classici; il profeta, Empedocle, ululava e ruggiva come uno sciacallo.

Ululava alla futilità di cercare di svegliare le persone, soltanto per vederle addormentarsi di nuovo. La Germania era addormentata fin dalla Grande Guerra. Ormai, era paralizzata in un incubo che non accennava a finire.

Chi ulula adesso, Rainor Schacht? Il tuo Vati; tutti i suoi amici sono morti: Stegemann, Busch, Seidel, Haas. Mandati via nei campi.

Era a torso nudo nella sua grande poltrona da lettura, e cominciò a ululare come un lupo.

Questo non è il momento di ridere. Smettila di ridere. Ulula insieme al tuo Vati.

Emmi continuò a girarmi intorno, mentre la neve fuori vorticava senza fermarsi. Potevo ridere e battere i piedi e agitare le mani al cielo. Ti prego, Vati, lasciamelo fare. L'indomani, l'indomani avrei ululato; stanotte, ti prego, lasciami ridere.

Vengono a prendere il tuo Vati, Rainor, e tu balli?

Tirai fuori il mio orologio. Stava ticchettando. Pertanto, non poteva trattarsi di un'ultima volta. Emmi non sarebbe morta. Non dovevo ululare. L'universo aveva di più in serbo per noi. A quel punto mi accovacciai. Emmi non aveva smesso di muoversi, mentre ridevo e il mio orologio ticchettava e ogni parte di me era calda.

«Perché ti siedi, Rainor?»

Cercò di farmi alzare, ma io la tirai a me e la strinsi fra le braccia. Emmi scoppiò a ridere e si mise a ondeggiare su di me al ritmo delle *Gymnopédies*. Si sfilò camice e maglione, fino a restare con indosso soltanto la sua biancheria intima logora.

Abbassai lo sguardo, e lei si sedette sopra di me, a cavalcioni sulle mie gambe. Avrei voluto disegnarla. Il suo viso era così bello, illuminato da quella luce giallo-arancio.

«In ospedale, una volta sono stata con Dieter, ma non è stato molto gentile. Opa Louis ci ha trovati la mattina dopo, e ha detto a Dieter di non dire mai a nessuno le cose che aveva detto di me. Non bisogna parlarne dopo, Rainor.»

Non sapevo che cosa intendesse. Armeggiò nei miei pantaloni finché non trovò il mio pene, che le si indurì in mano mentre mi accarezzava. In ospedale, a volte mi svegliavo con l'erezione, e non riuscivo ancora a credere che l'infermiera Hilde le ritenesse normali. Quella durezza spariva sempre, e poi non mi tornava per un po', finché Emmi non mi stringeva la mano sotto la coperta dell'ospedale. Ero grato per la coperta, non solo perché le nostre dita si intrecciavano, ma anche perché lì sotto nessuno poteva vedere i miei pantaloni.

Emmi aveva la mia erezione in mano, e io arrossii e pensai che sarei dovuto uscire per fare pipì e tornare molle, ma mi disse: «Perché ti preoccupi? Va tutto bene». Mi sentii caldo e frastornato, e il sangue mi pulsò nelle tempie. Emmi si mise la mia erezione in un punto fra le gambe, che era umido e mi provocò un formicolio. Era come tenersi per mano, ma diverso. Cominciò di nuovo a ballare al ritmo di una musica che non conoscevo. Soltanto che i suoi fianchi si misero a muoversi descrivendo cerchi ancora e ancora, e la sua testa andò avanti e indietro, mentre chiudeva gli occhi e rivolgeva dolci sussurri a qualcuno che non riuscivo a vedere. Non l'avevo mai avuto così duro in vita mia, e mi sentivo caldissimo. Il mio pene si mise a formicolare e pizzicare. Una scarica bollente e incontenibile mi attraversò. Trattenni il fiato e i fianchi di Emmi si mossero sempre più in fretta, finché non lanciò un grido. Pensai di stare facendo pipì dentro di lei a piccoli scatti che non sembravano voler interrompersi. Non riuscii a chiederle se stava bene, non riuscii a dirle che ero preoccupato di averla ferita come aveva fatto Dieter. Si sdraiò su di me e mi riempì il viso di baci. Aveva il respiro affannoso come se avesse appena sciato su per una collina. «Non è stato bello? Fra qualche minuto, possiamo riprovare. Con te disteso su di me.»

Mi portò in camera da letto e mi tirò sopra di lei. Muovemmo entrambi i fianchi l'uno verso l'altra, e lei gemette e poi pronunciò il mio nome in un sussurro: e qualche minuto dopo stavo di nuovo gocciolando dentro di lei, e la stanza sapeva di terra e aceto invecchiato. Sentii la testa confusa e calda. Emmi si sdraiò su di me e mi diede un bacio sulla guancia. «Non l'avevi fatto prima, vero?» chiese.

Scossi la testa.

«Perché le lacrime?»

Non capivo che cosa avessi fatto per renderla felice. Mi strinse la mano sotto la coperta e appoggiò la testa sul mio petto. Poi tracciò con un dito le cicatrici lungo le mie costole; se mi avesse chiesto come me le ero procurate, non gliel'avrei detto. Avevo cicatrici sia sulla schiena sia sul petto; dai calci ricevuti nelle settimane in cui ero andato a scuola; dalle cadute di quando Vati aveva cercato di insegnarmi ad andare in bicicletta; dalle frustate sul sedere di un prete ubriaco con una cintura. Emmi attraversò la stanza senza vestiti addosso. C'era una vasca da bagno in metallo in camera, con sopra un rubinetto. Girò la leva, il rubinetto tremò, e poi dall'estremità venne fuori un getto di vapore, seguìto da un flusso d'acqua calda.

«La stufa a legna riscalda l'acqua» disse con voce entusiasta. Riempì la vasca finché l'acqua non cominciò a scorrere fredda. Su una mensola, trovò una boccetta di olio e lo annusò. «Lavanda» disse. «Rosmarino.» Versò qualche goccia dell'olio nella vasca, si immerse nell'acqua, e poi aprì le braccia perché mi unissi a lei.

L'ultima volta che ero stato nudo davanti a qualcuno, era stato quando mio padre mi aveva portato all'ospedale. L'infermiera Hilde aveva preso i miei vestiti, e un dottore che sembrava una versione più in carne di Werner Krauss aveva scrutato il mio corpo come se fosse stata la mappa di un Paese straniero. Mi aveva auscultato il respiro, per poi picchiettarmi sul petto con le dita e sulle ginocchia con un martelletto. Mi aveva guardato dentro le orecchie, misurato la temperatura e chiesto di stringergli le mani. Poi mi aveva passato un pettine sottile fra i capelli fino a raggiungere uno dei miei bitorzoli. «Depositi di calcio, alti due centimetri, su entrambe le ossa parietali.» Aveva osservato il pettine sollevandolo alla luce. «Be', non avrai bisogno di essere spidocchiato. Sei un imbecille sano. Quando sarai maggiorenne, ti troveremo un lavoro nei campi. O magari potrai guidare il Paese.»

Mi immersi a poco a poco nell'acqua calda e voltai le spalle a Emmi. Non sapevo perché avesse fatto quello che aveva fatto con me o il suo significato. Si mise a lavarmi la schiena con un panno bagnato e del sapone. «Mio padre ha una vasca come questa. Era per mia madre. Dopo la sua morte, mio padre mi lasciava fare il bagno da sola. Era un uomo duro. Si lavava con acqua fredda direttamente da un tubo di gomma. Lo teneva sveglio, o così diceva, durante Weimar. Evitava di attraversare le avversità da sonnambulo, proprio come ha fatto Hindenburg. Mio padre mi teneva sveglia leggendomi libri e giornali.»

Mi aiutò ad alzarmi. Emettevo vapore e gocciolavo, e

lei mi passò il panno con il sapone su tutto il corpo e, con un rasoio che aveva trovato vicino al lavandino, mi rasò i peli sulle guance. Mi diede panno e sapone e mi disse: «Adesso puoi lavare me». La schiena e il petto. La pelle liscia dell'addome e il fondoschiena. Le cosce e le gambe. Il mio pene si indurì di nuovo, ma non volevo che Emmi lo vedesse con le luci accese. Si versò dell'acqua sui capelli e poi li risciacquò facendone scorrere ancora dal rubinetto. Mi strinse a sé e piansi.

Ci asciugammo e indossammo dei vestiti trovati in una cassa di legno di cedro. I pantaloni mi stavano troppo lunghi, così Emmi arrotolò i risvolti. «Non siamo graziosi adesso?» chiese. Riscaldai la nostra cena, ed Emmi mangiò tutto, e poi tornammo a letto e ascoltammo la neve scivolare giù dal soffitto e il vento bussare alle persiane.

«Credi che smetterà entro domattina, Rainor?»

Non avrebbe smesso. Non gliel'avrei permesso. Dovevo assicurarmi che continuasse a esserci brutto tempo, per poter restare lì finché Emmi non si fosse dimenticata di Trutzburg. Tenni le mani strette a pugno ed espirai con forza, per alimentare la tormenta. Il vento soffiava così forte che le persiane scricchiolarono nei loro cardini grezzi in legno. Da fuori, qualcosa colpì la casa emettendo un suono metallico. Riuscivo a vedere le venature delle assi sul soffitto inclinato sopra di noi, le fessure che le separavano, i resti della notte mentre mi si chiudevano gli occhi. Scivolai negli ultimi minuti di sonno. La luce del sole si addentrò nella stanza attraverso le persiane. Era una mattina silenziosa, talmente fredda che riuscivo a vedere il mio respiro. Il mio orologio aveva smesso di ticchettare alle XI.XI. Cercai Emmi in ogni angolo della casa. Non riuscii a trovare nemmeno i miei stivali. Corsi comunque fuori per controllare il fienile. C'era la tomba di Eva, ma di Emmi nessuna traccia. Corsi di nuovo fuori, fino alla facciata della casa. Il cielo era blu e il sole sulla neve per poco non mi accecava. Le impronte di Emmi conducevano a est verso la staccionata, la foresta e la strada di ritorno a Trutzburg. La neve mi arrivava alle cosce e senza stivali i piedi cominciavano già a farmi male per il freddo. Iniziai a piangere. Tornai dentro per prendere i miei vestiti pesanti, per seguirla. C'era un biglietto sul tavolo della cucina. Non fui in grado di leggerlo per anni, ma sapevo dov'era andata.

Caro Rainor,
non voglio dentro di me parti di una macchina.
Vorrei essere una ragazza vera adesso. Tu sei già un ragazzo vero.
Con amore,
Emmi
P.S.: Non troverai i tuoi stivali finché la neve non si sarà sciolta.

Avanzai a fatica per il campo coperto di neve finché non caddi. Non riuscivo a sentirmi i piedi. Strisciai sulle tracce di Emmi finché non riuscii più a sentire nulla.

Rainor
4 novembre 1953
Gottlieben, Svizzera

Di solito, per me non era un problema camminare tutta la notte. Avevo camminato così tante notti a Stoccarda, dall'alba al tramonto, per poter esistere nel mondo e non essere visto. In estate, quando c'era troppo caldo per indossare il mio cappotto pesante e nascondere il viso con una sciarpa di lana, l'ora dopo il crepuscolo era l'unico momento in cui potevo uscire. Potevo passeggiare sotto i tigli e sentire il profumo dei loro fiori, o sedermi fra le rose al parco Killesberg e cenare con quello che portavo con me dall'alloggio.

Nella camminata oltre il confine per la Svizzera, però, portai con me il peso di Jasper, Zenzi, Emmi e Leni. Mi vennero i crampi alle gambe, e provai la tentazione di strisciare nella neve e lasciare che mi riempisse le narici. Chi mi avrebbe trovato in primavera, non lo sapevo, ma non riuscivo a immaginarmi nella morte più brutto di com'ero. Mezzo addormentato, mi trascinai per le strade buie del paesino di Gottlieben, finché non raggiunsi il Reno e un piccolo molo. La porta di una piccola capanna di un pescatore era aperta, così mi sdraiai su un mucchio di reti asciutte e mi misi addosso della tela da vele per tenermi al caldo. Accesi la torcia e tirai fuori dalla mia borsa di pelle un quadratino di panno cerato e, dall'interno delle sue pieghe, il biglietto che Emmi aveva scritto prima di abbandonarmi alla fattoria.

Poi spiegai la singola pagina che la nipote aveva scritto a Jasper da Gottlieben.

Caro zio Jasper,
  grazie dei cento marchi per il mio compleanno. Qui è tutto piacevole, specialmente le mie passeggiate verso l'antico castello. Lavoro al Drachenburg, dove rifaccio le stanze e a volte do una mano in cucina. I proprietari sono gentili, e ho una stanza tutta mia al piano inferiore. Potresti dirmi come

sta Leni? Presto diventerà una giovane donna, e dalla tua foto sembra bellissima.

Poi c'era la scrittura di qualcun altro sulla lettera, dopo la brusca interruzione di Emmi. Una grafia irregolare e dritta in inchiostro nero.

Herr Lange, sua nipote è molto malata. Venga immediatamente. Ha bisogno.

E poi di nuovo il corsivo inclinato di Emmi.

Di cosa ho bisogno? Non è niente. Sto bene adesso. Anche Leni sta bene.

Non era firmata e, a quanto aveva detto Jasper, non aveva più ricevuto lettere da Emmi.

Rainor Schacht! Chi sei tu per entrare senza permesso nella capanna di questo pescatore e fare come a casa tua? La tua mancanza di principi morali è spaventosa per essere il figlio di un avvocato. È questo il risarcimento che vuoi ottenere dalla tomba di un regime ormai morto?

Spensi la torcia e ascoltai lo sciabordio dell'acqua gelida contro il piccolo molo. Mi sembrò di sentire l'immergersi e il cigolare di remi nell'acqua. Non sapevo niente di navigazione o di pesca, o del perché qualcuno avrebbe dovuto usare una barca a quell'ora di notte. Tutte quelle a remi sembravano essere state tirate a secco per evitare che il ghiaccio le distruggesse. Poi sentii il suono indistinto di un pianoforte in lontananza, e mi venne voglia di piangere lacrime antiche. Aprii leggermente la porta e mi sforzai di ascoltare. Immaginai Emmi che metteva un disco delle *Gymnopédies* tutte le sere, con la finestra aperta persino in inverno, nella speranza che potessi arrivare. No, non poteva essere lei. La lettera di Emmi per Jasper era di due anni prima. Se era malata allora, forse era già morta. Tubercolosi, magari. Polmonite. Una caduta sulle scale ghiacciate. E a quel punto mi fu chiaro che la musica proveniva dalle acque gelide del fiume. Dalla bruma sempre più fitta. Un rematore solitario con un grammofono.

Mi metti in imbarazzo, Rainor Schacht! Pensi con una tale fantasia al tuo amore perduto. Tu...

«L-l-lasciami in pace, V-v-vati!» esclamai. Non capisci che sei morto? Una voce senza pensieri né mente? Se non esistessi io, tu che cosa saresti?

Poi mi ritrovai di nuovo sul molo, di fronte alla capanna. Rimasi in piedi sull'ultima asse davanti all'acqua scura che lambiva il molo. La musica si inoltrò più in profondità nella bruma fitta. Avevo troppa paura per gridare il nome di Emmi. Ero stato picchiato troppe volte per attirare l'attenzione della gente del paese. Non c'era Vati, soltanto la sua voce. Non c'era Emmi, soltanto la musica di un pianoforte che me la ricordava. Feci il giro del paese, ma non trovai che una brezza leggera e un cane che abbaiava. Non c'erano lampioni, e la maggior parte delle finestre era buia. Trovai il Drachenburg, un'antica villa trasformata in albergo. Era lì che Emmi lavorava, che aveva lavorato.

Tornai alla capanna del pescatore e mi infagottai di nuovo nella tela da vele. La mia mente vagò ancora una volta verso la fattoria nei pressi di Trutzburg, dove avevo trascorso due notti con Emmi. Avevo aspettato il suo ritorno. No, è una bugia, non avevo aspettato. Mi ero fabbricato degli stivali di fortuna con una vecchia coperta e

giornali per le suole, e me li ero legati ai piedi con del fila-
to. Avevo seguito le sue tracce sbiadite fino alla staccion-
ta, e poi mi ero addentrato nella foresta, ripercorrendo la
strada da dove eravamo arrivati con Herr Berger. L'avevo
chiamata a gran voce. Avevo camminato barcollando
avanti e indietro per la foresta, finché i miei stivali non si
erano strappati e i miei piedi non erano diventati intorpi-
diti e insanguinati. Se ero innamorato, allora perché la
mia magia non aveva funzionato? Non ero riuscito a far
piovere dal cielo petali di fiori, soltanto neve.

Il sole filtrò dalle fessure nella capanna del pescatore.
Bevvi un po' del vecchio tè nella mia fiaschetta, e mangiai
l'ultimo pezzo di pane di segale che avevo comprato a
Stoccarda. Le porte del Drachenburg si aprirono alle nove
in punto, e un uomo al banco mi chiese se volessi sedermi
per colazione. Scossi la testa. Avevo disegnato un ritratto
di Emmi a memoria, prendendo a modello la fotografia
appesa alla parete di Jasper Lange. Avevo scritto *Emmi
Kleist* sotto il disegno, e l'anno 1951. Avevo mostrato
all'uomo il ritratto e ciò che avevo scritto sul mio taccuino: *Sto cercando questa donna.*

Lui seguì i tratti del mio disegno con un dito.

«Non ho mai visto questa ragazza prima, ma lavoro qui
solo da un anno. Forse Birgit la conosce.»

L'uomo si allontanò dal lungo banco di legno, che era
lucido come la panca di una chiesa, e attraversò una porta.
Dietro il banco c'erano delle fotografie incorniciate del
paese in piena fioritura estiva. Le strade strette, il Reno, il
piccolo castello che un tempo lo proteggeva. Una donna
anziana e due giovanotti che sorridevano al brillante sole
estivo, con una barca a vela alle spalle.

L'uomo che prima era dietro al banco tornò con la donna della foto, ormai più vecchia di qualche anno. La signora guardò il mio disegno attraverso una grossa lente d'ingrandimento in argento e poi la lettera di Emmi a Jasper Lange. «La somiglianza del suo disegno è molto precisa. E lei è?»

Le porsi il mio passaporto, e lei sollevò di nuovo la lente d'ingrandimento. «Le ferite sulla mascella del mio Hermann spurgano ancora. Schegge di una granata polacca.» Sopra la mia sciarpa, non si vedevano che i miei occhi, quegli occhi antichi che Dio aveva assegnato al mio viso giovane e deturpato. «È troppo giovane per essere stato più di un bambino. La brigata dei bambini?»

Annuii.

Appoggiò la lente d'ingrandimento su un orologio d'oro, e le ore si fecero grandi quanto gli anelli d'oro che portava alle dita.

«Fräulein Kleist, qual è il suo legame con lei?»

Una minuscola goccia di sudore si mise a scorrere dalla mia giugulare alla clavicola.

«P-p-parenti.»

Salimmo cinque rampe di scale. Le gambe mi facevano male per aver dormito al freddo. L'ultima rampa conduceva a una grande soffitta, alta senza dubbio quanto la mia vecchia stanza d'ospedale a Stoccarda. La soffitta era lustra quanto il banco all'ingresso; era priva di polvere e, come unico difetto, aveva una singola ragnatela sul punto più alto del soffitto. Dalla parete opposta all'entrata fino al centro della stanza, sfilava una lunga serie di valigie, valigette e borse da viaggio. Saranno state una quarantina.

«I nostri ospiti dimenticano le cose. I nostri ospiti, occasionalmente, scappano. Una volta sono entrata in una stanza al secondo piano, ed era sistemata come se la nostra Linda l'avesse appena pulita. La valigia era aperta sul letto, e tutto il suo contenuto era disposto in una lunga fila ordinata. Camicie inamidate, pantaloni, cosmetici. C'era un biglietto piegato sul comò e poi c'è stato l'articolo sul giornale. La polizia non ha voluto la valigia, perciò l'ho conservata qui. Qualcuno che torna c'è sempre. Quella di Fräulein Kleist è la sacca da viaggio vicina alla custodia per violoncello.»

Mi lasciò all'entrata della soffitta e recuperò la borsa di Emmi. «È molto leggera.»

La presi in mano. La borsa era leggera come lo era stata Eva tanti anni prima.

«Sì, è la mia grafia sulla lettera di Fräulein Kleist allo zio. Se n'è andata all'improvviso, dopo settimane di malattia. Non riusciva a dormire, e voleva che il chiavistello della sua finestra venisse sostituito. Un giorno, non c'era più; era autunno, forse due anni fa. Ricordo che le foglie sugli alberi stavano cambiando colore. Mi ha lasciato un biglietto: *Dia la mia borsa all'uomo che verrà a cercarmi.* Era sempre molto taciturna. Mai un problema. Puliva le stanze così bene che l'ho spostata in cucina, perché iniziasse a servire gli ospiti. Le sue mance erano sempre le più alte. È andata via da sola. Non c'era nessun altro, nessun giovane pretendente, nessun amico. Passeggiava sempre da sola in riva al fiume.»

Quando tornammo di nuovo alla reception, l'anziana chiese all'impiegato di accompagnarmi in sala da pranzo. «Il nostro ospite è affamato.»

Sollevai la borsa di Emmi e feci un passo verso la porta.

«Giovanotto» disse Birgit «famiglie povere in fuga dal tuo Paese sono passate di qui, e io le ho accolte. So riconoscere la fame quando la vedo. Resta a mangiare con noi.»

Trovai una piccola panchina vicino all'acqua illuminata dal sole del mattino. Mi misi a guardare verso la bruma crescente, il banco di neve che finiva a riva e si tuffava in acqua. Emmi aveva detto di dare la sua borsa all'uomo che sarebbe venuto a cercarla. Intendeva me? Jasper? Anche se fosse stato a conoscenza che Emmi si trovava lì, non sembrava avere il benché minimo interesse di attraversare il confine. Un altro uomo, allora? Un amante?

Rainor Schacht!

Premetti la testa sulla borsa che tenevo in grembo. I miei pensieri si dispersero nella neve.

Rainor Schacht!

Voglio soltanto che tu stia zitto adesso. Per sempre.

Ora la smetterai con l'autocommiserazione e aprirai la borsa. Fa' vedere a Vati.

Non spetta a te vedere. Voleva che l'avessi io. Voglio che tu te ne vada.

Fa' vedere al tuo Vati...

Scagliai la borsa, che atterrò sul bordo della sponda, dove la neve cadeva nel fiume. «V-v-vai a vedere da solo.»

Rainor Schacht!

No. Non andrò a vedere. Vattene.

Smettila subito con queste sciocchezze. Asciugati gli occhi. Smettila di mettermi in imbarazzo davanti a tutti.

Mi guardai alle spalle. C'era una madre con due bambini, avvolti in cappotti rossi per poter giocare nella neve. Doveva aver visto tutto, doveva avermi sentito. La donna teneva in mano un barattolo con un liquido e una cannuccia di metallo, che immerse nell'acqua per poi soffiare una serie di bolle di sapone nell'aria fredda. Una delle bolle si posò sulla mano del figlio, che emise un gridolino di gioia. Lei soffiò di nuovo. Le bolle di sapone vagarono verso di me, girarono a spirale, scesero, risalirono. Si congelarono nell'aria fredda e si cristallizzarono. Per un istante, si trasformarono in piccoli globi ghiacciati. Poi la superficie si crepò con il più piccolo schiocco, come il ticchettio di un orologio. Tutto intorno a me. *Tic, tic, tic.*

Camminai barcollando lungo il fiume, allontanandomi dalla donna e dai suoi bambini. Grossi blocchi di neve si staccarono dalla sponda e caddero in acqua. La borsa di Emmi avrebbe galleggiato via per poi affondare. Non m'importava. Caddi, mi rialzai, continuai a camminare a fatica. Vati rimase in silenzio.

Qualcuno mi chiamò: era la donna che aveva soffiato le bolle di sapone. Teneva in mano la borsa di Emmi. Aveva il viso come il mio: occhi inclinati, piccoli, orecchie basse e naso piatto. «Ha dimenticato questa.» Anche la sua voce somigliava alla mia, un suono stridente e roco. «L'ho vista gettarla nel fiume.» I suoi figli l'avevano raggiunta, un bambino e una bambina di circa sei o sette anni. La bambina teneva in mano il barattolo di sapone. La madre mi disse: «Le sono piaciute le bolle? Sono settimane che cerco di indovinare la ricetta, di prepararle nel modo giusto. Ho aggiunto lo sciroppo di mais. Chimica».

Mi lasciai cadere a terra e restai accovacciato, coprendomi il viso con le mani, in lacrime. Riuscii a sentire la mano della donna accarezzarmi la schiena. Non ricordavo l'ultima volta che qualcuno che non fosse un dottore o un poliziotto mi avesse toccato.

«È morto qualcuno?» mi chiese.

Non so per quanto tempo rimasi accovacciato lì in quel modo. La donna mi staccò delicatamente le mani guantate dal viso e le allungò davanti a me. Poi mise un mucchio piatto di neve crostosa sul mio palmo, e il bambino soffiò delicatamente una bolla di sapone sulla superficie della neve. Cristalli a forma di stelle si formarono sulla parte esterna della bolla. I cristalli si fusero finché l'intera bolla non si ricoprì di ghiaccio e poi... *tic*! E dopo il bambino soffiò un'altra bolla e un'altra. *Tic* e *tic*.

Tic.

Sì, qualcuno era morto.

Diari di Berger
13 febbraio 1940
Nei pressi di Trutzburg, Germania

Incontrai Kleist in un caffè vicino alla sua libreria, e gli dissi che raggiungere sua figlia avrebbe richiesto una traversata di cinque chilometri nella neve fitta. Con la sua gamba di legno sarebbe stato difficilissimo, perciò mi offrii di andarla a prendere e portargliela io. Ma non riuscii in alcun modo a convincerlo a restare indietro. E così, dopo la mezzanotte, partimmo sul vecchissimo autocarro Opel che un tempo aveva utilizzato per consegnare libri per tutta Stoccarda. Saremmo stati esposti, dissi, perché avremmo dovuto lasciarlo sul ciglio della strada. Kleist non rispose nulla.

Non poteva più manovrare il duro pedale della frizione, perciò guidai io. Il silenzio sinistro risucchiò tutta l'aria dalla cabina. Aveva portato con sé la sua vecchia Mauser di servizio; spinse i proiettili nel caricatore e si infilò la pistola nel cappotto. «Orsi» disse. Accostai l'autocarro a circa un chilometro dalla foresta attraverso cui avevo condotto i bambini fino alla fattoria. Kleist attaccò una pezza scura sopra l'insegna sulla portiera del conducente con la scritta *Kleist e figlio, libri e riviste,* e io sollevai il cofano e lo lasciai così, in modo tale che, se qualcuno fosse passato di lì, avrebbe pensato che fossimo rimasti in panne. Kleist aveva il suo bastone da escursionismo e ben presto cominciò a respirare affannosamente, ma si rifiutò di fermarsi per riposare. Che cosa avrebbe fatto con Emmi? gli chiesi. L'avrebbe mandata da qualche parte? Magari oltre il confine svizzero? Avrebbe trovato quei suoi zii e l'avrebbe spedita da loro, se erano ancora vivi? L'avrebbe lasciata lì alla fattoria per il tempo necessario perché il regime si autodistruggesse?

Ci stringemmo dietro la mia torcia attraverso la foresta. Dei rami d'albero si spezzavano davanti e sotto di noi, e l'aria sapeva di legna bruciata e neve. Arrivammo alla fattoria, e la mia torcia illuminò la parola EBREI dipinta di bianco sulle persiane.

Kleist sibilò: «Ha portato mia figlia...»

«Dove altro potevo portarla?»

Aprii la porta rigida. Dentro faceva caldo e c'era odore di cucina.

«Emmi?» esclamò Kleist.

Gli feci segno di fare silenzio. Se i soldati li avevano trovati e ci stavano aspettando...

Sentii qualcuno parlare dall'altra stanza. Il ragazzino, Rainor, era lì, seduto sul letto con uno zainetto in spalla. Borbottava rabbiosamente.

«Dov'è Emmi?» gli chiesi. «Suo padre...»

«Emmi?» ripeté Kleist.

Rainor si ammutolì. Alzò lo sguardo e lo posò su di me, con il viso madido di lacrime.

«Dov'è Emmi?» chiese Kleist, scuotendo il ragazzo per le spalle. «Le hai fatto del male?»

Il ragazzino aveva i piedi nudi, insanguinati e coperti di graffi.

Tirò fuori un biglietto che Emmi gli aveva scritto. «È tornata a Trutzburg?» chiesi.

Kleist lesse il biglietto a colpo d'occhio e lo gettò per terra. «Ho stampato i loro cazzo di pamphlet, i loro volantini. Ho pagato per le uniformi delle SA, perché non sembrassero dei delinquenti. Sono stato un membro del Partito prima che Hitler diventasse qualcuno. E questo è quello che fanno a mia figlia?»

Il ragazzo, non ricordavo che avesse mai parlato prima. Si fissava i piedi insanguinati e la sua voce somigliava al ringhio di un cane arrabbiato. «Rainor Schacht! Rainor Schacht! Perché sei un tale disgraziato? Alzati e procurati degli stivali. Rainor Schacht, ascolta il tuo Vati!»

«Rainor Schacht? Il figlio di Paul Schacht, l'avvocato?» sibilò Kleist. «Il suo nome è stato messo su una maledetta lista. È in un fottuto campo, dove dovrebbe essere.»

Rainor
13 febbraio 1940
Nei pressi di Trutzburg, Germania

Herr Berger portò un uomo alla fattoria che non avevo mai visto prima: un uomo più anziano con un occhio solo, una gamba zoppa e una mano di legno. Mi gridò contro come faceva Vati: «Emmi, dov'è? Che cosa ne hai fatto di lei?»

Mi misi a piangere. Cercai di dirgli che non riuscivo a

camminare perché mi sanguinavano troppo i piedi per la neve e il ghiaccio. Avevo cercato di correre dietro a Emmi per fermarla. L'uomo aveva dimenticato il suo bastone, e quindi raggiunse zoppicando il fienile per vedere le tombe di Eva e del cane Ori e forse, disse, di Emmi. Quando tornò mezz'ora dopo, aveva le mani sporche e insanguinate per aver scavato.

«Sua figlia non è più qui» sibilò Herr Berger.

A quel punto capii che l'uomo era il padre di Emmi, Herr Kleist. Voleva andare subito a cercarla. Mi gridò contro di nuovo: «In che direzione si è mossa?»

Indicai in direzione sud-est, verso la strada, da dove erano venuti.

Vati cominciò a gridarmi contro. Avrei dovuto mettermi degli stivali. Non c'erano stivali, Vati, perché li aveva presi Emmi, così non avrei potuto seguirla. Lui non smetteva di urlarmi contro, e quando Herr Kleist sentì mio padre gridare il mio nome disse cose orribili su di lui. Era in un campo per aver aiutato i Socialdemocratici a sfuggire al Reich. Era un fottuto prigioniero del Führer. Paul Schacht si stava sporcando le unghie con accetta e sega tagliando legna da ardere per gli ufficiali del campo. «No!» avrei voluto gridare. Vati era un famoso avvocato; metteva la gente in prigione o la tirava fuori. Uomini ricchi, politici. Il genere d'uomini che possedevano le fabbriche, le ferrovie e le banche; che erano generali o proprietari terrieri. Il Reich gli aveva detto di vivere a Berlino, ma lui aveva risposto di preferire Stoccarda: era più tranquilla, e avrebbe potuto viaggiare, se necessario. Aveva detto che a suo figlio serviva la quiete di una città più piccola, non il caos di Berlino. I suoi clienti andavano da lui, e alcuni di loro finivano in prigione mentre molti restavano fuori. Quelli che andavano in prigione uscivano presto; quelli che dovevano essere ghigliottinati dai nazisti vivevano un po' più a lungo.

Herr Kleist non voleva smetterla di dire cose orribili su Vati. «Sapete, Paul Schacht una volta è venuto nel mio negozio, nel 1931. Cercava un libro di Wegener sulla cura tiroidea per il mongolismo. Il grande Paul Schacht e il figlio storpio con la mente di un campanaro, che è qui al sicuro, mentre la mia Emmi è tornata a Trutzburg per il suo...»

«Trattamento» disse Herr Berger a bassa voce. «Kleist, si sieda.»

Herr Berger mi lavò i piedi in un catino d'acqua saponata calda, quindi avvolse prima il sinistro e poi il destro in lunghe strisce di tessuto strappate dalle lenzuola.

Trattamento. La parola aleggiava nell'aria come il fumo del bollitore sul fornello. Una folata d'aria fredda spense una delle candele che Herr Berger mi aveva dato qualche giorno prima. La porta d'ingresso sbatté alle spalle di Herr Kleist.

«Kleist!» gridò Herr Berger, per poi svanire uscendo dalla camera da letto. «Kleist!»

Rimasi da solo con le bende ai piedi.

«Vati?» Chiesi. «Vati?» È vero che sei andato in prigione? È una bugia, lo so. È una bugia. Perché una persona come te dovrebbe andare in prigione? Herr Kleist non può che stare mentendo. Ha inventato quella storia per ferirci. Che cos'è un campanaro, Vati? Emmi doveva essere qui quando Herr Berger fosse tornato con il cibo. Ho cercato di salvarla. Non trovi che io sia bello con le guance rasate, Vati? Mi sono lavato i denti tutti i giorni, con il dito quando il dottor Lutz non ci aveva portato uno spazzolino.

Mio padre rimase in silenzio. La legna in fiamme nella stufa si mise a scoppiettare e crepitare. Fuori, Herr Berger gridava a Herr Kleist di tornare indietro, dicendo che era uno sciocco che ci avrebbe fatto uccidere tutti.

Vacillai sui piedi feriti per poi cadere di nuovo sul letto.

Sentii la neve scricchiolare fuori.

«È andato via» disse Herr Berger. «La mia torcia si è quasi esaurita.»

Vati avrebbe giudicato Herr Berger inferiore. Qualcuno che avrebbe pagato per fare commissioni, per accompagnare il figlio da questa o da quell'altra parte. Herr Berger era l'unico altro adulto, a parte Opa Louis, a non avermi mai fatto del male per il mio aspetto.

«Non riesci a camminare, vero?» mi chiese.

Scossi la testa.

«Non c'è una slitta per poterti trainare. Dovrò portarti sulla schiena.»

Cominciai a piangere. Dove sarei andato? Non avevo un posto dove andare. Non potevo tornare a casa da Vati. L'ospedale si era liberato dei bambini come me e li aveva mandati a Trutzburg. Non potevo vivere con Herr Berger perché, se il dottor Lutz mi avesse scoperto, avrebbe mandato lui e la sua famiglia in prigione.

Le ginocchia di Herr Berger scrocchiarono mentre si accovacciava. Mi disse di salirgli sulla schiena; io non volevo, perciò fu lui a indietreggiare verso di me e ad avvolgersi le mie braccia intorno al collo. Mi portò sulle spalle in giro per la casa battendo i suoi stivali pesanti sul pavimento, mentre spegneva entrambe le lampade e la candela. «La stufa si spegnerà presto» disse. Andando via, spinse forte la porta perché gli animali non potessero entrare nella fattoria.

«Torneremo a prendere Eva» disse.

Herr Berger percorse lentamente la neve profonda attraverso il campo sulle tracce di Herr Kleist. Raggiunta la foresta, dove la neve era più leggera, non volle comunque riposare. Cominciai a sudare. Il suo respiro era un leggero sibilo, e molto spesso tossiva. Per due volte, inciampammo e io caddi su di lui. Aveva un colorito bianco-grigiastro e gli mancava il fiato. Mi sollevò di nuovo.

Rainor Schacht! Non puoi fidarti di quest'uomo! Ti consegnerà a loro. Ascolta il tuo Vati!

Per un momento, credetti a mio padre. Così scalciai e mi divincolai e caddi nella neve, piangendo e cercando di trascinarmi via, ma non sapevo dove sarei potuto andare.

«Ti gridi contro delle cose» disse Herr Berger, senza fiato. «È questo che ti diceva tuo padre?»

Mi prese le mani e poi mi rimise in piedi e mi appoggiò a un albero. «Tu non verrai ucciso. Io? Può darsi.»

Indietreggiò di nuovo verso di me e si avvolse le mie braccia intorno al collo, e insieme ci addentrammo nella foresta e nella neve finché non raggiungemmo la strada. Le impronte di Herr Kleist erano state nascoste ormai da tempo dalle tenebre e dai rami intrecciati degli alberi. Herr Berger si guardò intorno sulla strada. «Siamo troppo a nord» disse. Mi portò in spalla per un altro chilometro e mezzo, poi mi appoggiò su un ceppo sul ciglio della strada e si accovacciò nel punto in cui l'autocarro di Herr Kleist aveva schiacciato la neve. «Non so dove stia guidando con quella gamba. Le tracce degli pneumatici puntano all'ospedale.»

A Trutzburg.

Al dottor Lutz e al sergente Mandl.

A Emmi.

Herr Berger rimase accovacciato sulla neve. «Abbiamo

una lunga camminata davanti a noi, Rainor Schacht» disse ansimando e tossendo. «Forse la mia Suzanne ha una zuppa in serbo per noi.» Al chiaro di luna, riuscivo a vedere la macchia umida sulla sua schiena e la brina sulle punte dei suoi capelli dove erano troppo bagnati.

Rainor Schacht! Alzati! Vai! Prima che vengano a prenderti! Rainor Schacht!

Riuscii a sentire un veicolo in arrivo. Il fischio sempre più forte di un salto di marcia. Un rumore improvviso di motore.

Mi alzai. Mi facevano male i piedi, ricaddi sul ceppo e mi costrinsi a rialzarmi.

Rainor Schacht!

Pensai di nascondermi nella foresta. Di trascinarmi di nuovo alla fattoria.

Herr Berger non si muoveva. Herr Berger, per favore, alzati! Mi avvicinai a lui e lo scossi, ma non voleva saperne di svegliarsi. Il veicolo si stava avvicinando. Mi avrebbero riportato indietro e avrebbero arrestato Herr Berger. Avrebbero...

Le luci del veicolo erano due pupille bianche. Un'auto, un'auto piccola. Scossi Herr Berger per un braccio, e lui si accasciò sulla neve. L'auto si fermò. Non riuscivo a vedere dentro, ma poi il finestrino si abbassò. Era l'infermiera, Frau Gussi. Aveva la bocca contorta in una smorfia. Mi fissò dietro a un pennacchio di vapore. «Lutz ha detto che ti avevano sparato.» Cominciai a piangere. Herr Berger non si muoveva ancora, e Frau Gussi stava uscendo dalla sua auto. Presto sarebbero arrivati i soldati con fucili e cani.

«Aiutami a tirarlo su.»

Vati mi gridò di non farlo. Non avrei dovuto. Avrei dovuto trascinarmi via e nascondermi. Ma mi costrinsi ad aiutare Frau Gussi. Ero abbastanza forte, anche se riuscivo a malapena a muovere i piedi. Potevo aiutare a sollevare le cose, proprio come avevo trasportato la cenere. Lo trascinammo fino alla portiera posteriore della sua Volkswagen, e io mi misi a quattro zampe e lo spinsi sul sedile mentre Frau Gussi gli accompagnava la testa oltre il telaio della portiera.

La neve mi aveva di nuovo intorpidito i piedi, e per poco non caddi, così afferrai la fiancata dell'auto per non perdere l'equilibrio.

Gussi aprì il bagagliaio sul davanti della sua auto.

«Entra» disse.

Non ci fu bisogno che Vati dicesse nulla. Scossi la testa e feci per allontanarmi dall'auto.

«Vuoi vivere?»

No, non volevo. Non lì, dove avevano ucciso Eva e Dieter e ben presto Emmi ed Herr Berger. Scossi la testa più volte, barcollando all'indietro. Non lì, dove una persona come me sarebbe sempre stata costretta a stare in un ospedale. Avrei dovuto essere cenere. Un mucchio di cenere che la pioggia e la neve, sciogliendosi, avrebbero dissolto nella terra fredda.

Frau Gussi era una donna minuta, appena poco più alta di me. Mi afferrò per il collo e mi spinse nel piccolo bagagliaio dell'auto, ficcandomi le ginocchia nell'addome. «Fa' silenzio» sibilò.

Il motore si accese, e l'auto cominciò a muoversi e sobbalzare e scuotersi. Frau Gussi, l'eroina. Tutti i bambini scappati catturati e anche l'autista d'autobus traditore. Non aveva importanza se fossi morto. Vati era in silenzio nella sua prigione da qualche parte. Era morto o lo sarebbe stato presto. Non capivano ciò che riuscii a vedere nel bagagliaio di Gussi, fra le lacrime che si asciugavano. La morte era la vera clemenza. La morte era la luce e quel mondo era l'ombra. Opa Louis ci faceva ascoltare le *Gymnopédies* e, poiché sua madre era tedesca e suo padre marocchino, il Reich gli aveva portato via il lavoro e probabilmente anche la vita. Ripetei il nome di Emmi ancora e ancora. Ti prego, non tornare indietro; ti prego, stagli lontana. Canticchiai la prima parte delle *Gymnopédies*. Pregai che riuscisse a sentirmi.

L'auto si fermò. Gussi mi zittì con un sibilo.

Un grosso veicolo sferragliante accostò vicino all'auto, si fermò, e il motore si mise a girare a vuoto. Voci. Gussi, accendi il riscaldamento. Come fai a vedere fuori dai vetri con tutta quella brina? Gussi, hanno ucciso un pazzo. È arrivato con la sua Mauser pretendendo la figlia. Ha sparato a Jochen al petto. Jochen vuole la sua piccola infermiera per il dolore. Il proiettile ha rimbalzato su tutti gli altri che gli sono rimasti dentro. Gussi, non siamo al sicuro da nessuna parte? Un pazzo è venuto all'ospedale! Accendi il riscaldamento.

L'altro veicolo si allontanò. In pochi istanti, calò di nuovo il silenzio.

«Hai sentito, piccolo Pan?» chiese Gussi. «Hanno ucciso uno dei loro.»

Christoph Kleist
Biglietto datato 13 febbraio 1940
Trutzburg, Germania

Emmi, io e tua madre ti vorremo per sempre... bene...

275

Rainor
5 novembre 1953
Stoccarda, Germania Ovest

Non guardai dentro la borsa di Emmi finché non tornai a Stoccarda. Dormii per tutto il viaggio da Costanza, svegliato soltanto dal bigliettaio mentre il treno procedeva lentamente dentro la stazione. Mi feci strada nella neve fino al mio alloggio, ed evitai le domande di Frau Anke su dove fossi stato per due giorni: si era preoccupata a tal punto da chiamare la polizia. Andai a letto e dormii per un altro giorno. Sognai di trovarmi di nuovo nel bagagliaio di Gussi, soltanto che stavolta il rapporto del soldato era ribaltato: il proiettile aveva lasciato la guancia di Herr Kleist ed era rientrato nella canna del fucile che lo aveva sparato. Non era mai stato seppellito nel cimitero di Hoppenlau; non c'era alcun motivo di lasciare dei fiori su una tomba vuota. Il dottor Lutz aveva restituito Emmi a Herr Kleist. Coloro che amavo erano ancora in vita. Dalla cenere era risorto il bel viso di Marie e, dalla tomba nel vecchio fienile, la piccola Eva. Nella mia camera nevicavano petali di margherita.

Mi lavai per la prima volta da giorni. Mi sedetti nella corta vasca da bagno piena d'acqua calda e abbassai lo sguardo su un corpo che non riconobbi. Le braccia e le gambe tozze e la pancia tondeggiante, i peli scuri e bagnati sulle gambe incrociate piene di vecchie cicatrici. I miei pensieri cominciarono a confondersi. Non riuscivo a ricordare come si chiamassero le parti ingiallite sulla parete vicino alla vasca. Era quello il mio ritiro dai vivi? Vati, non dovresti dire qualcosa? Mi sono lasciato la vita alle spalle, non è vero? Quella bolla di ghiaccio scoppiatami in mano ero io, non è vero? Qualcosa si era spezzato e non sapevo che cosa fosse. Avrei voluto dargli un nome e piangerne la fine, ma non sapevo che cosa fosse. Per la prima volta da giorni, eri in silenzio, Vati. Vati?

Melitta stava facendo un pisolino sulla sua poltrona in salotto e Juliette la gatta mi stava aspettando sul poggiapiedi della mia. Juliette si alzò e sfregò la guancia sulla mia coscia. L'ingegnere dell'Uhr mi chiese come fosse andata la mia vacanza: «Sei stato in vacanza, non è vero? Giù al sud?»

«Non è stata una vacanza» disse Melitta. «Rainor è andato a cercare... com'è che si chiamava? Ti ho sentito al telefono.»

Frau Anke ci servì una colazione a base di patate fritte e salsiccia. Mangiai poco. Per la maggior parte, ascoltai Melitta raccontare le storie di quando aveva sorvolato il fronte orientale sul suo Focke-Wulf Fw 190, e poi il mio amico ingegnere ricordare di nuovo ad alta voce come aveva contribuito a progettare il rotore accessorio Uhr per la macchina Enigma nel 1944. «Saresti morta, senza quei nuovi codici per la Luftwaffe, Melitta. I britannici avevano decodificato quelli vecchi già nel 1943.»

Avevo trovato quello che stavo cercando? chiese Melitta, e io scossi la testa. Non sapevo come spiegare loro che un uomo dell'NSDAP di nome Christoph Kleist era stato ucciso a Trutzburg mentre cercava di riprendersi la figlia e che era sua figlia che stavo cercando di trovare. E, in un certo senso, l'avevo trovata. Avevo la sua sacca da viaggio in camera mia. Sarebbe stata piena di cenere. Era quello che avevo finito per aspettarmi: che le persone intorno a me si trasformassero in cenere sottile e fossero trasportate da una brezza leggera.

Non volevo conoscere il contenuto di quella borsa. Il resto della mia vita sarebbe stato tristezza; che cosa significava essere finiti a ventisei anni e morire, forse, a ottanta? Il mio amico ingegnere aveva usato una parola per descrivere la sua vita dopo i rotori Uhr della macchina Enigma; non avrebbe mai più costruito niente di più complicato di un castello di sabbia. Aveva imparato quella parola da una guardia carceraria francese, dopo essere stato catturato: *epilogo*. La sua vita ormai, a partire da allora, non era altro che un epilogo.

Era l'alba, ma non m'importava. Andai al cimitero di Hoppenlau con la borsa di Emmi. Se la mia sciarpa fosse caduta per strada e qualcuno mi avesse visto, non m'importava. Gli anni che mi restavano sarebbero stati penosi. Sarei sempre stato il ragazzo brutto e malato di mente che il Reich avrebbe dovuto uccidere. Che cosa importava se qualcuno mi avesse visto? Molte delle persone in strada avevano votato per Hitler, anche se in quel momento non lo avrebbero mai ammesso. Molti di loro avrebbero voluto che fossi ucciso. Dovevano vedere che cosa camminava fra loro.

Dovevano vedere.

Erano le nove del mattino di un freddo martedì, e il cimitero era vuoto. Trovai la tomba di Herr Kleist, spazzai via la neve dal piccolo epitaffio e raddrizzai la croce metallica che era stata fissata in cima. Mi inginocchiai. Chiesi a Vati di offrirmi qualche parola. Dopo che Herr Kleist aveva lasciato la fattoria, era diventato una storia. Aveva sparato al sergente Mandl allo sterno, e aveva ucciso uno dei cani che gli si era scagliato contro. Lo avevano seppellito lì, compianto presso la tomba da una guardia d'onore di uomini dell'NSDAP, delle SA, e da qualche SS. Non era stato riferito altro del cosiddetto incidente di Kleist a Trutzburg. Negli archivi, avevo trovato un breve articolo sul *Völkischer Beobachter*; sulla vita di Kleist da leale fondatore, finanziatore e distributore di materiali del Partito. Aveva contribuito a estirpare un movimento clandestino per trasferire uomini che avevano fatto parte del Reichsbanner in Francia e Svizzera. Aveva denunciato alle SS una cospirazione ebrea con base a Stoccarda. Era fedele e leale, e la sua fine prematura era tragica, ma era tutto in servizio del Reich. Era un eroe nazionale. L'articolo non aveva citato Emmi.

Appoggiai la sua borsa accanto alla tomba. Avrei dovuto dire qualcosa. Ecco tutto ciò che ho di tua figlia. Arrossii. Avrei dovuto dire qualcos'altro. *Vati, ti prego, dimmi cosa dire. La mia vita sta per...* Una brezza sollevò la neve intorno a me. *La mia vita sta per soffiare via.*

La borsa aveva un piccolo catenaccio, e con un giro del mio coltellino tascabile riuscii a farlo scattare. Aspettai che mio padre mi dicesse cosa fare.

«*V-v-vati?*»

Non disse nulla. Mi rimisi i guanti e, delicatamente, con lentezza, come se fossi stato l'ingegnere dell'Uhr che disinnescava una mina, aprii la borsa.

C'era il lavoro a maglia di Emmi. I due ferri da calza in legno e la sciarpa rossa, nera e bianca che aveva fatto per Hitler. La sciarpa, lunga circa novanta centimetri, era incompiuta. C'era anche una vecchia busta nella borsa. Due singoli fogli di carta copiativa. La prima copia era una pagina di registro compilata a mano con la frase *Centro di eutanasia Trutzburg* scritta a macchina in cima. Sotto la scritta c'erano quattro colonne denominate *nome, numero di serie, data di arrivo* e *data di morte*. Nella prima colonna, riconobbi molti dei nomi dell'ospedale di Stoccarda: Eva e Dieter. Marie. Gli altri bambini sull'autobus grigio con me ed Emmi. La seconda copia era sbiadita e pure compilata a mano, ma in una grafia più piccola e inclinata. C'era scritto *Campo di concentramento di Dachau*, e c'erano altri nomi e numeri e date di morte. Scorsi la lista di nomi – perlopiù polacchi – finché non arrivai a uno tedesco leggermente sottolineato a matita: Schacht, Paul Friedrich. Data di morte: 20 aprile 1941. Causa della morte: infarto. Vati. Era morto poco più di due anni dopo avermi lasciato sulla soglia dell'ospedale. Era morto d'infarto nel giorno del compleanno del Führer. Guardai la lunga colonna di nomi. Cinquantadue. Cinquantadue persone che erano morte d'infarto nel KZ di Dachau il 20 aprile 1941. Una domenica. Un giorno di riposo, persino per Vati, che si prendeva soltanto le domeniche libere dal lavoro allo studio legale. Tre mesi dopo, avrei appreso dagli archivi che il comandante del campo aveva voluto fare un regalo di compleanno al Führer. Non sapeva lavorare a maglia come Emmi. Non poteva disturbarsi a comprare un regalo e mandarlo a Berlino. Così, aveva ordinato che cinquantadue prigionieri, uno per ogni anno di vita del Führer, ricevessero un proiettile dietro la nuca il 20 aprile. Vati era stato il quarantasettesimo.

Trovai un'altra busta in fondo alla borsa di Emmi: una lettera sigillata e indirizzata a me. La sua scrittura era diversa rispetto a quella della sua lettera a Jasper. Non avevo mai visto Emmi scrivere molto. All'ospedale di Stoccarda, non c'era mai stata occasione di farlo. Dovevano averglielo insegnato; d'altra parte, era andata a scuola fino alla terza media. Il padre l'aveva ritirata quando erano iniziati i suoi problemi. Non riuscivo a fare in modo che le mie mani tremanti aprissero la busta. Fissai la tomba di Herr Kleist. Il vecchio barattolo Weck che si trovava lì in autunno, pieno di fiori secchi, era caduto. I fiori ormai erano dei piccoli bozzi sotto la neve accanto alla sua lapide. Doveva averli lasciati un estraneo. Emmi non c'era mai stata, non si era mai seduta lì. Aprii la busta con uno strappo, usando i denti. Un piccolo fiotto di petali arancioni secchi svolazzò sulla tomba. La busta conteneva un solo foglio di carta da lettere sottile. *Carissimo Rainor.* Aspettai che mio padre mi dicesse qualcosa. Che mi dicesse non farlo, non farlo... Vati, dove sei finito? *Carissimo Rainor...* Vati, dimmi che cosa fare.

La neve cominciò a cadere. All'improvviso, immaginai di essere stato io a portare i fiori nel barattolo Weck e di avere scritto quella lettera a me stesso. Di essermi inventato tutta la storia sulla vita di Emmi a Gottlieben. Non avevo nient'altro; la mia vita era finita nell'istante in cui Emmi era scappata di nuovo a Trutzburg. No, prima ancora, quando avevano sparato a Eva, mentre la portavo sulle spalle. Se non fosse stata sulle mie spalle, il proiettile avrebbe ucciso me. Ma io *ero* stato ucciso, non era forse così? Nessuno di noi era sopravvissuto. Le nostre vite non erano diventate nient'altro che lo scaricarsi dell'orologio che ciascuno di noi aveva dentro di sé. Il mio orologio da taschino si era fermato alle X.IV dopo che Emmi mi aveva lasciato alla fattoria, e non era mai ripartito.

Carissimo Rainor,
uno degli addetti alle pulizie sta scrivendo questa lettera al posto mio. Ha una scrittura così graziosa, come le pennellate di un miniaturista. Ogni lettera dipinge un mondo! Perché è andata così? Ho sempre pensato che mi avre-

sti seguita. Per un periodo, negli anni successivi alla guerra, ho provato a cercarti. Sono andata agli archivi a cercare il tuo nome tutti i giorni che potevo. È stato un americano ospite dei bibliotecari ebrei ad aiutarmi alla fine. È così che ho trovato i documenti su tuo padre. Tuo padre ti ha lasciato all'ospedale per salvarti. Le autorità gli davano la caccia.

Ti ho pensato spesso; sei stato il mio angelo custode. Rainor con i suoi petali di fiori! Rainor che voleva sempre tenermi per mano e trasmettermi i suoi pensieri. Ho vissuto qui il più a lungo che ho potuto. Volevo soltanto essere una ragazza normale come tutte le altre. Con un marito e una famiglia e alla fine una vecchiaia con una persona che amavo. Ma per me non può andare così. Non voglio che tu mi segua di nuovo. Stavolta non puoi seguirmi. Hai conosciuto Leni? Vorrei che tu le stessi lontano. Sarà Jasper a crescerla. È un brav'uomo. Leni merita di crescere nel mondo normale. Non è come noi, Rainor. Lei non dovrebbe vedere ciò che noi abbiamo visto – e non lo vedrà mai – finché tu e io le staremo lontano. Promettimi che le starai lontano.

Lo spazzacamino ha ricominciato a venire a trovarmi la notte. Le grida di Marie mi seguono per le strade. La risatina di Eva mi sveglia tutte le mattine alle cinque. Mia sorella... Non ha importanza. Adesso vado a fare la mia passeggiata serale sul lungofiume.

Con amore,
Emmi Kleist

Vati era solito cantare una canzone. Riuscivo a ricordarne soltanto un verso: la fine della canzone non è il principio della notte.

Rainor Schacht. Prendi la mano del tuo Vati.

Diari di Berger
16 febbraio 1940
Stoccarda, Germania

Un'infermiera mi disse che c'era un uomo che voleva vedermi. Era il mio terzo giorno in ospedale, dopo che Gussi mi ci aveva portato. Il reparto era vuoto, tranne che per un esile ragazzo di sedici anni che era caduto per il contraccolpo del suo fucile Gewehr e si era fratturato l'osso occipitale. Uno della Gioventù. Uno della truppa di mio figlio. Uno dei ragazzi che non aveva il Mastino dentro di sé. Piangeva molto la notte, perché aveva disonorato il Führer. «Suo figlio, Herr Berger, è così bravo in tutto» mi aveva detto. Il mio Thomas era riuscito a centrare il profilo di un soldato polacco da novanta metri o la testa di un corvo da quarantacinque con ogni singolo proiettile. Dal cielo erano caduti fiocchi di neve bianchi e piume nere, e il resto della Gioventù aveva riso quando il ragazzo in reparto con me era caduto all'indietro su un mucchio di ciottoli di fiume ghiacciati. La madre gli aveva detto di smetterla di suonare l'organo in cattedrale e di iniziare a combattere per la Germania. «Herr Berger, ha insegnato lei a suo figlio a sparare così bene?» mi aveva chiesto. «È il mio migliore amico.»

Avevo avuto un piccolo infarto, a detta del dottor Kraus, un chirurgo di Berlino che si era trasferito a Stoccarda due anni prima. Sarei stato sdraiato su quel letto per sei settimane prima di poter tornare a lavorare. Non mi era neppure permesso di mangiare da solo. Nella mia famiglia c'era una storia di infarti? Non lo sapevo; gli uomini Berger avevano l'abitudine di morire giovani in battaglia, prima che i loro cuori potessero guastarsi. Mio nonno nella guerra contro i francesi. Mio padre nella ribellione dei Boxer in Cina. Un cugino nella rivolta spartachista. Le donne Berger morivano per il lavoro a maglia. Mani contorte dall'artrite, occhi velati, colli incurvati in avanti come punti di domanda.

Il primo a farmi visita fu Lutz. Indossava un cappotto di lana nero con una spilla del Partito sul bavero. Si passò una mano sui pantaloni per pulirli dalla neve e io riuscii a sentire l'odore del freddo. Mi portò due capponi macellati, ciascuno in un involto di carta separato dall'altro, per Suzanne. «Questi la aiuteranno a rimettersi in forze, Berger» disse. «Il brodo delle loro ossa è particolarmente salutare.»

Buone notizie, proseguì. Eravamo pienamente operativi. Aveva un nuovo autista per l'autobus. Mi sarebbe piaciuto. Era come me, aveva combattuto nella Grande Guerra, solo che lui pilotava un Albatros sopra la Francia. Trentasette uccisioni confermate. Guida, come diceva Mandl, come se fosse in trance; lui e l'autobus grigio sono una cosa sola.

Chiesi se avremmo guidato entrambi un autobus. La capacità operativa era aumentata abbastanza per un altro autobus?

Mise i capponi sul tavolino accanto alla mia branda. «Ah, ecco Gussi» disse.

Gussi mi aveva portato un grosso barattolo di brodo di manzo e cavolo. Tutto quel tempo sdraiato mi avrebbe strozzato l'intestino. Il cavolo mi avrebbe aiutato con i... movimenti. Gussi tacque. Era stata lei a trovarmi svenuto nella neve appena fuori città e a portarmi lì. Non ricordavo la strada. Ero cosciente solo a tratti. Ricordavo di aver sentito qualcuno piangere, ma era improbabile che si trattasse di Gussi. Non poteva trattarsi nemmeno di Kleist, perché era andato via sul suo autocarro. Quando mi ero ripreso abbastanza da rispondere alle domande del dottor Kraus, avevo mentito dicendo di aver camminato a lungo alla periferia della città per schiarirmi le idee, e che doveva essere allora che avevo avuto l'infarto.

«Dobbiamo minimizzare i rischi» commentò Lutz. Uno degli involti di cappone cominciò a gocciolare da un angolo. Un picchiettio rosa e acquoso sulle piastrelle del pavimento dell'ospedale. «Gli episodi sono due adesso. Prima l'incidente e adesso questo. Vede il nesso fra i due? Correlazione, Berger, in appena una manciata di giorni. Ha avuto un infarto al volante dell'autobus. E poi ne ha avuto un altro durante la sua passeggiata. Se Gussi non l'avesse trovata, piangerei la sua morte insieme a sua moglie e ai suoi figli.» Il secondo cappone cominciò a gocciolare insieme al primo. Lutz abbassò la voce, guardò il ragazzo di fronte a me, che dormiva con la testa voltata da un lato. «Non possiamo rischiare di nuocere ai bambini. E se avesse, e se – Dio non voglia – avesse avuto un infarto con l'autobus pieno? Che cosa avrebbero detto i giornali? Se avessimo conosciuto la sua storia clinica e non avessimo preso provvedimenti immediatamente? Ne risponderemmo in tribunale.»

Gussi stava annuendo. «Trenta o quaranta bambini stritolati in un autobus ribaltato» aggiunse. «I genitori sarebbero indignati. Come sarebbe potuta accadere una cosa simile nel Reich, a bravi bambini tedeschi che cercavamo di proteggere dai bombardamenti Alleati?»

Un fiotto di fluido rosa si mise a sgorgare da entrambi i capponi e poi, al centro esatto di quella sozzura acquosa, un rivolo di sangue scuro cominciò a colare verso il pavimento.

«È per un buon motivo, Berger...» La sua voce, la voce carica del Mastino, vacillò. «Berger, mi...» Aveva l'aria di poter scoppiare a piangere da un momento all'altro. «In tutti questi mesi, ho dato alla sua famiglia così tante cose dalla mia fattoria. Al suo Thomas. Alla sua Anni. Mi ha dato una loro fotografia, ed è ancora sulla mia libreria in ospedale. Dobbiamo prenderci cura l'uno dell'altro, Berger. Non smetterò di darle burro e uova. Questi capponi...»

«Sì, grazie» dissi.

«Berger, mi rincresce...» Mi aveva messo in mano la lettera ufficiale prima di finire la frase. «Non possiamo più permetterle di guidare l'autobus. Abbiamo predisposto tre mesi di liquidazione.» La sua mano guantata trovò la mia, in una breve stretta amichevole. «È un servo leale del Reich, Berger. Non abbiamo trovato alcuna prova di scorrettezza da parte sua. La vittoria porta con sé sacrifici come il suo.»

Se ne andò in un subbuglio di falde e rimorso. Sul pavimento, il rivolo di sangue dei capponi aveva abbozzato una spirale. Al suo centro esatto, si stava coagulando una macchia color cremisi. Un punto, come quello alla fine di una frase: un punto fermo. Quella fu l'ultima volta che vidi Lutz di persona. Le uova e il burro continuarono ad arrivare. I capponi a san Silvestro e a Pasqua, finché la bomba di un Lancaster non lo trovò a Berlino, dove era stato trasferito per calmare le menti del comando supremo.

«Sospensione, Berger» disse Gussi. «Che cosa farà?»

Non lo sapevo. Non sapevo fare nient'altro a parte guidare veicoli di trasporto.

«Che cosa ne è stato del ragazzo?»

«Quale ragazzo?»

«Quello con me. Rainor.»

«Berger, non c'era nessun ragazzo con lei.»

«Venivamo dalla fattoria...»

«Non voglio sapere che cos'ha fatto, né niente di tutto questo. Capito? Dove passa lei, segue il disastro, Berger.» Abbassò la voce. «Lo stesso giorno in cui la trovo, sparano a Christoph Kleist. Quell'uomo ha una Mauser e si fa strada a stento nel complesso in cerca della figlia che è introvabile. Non voglio sentire un'altra parola. Siamo entrambi vivi. Le nostre famiglie sono vive.»

«Era con me. Lo stavo portando...»

«Non c'era nessuno con lei. Era da solo. Stava camminando da solo. Non c'era nessuno con lei. Non esiste altra realtà che questa.»

«Gussi, era...»

«Non parleremo mai più, Berger. Non ci sarà più niente adesso. È così che viviamo.»

«Per moltissimo tempo, credevo fosse come loro; come Lutz e Mandl. Come gli altri. La sua voce...»

«Di tutte le cose a cui ho assistito, le uccisioni, le...» Gussi abbassò la voce. «È stato l'episodio più insignificante a colpirmi: quando Bonse ha fatto quello spettacolo di marionette con quei due ragazzini nel refettorio. Il modo in cui tutti ridevamo di loro. Ancora e ancora. Non sono più riuscita a sopportarmi, Berger; a sopportare la crudeltà dentro di me.»

Un'infermiera arrivò con la mia iniezione di morfina su un vassoietto metallico.

Gussi alzò di nuovo la voce. «Si riposi, Berger.» E all'infermiera disse: «I capponi in questi involti perdono. Servirà uno straccio».

«Gussi, la prego, solo...»

«Addio, Berger.»

Andata via Gussi, l'infermiera mi chiese: «Sente dolore?»

Scossi la testa, cercando di sorridere.

La morfina mi lenì.

Mentre in un formicolio scendeva l'oscurità, sentii una voce.

Era quel ragazzino, Rainor Schacht, che mi parlava, mentre la Volkswagen di Gussi procedeva lentamente attraverso la neve verso Stoccarda.

«Herr B-b-berger, n-n-non si addormenti. N-no, no, no.»

Rainor
13 febbraio 1940
Nei pressi di Stoccarda, Germania

Arrivammo di notte, in una casa nella periferia di Stoccarda. Frau Gussi mi aveva fatto uscire dal bagagliaio, e ci spostammo adagio intorno al retro della casa fino a un capanno quasi pieno di legna da ardere tagliata. «Resta qui» mi disse. Aspettai nello spazio freddo dietro ai cilindri di legna, seduto sull'estremità rivolta verso l'alto di un ceppo. La casa era buia, ma riuscivo comunque a vedere il fumo increspato che si sollevava dal camino nella notte annuvolata. Frau Gussi tornò con due coperte spesse e un thermos di tè caldo.

«Resta qui finché non torno» disse. «Capito?»

Annuii. Non c'era altro che potessi fare. Non avevo nessun altro posto dove andare. Nessun altro mi voleva.

Non formulavo quei pensieri all'epoca, non a parole. Prendevano forma come una calda agonia nel mio petto.

Frau Gussi andò via in macchina con Herr Berger ancora sul sedile posteriore. Il capanno era privo di neve, ma comunque freddo tanto quanto la foresta vicino a Trutzburg. Mi sedetti sulla prima coperta e mi avvolsi nella seconda. Bevvi il tè in tre lunghi sorsi. Vati era in silenzio. Pregai perché venisse a prendermi. Supplicai la notte. Sperai che le mie parole raggiungessero mio padre sotto forma di un raggio di luce lunare sulla nostra vecchia casa. Non aveva modo di rispondermi, ma a quel tempo non lo sapevo. Era a Dachau da sei mesi, a tagliare legna con un'accetta e un'ascia, che le guardie gli portavano via nel momento in cui il sole tramontava e lui e gli altri prigionieri venivano fatti marciare di nuovo alle loro baracche. Ecco come avrei immaginato più avanti la sua vita.

C'era silenzio quella notte, a parte il suono di un pianoforte; Schubert, pensai. Schubert era stato una costante in casa nostra. Piansi di nuovo per Vati. Un attimo dopo, sentii dei passi sulla neve soffice, poi, quello che immaginai fosse un cane di piccola taglia abbaiò due volte. «C'è qualcuno?» Era la voce di una ragazza. Non dissi nulla. Mi avvolsi nelle coperte e mi misi a tremare. Eva era sottoterra accanto a Ori il cane, e io non capivo che cosa significasse. Non sapevo molte cose. Che l'odore di legna tagliata, di pino e quercia, era lo stesso con cui Vati aveva convissuto per tutti i suoi ultimi giorni, fuori dal recinto di filo spinato di un campo di concentramento. Le sue mani delicate sanguinavano sotto fasciature fatte di brandelli di tessuto, e tremava su un giaciglio spoglio in mezzo a due artisti tedeschi moribondi. Mi addormentai. Sognai di stare portando Emmi sulle spalle. Nel sogno non vidi mai il suo viso né sentii mai la sua voce, ma sapevo che erano le sue braccia quelle avvolte intorno a me. Nel sogno, attraversavamo una foresta fitta, seguendo un sentiero di briciole di pane fino al capanno di un taglialegna. Ascoltavamo una sonata di Schubert. Un cane abbaiava dal profondo della foresta.

Aprii gli occhi e trovai Frau Gussi che incombeva su di me alle prime luci dell'alba. «Vieni dentro» disse. «C'è da mangiare.»

Mi mise a sedere nella sua cucina e mi diede due uova in camicia su una fetta di pane di segale tostato, insieme a una tazza di tè all'inglese che sapeva leggermente di profumo. «Non ti piace il bergamotto, vero?»

Scossi la testa, ma continuai a bere. Non riuscii a smettere di mangiare e non riuscii a riscaldarmi finché Frau Gussi non riempì d'acqua calda un grosso catino della biancheria, e io mi immersi dentro e sonnecchiai. Quando uscii dalla vasca, i vestiti con cui ero arrivato erano stati sostituiti da pantaloni di lana, camicia e maglione da uomo. I pantaloni erano troppo larghi in vita, ma Frau Gussi mi aveva lasciato anche una cintura in broccato nel tricolore sbiadito della Repubblica di Weimar. Mi vestii e, per la prima volta in una settimana, mi sentii pulito.

Quando entrai nella sala principale della casa, Frau Gussi disse: «I vestiti erano di mio marito. I tuoi li ho bruciati». Il marito era andato in Polonia come capitano quartiermastro ed era tornato come lettera dattiloscritta firmata da Eduard Wagner e una scatolina con dentro una Croce al merito di guerra. Un arcigno tenente della Wehrmacht gliele aveva consegnate la vigilia di Natale. Le aveva dato la lettera, la medaglia e mezza bottiglia di liquore che era appartenuta al marito in Polonia, poi aveva fatto a lei e al piccolo acquerello di Hitler che aveva appeso alla parete il saluto militare. La suocera di Frau Gussi a quel tempo viveva con loro, ma era deceduta poche settimane dopo aver appreso della morte del figlio. E c'era Erich, il figlio di sei anni di Frau Gussi. Era sordo, e lui e la madre comunicavano con la lingua dei segni. Mi presentò a Erich come il suo fratellastro perduto molto tempo prima. «Sì, la mamma ha avuto un altro figlio tanti anni fa.» Mentre faceva dei gesti con le mani, pronunciò ad alta voce quella bugia. «Si chiama...» Scandì il mio nome lettera per lettera e il bambino la seguì a ruota. Nella lingua dei segni, trovai bello il mio nome per la prima volta in tutta la mia vita, e a volte la notte lo scandivo anch'io, prima per Vati, e poi per Emmi. Avevo visto soltanto un'altra ragazza parlare tramite i gesti con le mani all'ospedale, ma i suoi nonni erano venuti a prenderla il mese prima che ci spedissero a Trutzburg.

Non sapevo perché Frau Gussi mi avesse raccontato la sua vita e dato i vestiti di suo marito. Qualcuno sarebbe venuto a cercarmi. Uno dei soldati. Il sergente Mandl con il suo fucile. La polizia. La Gestapo. Le SS. Il diavolo camuffato da uno di loro. La Gestapo avrebbe battuto alla porta. Poi la strada di ritorno per Trutzburg. Ormai avevo superato il pianto. Ero stato pervaso da un senso di leggerezza. Ero al caldo, sazio, accudito. Non mi ero mai sentito tanto leggero in vita mia, come se potessi fluttuare fino al soffitto. Tutti i miei guai e le mie angosce si staccarono come pietre, come la zavorra che manteneva fissa sul terreno una mongolfiera. Scoppiai a ridere. Persino i miei pensieri erano leggeri. Da qualche parte nei fascicoli del dottor Lutz c'era un foglio di carta che diceva che ero una persona inutile e priva di sostenibilità economica. La mia bara sarebbe stata leggera quanto una pila di piume d'oca.

«Viviamo alla fine di un vicolo» disse Frau Gussi. «Ti è permesso uscire, ma soltanto sul retro. Ti è permesso andare nella foresta, ma non puoi mai usare la porta principale. Non puoi andare alla porta. Se viene qualcuno, tu non sei qui. Capisci? Ho mandato a casa la ragazza che badava a Erich durante il giorno. Non posso permettermela. Ho detto alla scuola di Erich che l'ho mandato da una zia a Heidelberg.»

La fissai.

«Ti metterai al lavoro, Rainor.»

Mi mostrò la stufa, la credenza alta dove teneva il cibo e la cantina piena di ortaggi che coltivava nel suo giardino.

«Il dottor Lutz a volte ci dà burro e uova. Erich può mangiare un uovo al giorno. Tu potrai averne uno a giorni alterni.»

Mi mostrò una lavagnetta con del gesso e le sue copie di *Le fiabe dei fratelli Grimm*, *La scuola dei leprotti* e *Max e Moritz*. C'erano anche libri di matematica di base, storia tedesca per scolari e una storia illustrata di Monaco.

«Non ci sono dall'alba fino a sera, tranne in caso di brutte nevicate, allora rimango. Per prima cosa, dovrai imparare a parlare con Erich.»

Non avrei dovuto sentire la voce che odiavo: il mio rauco balbettare. Avrei potuto parlare usando le mani.

Annuii. Avrei continuato a vivere per qualche altro giorno, finché non fossero venuti a prendermi o Frau Gussi non mi avesse consegnato.

Sulla soglia del retro, mentre stava uscendo per andare a lavorare a Trutzburg, Frau Gussi si voltò verso di me.

«Herr Berger, l'uomo che ti ha salvato, sopravviverà. La ragazza che era con te... non è stata trovata.»

Rainor
11 novembre 1953
Stoccarda, Germania Ovest

Presi l'autobus per la periferia della città, e poi camminai per l'ultimo chilometro e mezzo attraverso la neve, verso il vicolo in cui avevo vissuto con Frau Gussi fino ai primi anni postbellici. Portai con me un disegno al carboncino di Frau Gussi ed Erich che avevo fatto nel 1941 e un disco che avevo comprato a una svendita per un marco, perché più di ogni altra cosa a Frau Gussi piaceva la musica. Aveva un pianoforte verticale Behr Brothers che suonava quasi tutte le sere quando non andava a Trutzburg e, più avanti, chiuso Trutzburg, quando aveva cominciato a lavorare all'ospedale di Stoccarda. Suonava Liszt, Chopin e Debussy, ed Erich si sedeva vicino a lei sulla panca, posava le mani sul pannello che nascondeva la cordiera e chiudeva gli occhi. La musica, le note, i silenzi entravano dentro di lui attraverso i suoi palmi e lasciavano la sua bocca sotto forma di lunghi sospiri di contentezza.

Non bussai alla porta principale. Negli otto anni che avevo trascorso con Frau Gussi, ero entrato e uscito soltanto da quella sul retro.

I vicini non potevano sapere di me, o Frau Gussi sarebbe stata arrestata, ed Erich... temevamo entrambi ciò che ne sarebbe stato di Erich, se Frau Gussi fosse andata in un campo. Non uscivo mai, neppure quando erano arrivati i francesi nel 1945, perché la città era caduta nel caos con la sconfitta tedesca, e si vociferava delle atrocità francesi. Non avevo lasciato il cortile di Frau Gussi per cinque anni, e uscivo di rado, nel caso la famiglia nella casa a est mi avesse visto dalla finestra all'ultimo piano. Andavo in giro di notte, a prescindere dal clima, per non più di un'ora, e mai con Erich, per evitare che ci vedessero insieme. La mia vita era stata perlopiù dentro casa sua, e a volte sotto le assi del pavimento della cucina se qualcuno bussava alla porta d'ingresso; spesso persone affamate in cerca di cibo. Era stato Erich a insegnarmi a leggere. Avevamo iniziato con *La scuola dei leprotti*. Mi indicava una parola e me ne mostrava il segno, o a volte ne emetteva il suono in un delicato mormorio. Era stato così che, lentamente, avevo imparato le parole del mio primo libro per bambini. Presto ero stato in grado di leggere *Max e Moritz* per conto mio. Più in là, avevo preso a copiare le pagine dei libri di storia di Frau Gussi per poi leggerle ad alta voce a me stesso. A rendermi più felice era stato cominciare a leggere in silenzio. La voce nella mia testa mi diceva le parole, in modo spedito e calmo. Quella voce era la mia e non di Vati. La mattina in cui era successo per la prima volta, avevo detto a Erich con la lingua dei segni che avevo sentito la mia voce da lettura interiore. Lui era scoppiato a ridere e mi aveva risposto che era sempre stata dentro di me.

Andai alla porta sul retro. Poco era cambiato della casa negli anni in cui non c'ero stato. Di recente dovevano averla verniciata con uno strato di pittura minerale bianca. C'era una fila di vestiti umidi appesa a una lunga corda di canapa. Bussai. Non sapevo nemmeno se Frau Gussi fosse ancora viva. L'ultima lettera che le avevo mandato risaliva al 1950, lettera alla quale non aveva mai risposto. Verso la fine del mio periodo con lei ed Erich, Vati aveva cominciato a sgridarmi tutti i giorni: la guerra era finita, ero un uomo adulto che scroccava da quella donna e suo figlio mentre il Paese era in rovina. Ero un buono a nulla, e avrei fatto meglio a farmi strada nel mondo. Ogni volta che avevo pensato di andare a trovarla, lui mi aveva gridato contro: *Rainor Schacht! Non siamo scrocconi adulatori! Per l'amor del cielo, lascia in pace quella donna!* Da quando avevo letto la lettera di Emmi, Vati non mi aveva più detto nulla su Frau Gussi.

Bussai di nuovo e chiamai il suo nome. La porta si mise a vibrare, poi un chiavistello si aprì.

«Sì?» chiese la voce di una giovane donna attraverso una fessura nella porta. Riuscii a vedere un occhio castano e un pezzetto di guancia bianca. «Non c'è.»

«V-v-vive ancora q-qui?»

«Se ne vada.»

Infilai il disegno e il disco nella sua custodia attraverso lo spazio sottile fra la porta e il telaio. «Questi sono p-pper lei. M-m-mi chiamo R-r-rainor. S-s-si è presa cura di me d-d-durante la g-guerra.»

La ragazza prese i miei regali e la porta si chiuse. Indugiai sul portico sotto il sole autunnale e poi scesi gli scalini. Frau Gussi forse si era ammalata, come era successo dopo la guerra a molte delle infermiere che avevano lavorato in posti come Trutzburg. Aspettai che la voce di Vati mi ricordasse che la mia indole era il motivo per cui Frau Gussi non voleva vedermi, ma lui rimase in silenzio. «Riposa, Vati» sussurrai.

Nella custodia del disco, avevo messo un breve biglietto per Frau Gussi, in cui la ringraziavo per essersi presa cura di me. La ringraziavo per aver rischiato la sua vita e quella di Erich. Le dicevo che avevo bisogno del suo aiuto, che avevo una figlia e volevo rivederla, ma non sapevo come fare. Frau Gussi, ho una figlia. Sua madre è...

Girai intorno alla casa per andarmene da dove ero venuto. La porta d'ingresso era aperta, e la ragazza che mi aveva risposto sul retro stava gesticolando e mi stava chiamando, con alle sue spalle la melodia di un pianoforte in sottofondo. Era il disco che avevo comprato: le *Gymnopédies*. Quella bellissima musica rappresentava tutto l'amore e la tristezza di ogni cosa che era successa durante la mia breve vita. La ragazza mi stava gridando: «Rainor, vuole vederti, vuole vederti! C'è anche Erich. Rainor, sono così felici!»

Frau Gussi, ho una figlia. Sua madre è...

Mi ci erano voluti tre giorni per scrivere l'ultima parola della mia lettera a Frau Gussi.

Morta.

Rainor
18 novembre 1953
Stoccarda, Germania Ovest

18 novembre 1953

Cara Emmi,
nelle ultime tre notti, ho scritto svariate versioni di que-
sta lettera. Quando cerco di rivolgerti le mie parole ad alta
voce, non riesco a muovere le labbra; divento di nuovo Rai-
nor il muto. Spero che mi perdonerai per quello che sto per
scrivere. Effettivamente, ho conosciuto Leni. Ho conosciuto
la giovane donna che ho appreso essere nostra figlia. È bel-
lissima e molto intelligente, come sua madre. Saresti felice
della persona che è diventata.
Non c'è altro modo per dirlo: sto prendendo accordi con
Herr Lange e padre Goetz per andare a trovare Leni a di-
cembre per una settimana. Non posso prometterti che le
starò lontano. Non posso. Ho una figlia; abbiamo una fi-
glia. Dopo tutto quello che ci è successo a Trutzburg, quanto
siamo andati entrambi vicini a venire uccisi per essere chi

297

siamo. Emmi, abbiamo una figlia! Un'incantevole figlia sana. Le darò i tuoi ferri da calza, quelli di legno che avevi in ospedale a Stoccarda. Le darò tutto l'affetto che tu hai dato a me. Lo farò.

Con amore,
Rainor Schacht

Diari di Berger
13 agosto 1952
Stoccarda, Germania Ovest

Perché l'hai fatto, mi chiedono? Chi era, per te, Christoph Kleist? Aveva una figlia, e io avevo tentato di... per poco non scrivevo *aiutare* lei e quel ragazzo, Rainor, quello con cui era scappata. Una volta ero tornato alla fattoria in cui li avevo portati. Dopo la guerra, nessuno l'aveva reclamata. I proprietari, la famiglia Steinthal, non erano mai tornati. Quegli Steinthal erano forse riusciti ad arrivare in America? O altrove? Erano finiti nei campi? Era il 1948. La fattoria era ancora in piedi, ma la neve aveva trovato il modo di insinuarsi nella paglia del tetto, e tutti i mobili cadevano a pezzi. Il fienile era ancora lì. Gli Steinthal erano bravi costruttori: la spessa struttura si era difesa dalla muffa. Avevo pensato di comprare la proprietà, ma ero stato messo in pensione e, a quel punto, la mia angina mi impediva di fare gli sforzi fisici che la sistemazione della casa avrebbe richiesto. La tomba della piccola Eva era ancora lì, dove l'avevo seppellita. Avevo tentato di scoprire il suo cognome agli archivi, di informare i suoi genitori. Avevo pubblicato annunci sui giornali per un anno, come tanti di noi alla ricerca di qualcuno, nel dopoguerra. Più avanti, quando la mia salute peggiorò, non ce la facevo più a percorrere i cinque chilometri dalla strada alla fattoria degli Steinthal, e non potevo certo chiedere a Thomas di portare i fiori sulla tomba di Eva. Thomas attendeva il ritorno del Führer. Hitler era scappato, a detta sua, era andato in Argentina. Era... Non posso più scrivere di mio figlio. Avevo nutrito speranze per lui, dopo che il Mastino aveva abbandonato Gussi. Avevo nutrito delle speranze.

Ma potevo ancora andare al cimitero. Presi l'autobus. Portai uno sgabellino pieghevole e un mazzo di fiori di campo che Suzanne aveva colto quando era andata a trovare la sorella. E portai con me un barattolo in cui metterli.

Adesso ci vado due volte l'anno, e mi siedo accanto a lui. Kleist.

Mi dispiace, gli dico. Non so che cosa sia successo a tua figlia. Ricordi il suo lavoro a maglia? La sua sciarpa per il Führer? L'ho mandata a tua sorella a Costanza dopo la guerra. Lo so. Te l'ho detto anni fa.

Comincio a dimenticare.

Kleist, ci ho provato, d'accordo?

~~Non potevo fare di più di~~

Ci ho provato.

300

Ringraziamenti

Se l'ultima parola di un romanzo fosse la fine di un film, sarebbe il turno dei titoli di coda. Sebbene scrivere un romanzo (o qualunque libro, se per questo) spesso sia un rito solitario, un'opera pubblicata si deve anche alle tante persone che hanno contribuito a condurla alla stampa. Vorrei ringraziare l'intero gruppo di Goose Lane Editions per il sostegno, la pazienza e il generoso incoraggiamento. In particolare, vorrei ringraziare la mia talentuosa editor, Bethany Gibson; il mio editor di produzione, Alan Sheppard; la mia copy editor, Jill Ainsley, e il mio correttore di bozze, Brock Peters. Il mio romanzo non sarebbe mai venuto alla luce senza la mia brillante mentore Zsuzsi Gartner e la superlativa guida del mio agente, John Pearce. I miei più sentiti ringraziamenti a entrambi. Vorrei ringraziare anche Lauren Faulkner Rossi della Simon Fraser University, per il suo aiuto inestimabile con la storia del Terzo Reich.

E poi ci sono le persone nella mia vita il cui amore e sostegno mi hanno spinto ad arrivare dalla prima parola all'ultima. Molti di voi potrebbero persino non sapere di avermi aiutato; a volte sono bastate anche poche parole gentili per tirare su il mio morale letterario abbattuto. Mia madre, Ruth Boden; il mio padre adottivo, Claus Kessler; il mio amico saggio, Basil McDermott; la mia buona amica e scrittrice, Lenore Rowntree; i miei colleghi scrittori fonti d'ispirazione, John Zada, Robert Twigger e Tahir Shah; e, naturalmente, mia moglie, Tessa, con la sua infinita pazienza.

Dall'inizio alla fine, ho scritto *I bambini di cenere* ascoltando due album di Vox Nostra: *Vocal Music from the Cathedral de Notre-Dame de Paris* e *Assumpta est Maria*. Grazie a Vox Nostra per la bellissima musica.

Infine, vorrei ringraziare la Hawthornden Foundation in Scozia, che mi ha ospitato permettendomi di dare gli ultimi ritocchi al mio libro.